CONTEÚDO DIGITAL PARA ALUNOS

Cadastre-se e transforme seus estudos em uma experiência única de aprendizado:

1 Escaneie o QR Code para acessar a página de cadastro.

2 Complete-a com seus dados pessoais e as informações de sua escola.

3 Adicione ao cadastro o código do aluno, que garante a exclusividade de acesso.

8250076A2587246

Agora, acesse:
www.editoradobrasil.com.br/leb
e aprenda de forma inovadora
e diferente! :D

CB035688

Lembre-se de que esse código, pessoal e intransferível, é valido por um ano. Guarde-o com cuidado, pois é a única maneira de você utilizar os conteúdos da plataforma.

Editora do Brasil

TEMPO DE CIÊNCIAS

CAROLINA SOUZA
- Licenciada em Ciências Exatas – Física pela Universidade de São Paulo (USP)
- Mestre e doutora em Educação pela Universidade Federal de São Carlos (UFSCar)
- Professora do Departamento de Metodologia de Ensino da UFSCar

MAURÍCIO PIETROCOLA
- Licenciado em Física e Mestre em Ensino de Ciências pela USP
- Doutor em Epistemologia e História das Ciências pela Universidade de Paris VII
- Livre-docente em Educação pela USP
- Professor da Faculdade de Educação da USP

SANDRA FAGIONATO
- Formada em Ecologia pela Universidade Estadual Paulista (Unesp – Rio Claro)
- Mestre e Doutora em Educação pela UFSCar
- Professora da Educação Básica no município de São Carlos (SP)

COLEÇÃO TEMPO CIÊNCIAS 9
4ª edição
São Paulo, 2019.

Editora do Brasil

Dados Internacionais de Catalogação na Publicação (CIP)
(Câmara Brasileira do Livro, SP, Brasil)

> Souza, Carolina
> Tempo de ciências 9 / Carolina Souza, Maurício Pietrocola, Sandra Fagionato. – 4. ed. – São Paulo: Editora do Brasil, 2019. – (Coleção tempo)
>
> ISBN 978-85-10-07424-7 (aluno)
> ISBN 978-85-10-07425-4 (profesor)
>
> 1. Ciências (Ensino fundamental) I. Pietrocola, Maurício. II. Fagionato, Sandra. III. Título. IV. Série.
>
> 19-26337   CDD-372.35

Índices para catálogo sistemático:
1. Ciências: Ensino fundamental 372.35

Maria Alice Ferreira - Bibliotecária - CRB-8/7964

© Editora do Brasil S.A., 2019
Todos os direitos reservados

Direção-geral: Vicente Tortamano Avanso

Direção editorial: Felipe Ramos Poletti
Gerência editorial: Erika Caldin
Supervisão de arte e editoração: Cida Alves
Supervisão de revisão: Dora Helena Feres
Supervisão de iconografia: Léo Burgos
Supervisão de digital: Ethel Shuña Queiroz
Supervisão de controle de processos editoriais: Roseli Said
Supervisão de direitos autorais: Marilisa Bertolone Mendes

Supervisão editorial: Angela Sillos
Edição: Erika Maria de Jesus e Fernando Savoia Gonzalez
Assistência editorial: Rafael Bernardes Vieira
Auxílio editorial: Luana Agostini
Apoio editorial: Murilo Tissoni
Copidesque: Flávia Gonçalves, Gisélia Costa, Ricardo Liberal e Sylmara Beletti
Revisão: Alexandra Resende, Andreia Andrade, Elaine Silva, Marina Moura e Martin Gonçalves
Pesquisa iconográfica: Daniel Andrade, Isabela Meneses e Rogério Lima
Assistência de arte: Carla Del Matto e Josiane Batista
Design gráfico: Andrea Melo
Capa: Megalo Design
Imagens de capa: Eplisterra/iStockphoto.com; Siro Moya/Biosphoto/AFP Photo; Chansom Pantip/Shutterstock.com; DeAgostini/De Agostini Picture Library/Diomedia; Tony Gray/NASA
Pesquisa iconográfica de capa: Daniel Andrade
Ilustrações: Adilson Secco, Carlos Caminha, Claudia Marianno, Cristiane Viana, Daniel Klein, Dawidson França, Desenhorama, DKO Estúdio, Estúdio Mil, Fábio Abreu, Fábio Eugenio, Guerra Estúdio, Luca Navarro, Luis Moura, Luiz Lentini, Natalia Forcat, Paula Haydee Radi, Paulo César Pereira, Paulo Nilson, Rafael Herrera, Reinaldo Rosa, Reinaldo Vignati, Saulo Nunes Marques, Vagner Coelho e Wander Antunes
Coordenação de editoração eletrônica: Abdonildo José de Lima Santos
Editoração eletrônica: N Public/Formato Comunicação
Licenciamentos de textos: Cinthya Utiyama, Jennefer Xavier, Paula Harue Tozaki e Renata Garbellini
Controle de processos editoriais: Bruna Alves, Carlos Nunes, Rafael Machado e Stephanie Paparella

4ª edição / 1ª impressão, 2019
Impresso na Gráfica Santa Marta Ltda.

Rua Conselheiro Nébias, 887
São Paulo, SP – CEP 01203–001
Fone: +55 11 3226–0211
www.editoradobrasil.com.br

Caro aluno,

Esta coleção foi pensada e escrita para levar você a descobrir o prazer de aprender Ciências por meio de um material cuja linguagem o estimulará a ler, estudar e buscar cada vez mais o conhecimento.

Queremos estimular sua curiosidade, aguçar sua capacidade de observar, experimentar, questionar e buscar respostas e explicações sobre os astros, o ambiente, os seres vivos, seu corpo e tantos outros fatores e fenômenos que fazem parte do mundo.

Para que a coleção cumpra esse papel, contamos com seu interesse, sua leitura atenta, seu entusiasmo e sua participação nas atividades propostas. Procure complementar as informações apresentadas neste livro com outras obtidas em fontes seguras. Sugerimos várias delas ao longo da coleção.

Desse modo, você desenvolverá competências para agir com autonomia ao tomar decisões sobre situações sociais que envolvem ciência e tecnologia.

Os autores

SUMÁRIO

TEMA 1
Modelos cosmológicos.......... 8

CAPÍTULO 1 – Como é o Universo? ..10

O céu como fonte de perguntas......................... 11

Cosmologia egípcia.. 11

Cosmologia grega: a busca por
explicações e o modelo geocêntrico 12

Geocentrismo *versus* heliocentrismo............... 12

DIÁLOGO – Explicações indígenas................. 13

ATIVIDADES **15**

**CAPÍTULO 2 – O céu e
os calendários 16**

Como contamos o tempo? 17

Babilônios 17

Egípcios 17

Maias 17

Nossos calendários: do romano
ao gregoriano 18

ATIVIDADES 19

**CAPÍTULO 3 – O Universo, as galáxias
e as estrelas...20**

O que há no céu?.. 21

Tudo é estrela? 21

Via Láctea – A galáxia onde moramos 22

Outras galáxias... 22

Tipos de galáxia 23

O Universo se expande 25

Como o Universo evoluiu?............................... 25

Radiação cósmica de fundo............................ 28

Nosso lugar no Universo – O Sistema Solar . 28

Os planetas do Sistema Solar 29

O que mais existe no Sistema Solar? 30

ATIVIDADES **31**

FIQUE POR DENTRO
Astronomia indígena 32

PANORAMA **34**

TEMA 2
Formação e evolução das estrelas 36

**CAPÍTULO 1 – A formação das estrelas
e dos planetas 38**

Como se formam as estrelas? 39

A cor das estrelas 41

Diagrama de temperatura e luminosidade
das estrelas 42

Ciclo de vida das estrelas............................... 43

De gigante vermelha a anã branca................. 43

Supernova... 44

ATIVIDADES **47**

CAPÍTULO 2 – Vida fora da Terra 48

A vida na Terra.. 49

Vivendo nos extremos na Terra 49

Seres com comportamentos incomuns 50

Por onde começar a procurar vida?................. 51

Exoplanetas 52

Afinal, há vida fora da Terra? 53

Primeiros passos, a conquista do espaço...... 54

Avançando rumo ao espaço 55

Como será nosso futuro no Universo? 55

FIQUE POR DENTRO
Nossa mensagem para o Universo 56

ATIVIDADES **59**

PANORAMA **60**

TEMA 3
Composição da matéria...... 62

CAPÍTULO 1 – Estrutura da matéria 64
Interior da matéria 65
O átomo moderno 65
Estados físicos da matéria
   e suas mudanças 66
O que é estado físico? 66
Mudanças de estado 68
ATIVIDADES 70

**CAPÍTULO 2 – Átomos, moléculas
e reações químicas............................. 72**
Modelo de Dalton 73
Tabela Periódica de elementos.............. 74
DIÁLOGO – O sonho de Mendeleiev 76
Nomenclatura 77
Moléculas.. 77
Ligação química 78
Iônica.. 78
Covalente.. 78
Metálica 78
Reações químicas 78
A teoria de Dalton explica essas
   propriedades da reação química? 79
Eletrólise e síntese da água................... 79
Outras reações de combustão................ 80
ATIVIDADES 83

**CAPÍTULO 3 – Evolução dos modelos
atômicos... 84**
História dos modelos de átomos.................... 85
Primeiras evidências do interior do átomo 86
Modelo atômico de Thomson.......................... 87
Modelo atômico de Rutherford 88
Modelo atômico de Bohr 89
DIÁLOGO – Destilação: a arte de
   "extrair virtudes"................................. 90
A estrutura atômica 91
ATIVIDADES 93
FIQUE POR DENTRO
   A composição química do ser humano...... 94
PANORAMA.. 96

TEMA 4
Radiação eletromagnética.. 98

**CAPÍTULO 1 – Radiação
eletromagnética.............................. 100**
As ondas eletromagnéticas................................101
O comprimento e a frequência de ondas 102
Tipos de onda eletromagnética........................104
ATIVIDADES 109

**CAPÍTULO 2 – Radiação visível:
luz e cores.. 110**
A luz e as cores do mundo.................................111
Dispersão da luz..111
A cor de cada dia...113
Misturas de cores: a controvérsia entre
   cientistas e artistas 114
ATIVIDADES 117

**CAPÍTULO 3 – Fontes de emissão
de ondas eletromagnéticas............. 118**
Das chamas aos filamentos 119
Fontes de calor e suas cores.............................119
Lâmpadas a gás e os LEDs 121
ATIVIDADES 125
FIQUE POR DENTRO
   Ondas eletromagnéticas 126
PANORAMA.. 128

TEMA 5

Radiação e suas aplicações 130

CAPÍTULO 1 – Ondas e transmissão de informação............ 132

Nas ondas da comunicação.....................133

Transmissão de som 134

Mas o que é a modulação? 135

Frequências....................................137

Transmissão de imagens 138

Sinal digital 139

ATIVIDADES **141**

CAPÍTULO 2 – Radioatividade e diagnósticos por imagem 142

Os avanços nos tratamentos e na medicina diagnóstica 143

As técnicas de criação de imagens do interior do corpo humano 144

Os raios X.....................................144

Tomografia computadorizada (TC) 144

CONSTRUIR UM MUNDO MELHOR 145

Radioatividade 146

Meia vida de uma substância radioativa 146

Traçadores radioativos 147

ATIVIDADES **151**

CAPÍTULO 3 – Aplicações da radiação na medicina................... 152

Elementos radioativos e suas aplicações na medicina nuclear..................153

Irradiação × contaminação 153

Emissões radioativas e a interação com o corpo humano....................................154

DIÁLOGO – Mulheres na Ciência – a física Marie Curie.......................155

Laser...156

ATIVIDADES **157**

FIQUE POR DENTRO

Raios X 158

PANORAMA....................................**160**

TEMA 6

Hereditariedade e evolução biológica......... 162

CAPÍTULO 1 – Evolução biológica 164

A origem da vida na Terra 165

O fixismo 166

O evolucionismo 167

O conceito de adaptação 167

O lamarckismo......................................168

A seleção natural 170

Seleção natural e sucesso adaptativo 171

Registros do passado 174

ATIVIDADES **175**

CAPÍTULO 2 – Hereditariedade e material genético.............................. 176

As bases da hereditariedade...........................177

Mendel e as leis da hereditariedade 178

Os experimentos feitos por Mendel 178

Alguns conceitos de genética........................180

A formação dos gametas..................................182

Os gametas humanos e a determinação do sexo 183

Genótipo e fenótipo.....................................184

Determinação de características humanas...185

ATIVIDADES **189**

CAPÍTULO 3 – Seres humanos e a evolução da espécie.......................... 190

A origem dos seres humanos............................191

Conhecendo alguns hominídeos....................192

Australopithecus 192

Homo habilis 192

Homo erectus 193

Homo sapiens neanderthalensis....................193

Homo sapiens...................................193

Espécie humana e seleção natural 194

ATIVIDADES **195**

FIQUE POR DENTRO

Adaptações anatômicas do ser humano....196

PANORAMA.................................... **198**

TEMA 7
Conservação da biodiversidade 200

CAPÍTULO 1 – Biodiversidade........202
Biodiversidade....................................203
Qual é a importância da biodiversidade?.....203
Ameaças à biodiversidade............................204
ATIVIDADES 205

CAPÍTULO 2 – Conservação da biodiversidade.................................... 206
Como conservar a biodiversidade? 207
Conservação da biodiversidade....................207
Uso sustentável da biodiversidade.............. 208
Repartição de benefícios derivados do uso dos recursos genéticos........................ 208
ATIVIDADES 209

CAPÍTULO 3 – Conservação em áreas protegidas........................ 210
Áreas protegidas..211
APP 211
Reservas legais..211
Unidades de Conservação............................212
A gestão das Unidades de Conservação......213
ATIVIDADES 215

CAPÍTULO 4 – Nós e a conservação 216
Hábitos sustentáveis e os impactos na biodiversidade 217
DIÁLOGO – Sustentabilidade.......................217
Consumo sustentável 218
Como tornar-se um consumidor sustentável?..............................218
Cidades sustentáveis....................................219
ATIVIDADES 221
FIQUE POR DENTRO
Casa ecológica...222
PANORAMA..224

TEMA 8
Ciência e tecnologia 226

CAPÍTULO 1 – A tecnologia 228
O ser humano e o domínio da natureza 229
Origens da tecnologia 230
A fundição do bronze 230
O aço na África Antiga..................................231
O que é a tecnologia?...................................232
Da ciência para a tecnologia; da tecnologia para a ciência............................233
DIÁLOGO – A tecnologia na literatura internacional 235
Produção científica e tecnológica 235
O futuro moldado pela tecnologia 238
ATIVIDADES 239

CAPÍTULO 2 – O carro elétrico 240
Funcionamento do carro elétrico 242
Por dentro de um carro elétrico....................243
Baterias de lítio..243
Carros elétricos no mundo............................244
Tipos de veículos elétricos............................245
Custo em baixa, densidade em alta..............246
Eficiência relativa entre gasolina, etanol e baterias elétricas 248
DIÁLOGO – Tecnologia nacional................. 250
ATIVIDADES 251
FIQUE POR DENTRO
Tecnologias disruptivas 252
PANORAMA..254
REFERÊNCIAS...256

TEMA 1

Modelos cosmológicos

↑ Via Láctea fotografada do Parque Nacional da Serra da Capivara, em São Raimundo Nonato (PI), 2018.

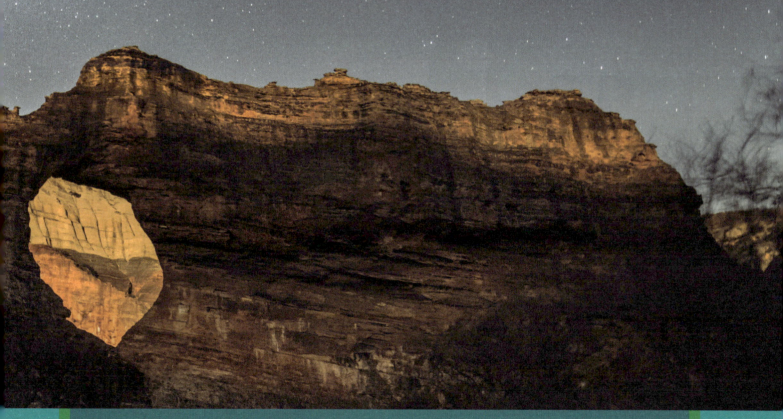

NESTE TEMA
VOCÊ VAI ESTUDAR:

- diferentes modelos cosmológicos desenvolvidos por diversas culturas;
- o desenvolvimento dos calendários e a relação deles com o céu;
- a teoria do Big Bang, o surgimento das galáxias e estrelas e a formação do Sistema Solar.

1. O que são os pontos brilhantes na fotografia?

2. Você já observou o céu como na fotografia, com tantos pontos brilhantes? Onde?

3. Você sabe como esses pontos brilhantes foram formados? A que distância eles estão de nós?

CAPÍTULO

Como é o Universo?

Neste capítulo, você vai estudar a observação do céu pelas culturas antigas e os modelos geocêntrico e heliocêntrico do Universo.

EXPLORANDO A ORIGEM DO UNIVERSO

Andressa encontrou seu amigo Eduardo depois da escola. Eles são grandes amigos e gostam de conversar sobre os mais variados assuntos, compartilhando ideias.

Eles começaram a falar a respeito de séries a que assistem na internet, um dos temas favoritos da dupla.

Eduardo contou a Andressa que havia assistido a um documentário sobre alguns hábitos e crenças de povos antigos. Como ele gosta demais de Ciência, lembrou-se das aulas da escola e disse:

— Se hoje temos tantas ideias diferentes sobre a origem e o funcionamento do Universo, o que as diversas culturas antigas pensavam a respeito desse assunto?

Andressa completou:
— É verdade, como será que os povos antigos pesquisavam o céu sem a tecnologia que temos hoje? Existia vida sem internet?

Os dois caíram na risada...

Ilustrações: Claudia Marianno

Agora é sua vez.

1. Você conhece alguma explicação para a origem do Universo desenvolvida por povos antigos? Fale sobre ela.

2. Qual é sua ideia a respeito da origem do Universo?

O céu como fonte de perguntas

Estamos sempre fazendo perguntas sobre o que está a nosso redor. Aliás, muito do que sabemos é resultado das perguntas que fazemos.

O céu é uma ótima fonte de curiosidades que geram questionamentos. Você já deve ter se perguntado, em algum momento da vida, o que são os pontos brilhantes no céu, quão distantes eles estão ou quando eles surgiram, por exemplo.

O que talvez você não saiba é que nem todos os conhecimentos que temos hoje são os mesmos dos povos de outras épocas e culturas.

Para entender melhor, vamos "voltar no tempo" e pensar nos seres humanos que ainda viviam em cavernas. Já imaginou como eles reagiam quando ocorria um eclipse solar e o Sol desaparecia no meio do dia? Provavelmente ficavam aterrorizados com o fenômeno, já que não sabiam explicá-lo.

Os seres humanos sempre procuraram respostas, e por um bom tempo atribuíram os fenômenos naturais às divindades. Para os chineses da Antiguidade, por exemplo, o eclipse solar ocorria quando um dragão tentava comer a Lua, então eles faziam o máximo de barulho possível para espantar o animal.

Esse tipo de explicação para nós hoje parece um pouco estranha, mas na época era uma ideia razoável, coerente com as crenças de cada povo. As explicações dos fenômenos naturais são sempre fundamentadas nos conhecimentos e nas crenças defendidas na época.

Outro tema inspirado na observação do céu que sempre gerou muita curiosidade é a origem do Universo. Chamamos as teorias que explicam a origem e a evolução do Universo de **modelos cosmológicos**. Será que todas as culturas explicavam a origem do Universo da mesma maneira?

Vamos conhecer algumas dessas teorias e explicações.

Cosmologia egípcia

Desde o segundo milênio antes de Cristo, os egípcios já conheciam muito bem o céu local e relacionavam configurações celestes com comportamentos da natureza. Eles sabiam, por exemplo, que o transbordamento do Rio Nilo coincidia com a aparição de Sirius (a estrela mais brilhante para eles) antes da alvorada.

Mas, mesmo com dados resultantes da observação, os egípcios eram fortemente influenciados por aspectos religiosos e muitas de suas explicações sobre o Universo estavam relacionadas a divindades.

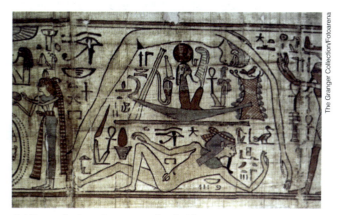

↑ Mito egípcio sobre a criação do Universo.

Para os egípcios, o deus Geb fazia o suporte do Universo e se assentava sobre a água, o deus Shu representava o ar e sustentava a deusa Nut, que era o céu. O Sol e a Lua eram deuses que percorriam o céu em dois barcos e reapareciam do outro lado no dia seguinte porque passavam por baixo da Terra.

O fato interessante é que as explicações dadas pelos egípcios estavam baseadas em fatos de suas vidas cotidianas. Eles pensavam que o Universo era alongado, plano e ficava assentado sobre as águas – semelhante às terras ao longo do Rio Nilo, que era muito importante para a sobrevivência deles.

Apesar dessa relação com as divindades, o povo egípcio estudava o céu e sabia, por exemplo, prever as fases da Lua e os eclipses. Nessa cultura, o estudo celeste era uma maneira de compreender os deuses.

Cosmologia grega: a busca por explicações e o modelo geocêntrico

Alguns pensadores gregos começaram a buscar explicações para os fenômenos que viam no céu fazendo perguntas como: A que distância da Terra ficam o Sol e os planetas? Por que as estrelas se movem no céu durante a noite? O espaço cósmico é preenchido por algo ou é vazio? Essas questões não só exigiam mais observação e análise para serem respondidas como também respostas fora da religião. É claro que as explicações que eles davam na época podem parecer um pouco estranhas atualmente, mas foram essenciais para desenvolvermos o conhecimento a respeito do Universo.

O filósofo grego Aristóteles (384 a.C.-322 a.C.) acreditava que o Universo era finito, que o espaço era uma região limitada, esférica e com várias camadas também esféricas, cristalinas, rígidas e concêntricas, como uma cebola, que tem várias camadas.

No modelo de Aristóteles, a Terra é imóvel e ocupa o centro do Universo. Ele separou o Cosmos entre a morada humana – região da Terra até a esfera lunar – e diversas esferas celestes, onde ficam os planetas. A morada humana seria composta dos elementos terra, água, ar e fogo, enquanto a esfera celeste seria composta do elemento éter. Os movimentos dos corpos celestes na esfera celeste seriam circulares e em perfeita harmonia. Logo na primeira camada estaria a Lua; na segunda, o planeta Mercúrio; na terceira, Vênus; na quarta estaria o Sol, que, segundo o modelo, também girava ao redor da Terra. Na quinta, sexta e sétima camadas estariam Marte, Júpiter e Saturno. Já as estrelas ficavam todas fixas, e como a distância relativa entre elas se mantém a mesma, elas deveriam estar em uma mesma camada. Urano e Netuno não tinham sidos descobertos e, portanto, não apareciam na explicação à época.

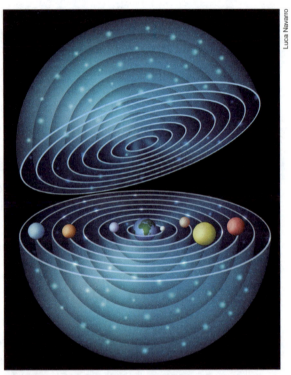
↑ Modelo cosmológico aristotélico.

Geocentrismo *versus* heliocentrismo

A crença de que todos os astros giravam em torno da Terra ganhou popularidade e perdurou por muito tempo, chegando a obter apoio da Igreja Católica, que era muito influente na vida das pessoas e na determinação daquilo em que se devia acreditar.

Foi Nicolau Copérnico (1473-1543) que, no século XVI, contestou esse modelo geocêntrico (de que os astros girariam em torno da Terra) e propôs o modelo heliocêntrico, em que o Sol está no centro e os planetas giram em torno dele. Para Copérnico, os planetas percorriam uma trajetória circular em torno do Sol.

Pouco tempo depois, Tycho Brahe (1546-1601) propôs que as órbitas dos astros celestes eram elípticas e montou seu próprio observatório, financiado pelo rei da Dinamarca. Tycho contratou o jovem Johannes Kepler (1571-1630), professor de Matemática e Astronomia. Kepler ficou com o observatório de Tycho depois de sua morte e conseguiu traçar a órbita elíptica da Terra. Ele determinou que as órbitas dos planetas deveriam ser elípticas, com o Sol um pouco afastado do centro da elipse.

O modelo heliocêntrico foi cada vez mais aceito no meio científico com o passar dos anos. Com o avanço das tecnologias e dos instrumentos de observação, foi possível confirmar esse modelo.

Explicações indígenas

Além dos egípcios, gregos e outros, os diversos povos indígenas do Brasil também criaram várias histórias e explicações sobre o surgimento do mundo, cada um de acordo com as crenças da época. Leia a história a seguir, contada pelos kayapós.

A nação indígena dos kayapós habitava uma região onde não havia o Sol nem a Lua, tampouco rios ou florestas, ou mesmo o azul do céu. Alimentavam-se apenas de alguns animais e mandioca, pois não conheciam peixes, pássaros ou frutas. Certo dia, estando um índio a perseguir um tatu-canastra, acabou por distanciar-se de sua aldeia. Inacreditavelmente, à medida que o índio se afastava, sua caça crescia cada vez mais.

Já próximo de alcançá-la, o tatu rapidamente cavou a terra, desaparecendo dentro dela. Sendo uma cova imensa, o indígena decidiu seguir o animal, ficando surpreso ao perceber que, ao final da escuridão, brilhava uma faixa de luz. Chegando até ela, maravilhado, viu que lá existia um outro mundo, com um céu muito azul e o Sol a iluminar e aquecer as criaturas; na água, muitos peixes coloridos e tartarugas. Nos lindos campos floridos, destacavam-se as frágeis borboletas; florestas exuberantes abrigavam belíssimos animais e insetos exóticos, contendo ainda diversas árvores carregadas de frutos. Os pássaros embelezavam o espaço com suas lindas plumagens.

↑ Representação da lenda indígena kayapó "Paraíso terrestre".

Deslumbrado, o índio ficou a admirar aquele paraíso até o cair da noite. Entristecido ao acompanhar o pôr do sol, pensou em retornar, mas já estava escuro... Novamente surge à sua frente outro cenário maravilhoso: uma enorme Lua nasce detrás das montanhas, clareando com sua luz de prata toda a natureza. Acima dela, multidões de estrelas faziam o céu brilhar. Quanta beleza! E assim permaneceu, até que a Lua se foi, surgindo novamente o Sol.

Muito emocionado, o índio voltou à tribo e relatou as maravilhas que viera a conhecer. O grande pajé kayapó, diante do entusiasmo de seu povo, consentiu que todos seguissem um outro tatu, descendo um a um pela sua cova através de uma imensa corda, até o paraíso terrestre. Lá seria o magnífico Mundo Novo, onde todos viveriam felizes.

Walde-Mar de Andrade e Silva. *Lendas e mitos de índios brasileiros.* São Paulo: FTD, 1997. p. 12.

Converse sobre o texto com os colegas, depois faça o que se pede.

1. Em grupo, pesquise outras histórias contadas por povos indígenas do Brasil sobre a origem do Universo e compartilhe-as com os demais colegas.

PENSAMENTO EM AÇÃO — DEBATE DE MODELO

Defendendo argumentos

Com todas as descobertas da ciência atual, sabemos que a Terra não está parada, ela gira em torno do Sol, como previa o modelo heliocêntrico. Entretanto, o modelo geocêntrico permaneceu por quase dois mil anos como a melhor explicação do Universo, por isso foi relevante para a história e contribuiu para a evolução da ciência.

Material:

- computador com acesso à internet;
- caderno, lápis ou caneta para anotações.

Procedimentos

1. Com os alunos organizados em dois grupos, promova um debate em que metade da turma defenderá o geocentrismo como modelo cosmológico e a outra metade defenderá o heliocentrismo.
2. Cada grupo deve fazer um levantamento das ideias que fortalecem seu modelo e preparar perguntas para o adversário. Uma sugestão é que os membros de cada grupo também façam perguntas uns aos outros para se prepararem caso sejam questionados pelo opositor.
3. Cada grupo deve escolher pelo menos três representantes para expor as ideias verbalmente ao outro grupo, mas todos terão a oportunidade de falar. A turma também deve montar uma banca com cinco jurados, que não participarão do debate: eles devem ouvir as ideias imparcialmente e fazer apontamentos sobre as apresentações. Os demais alunos farão o registro do debate e anotarão as ideias principais.

Reflita e registre

1. Depois de ter ouvido atentamente os colegas no debate, escreva um pequeno texto sobre a importância das teorias e modelos já superados para o desenvolvimento das Ciências.

ATIVIDADES

SISTEMATIZAR

1. Aristóteles, quando elaborou seu modelo cosmológico, considerou que a Terra era imóvel e estava localizada no centro do Universo. Quais observações do céu apoiam o modelo geocêntrico de Aristóteles?

2. O que a maioria dos povos primitivos sentiam durante um eclipse solar? Justifique sua resposta tomando o caso dos antigos chineses como exemplo.

3. Qual astro os egípcios usavam para se orientar e obter informações sobre o clima e as melhores épocas para o plantio? Se necessário, pesquise na internet ou em livros.

4. Ricardo chegou à sala de aula e observou que na lousa estava escrita a seguinte informação:

   > O modelo heliocêntrico descreve que o Sol está no centro do Universo e os planetas fixos ao redor dele. A crença nesse modelo pela sociedade foi imediata e, com o passar dos anos, ele foi cada vez mais aceito pela comunidade científica.

   Com base no que Ricardo estudou nas aulas de Ciências, ele constatou que essa informação apresentava algumas incoerências. Você concorda com Ricardo? Justifique sua resposta.

5. O modelo geocêntrico foi aceito por muito tempo pela humanidade como a melhor explicação sobre o Universo. A respeito desse modelo, analise cada afirmativa a seguir e responda no caderno se é verdadeira ou falsa.

   a) É um modelo no qual a Terra gira em torno de si e de todos os planetas.

   b) É um modelo no qual a Terra e a Lua estão fixas no centro do Universo e outros planetas e o Sol giram ao redor delas.

   c) É um modelo no qual o Sol está no centro do Universo e os planetas e as estrelas giram ao redor dele.

   d) É um modelo no qual a Terra está fixa no centro do Universo e outros planetas, a Lua e o Sol giram ao redor dela.

REFLETIR

1. Por que muitos povos antigos criavam histórias sobre o que eles observavam no céu? Qual era a importância dessas explicações?

2. Por que chamamos a maioria das estrelas do céu de "estrelas fixas"?

DESAFIO

1. Forme um grupo com alguns colegas. Levantem hipóteses sobre por que, no modelo geocêntrico, os astros seguiam essa ordem: Lua, Mercúrio, Vênus, Sol, Marte, Júpiter e Saturno. Discutam as hipóteses com a turma.

2. Ainda em grupo, discutam a seguinte questão: Por que as concepções gregas são consideradas predecessoras da ciência moderna?

CAPÍTULO 2
O céu e os calendários

Neste capítulo, você vai estudar um pouco dos calendários babilônio, egípcio e maia, bem como o calendário romano, o calendário gregoriano e medidas do tempo.

EXPLORANDO QUANTOS DIAS DE VIDA VOCÊ TEM?

Joaquim fez 15 anos e comemorou com os amigos. Conversando sobre aniversários, ele ficou sabendo da história de Matusalém, um homem que teria vivido 969 anos. Muito impressionado, ele ficou imaginando como seria viver tanto tempo.

No dia seguinte, enquanto estudava Matemática, Joaquim pensou:

— Se um ano tem 365 dias, quantos dias de vida eu tenho?

Em vez de fazer a conta, ele ficou intrigado para saber por que o ano tem 365 dias e não um número mais fácil de calcular mentalmente. Veja algumas dúvidas de Joaquim um dia depois de seu aniversário: Será que todos os povos contam o tempo da mesma forma? Será que os 969 anos de Matusalém foram contados do jeito que contamos atualmente? Será que minha idade é a mesma em qualquer cultura? Se estamos no século XXI, isso significa que o mundo começou há pouco mais de dois mil anos?

Ilustrações: Claudia Marianno

Agora é sua vez.

1. Você sabe para que serve um calendário?
2. Você conhece algum calendário que conta o tempo de modo diferente do que fazemos? Será que a contagem de anos de Matusalém foi diferente?
3. Afinal, quantos dias de vida Joaquim tinha em seu aniversário? Considere que ele nasceu em 16/1/2005.

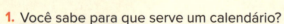

16

Como contamos o tempo?

Contamos os dias, meses e anos de forma muito natural. Os calendários fazem parte de nossa vida de diversas maneiras: há os de parede, os de mesa, os de aplicativo de celular, entre outros. O uso do calendário faz parte de nosso cotidiano e de nossa comunicação.

Vários povos organizaram seu jeito de contar o tempo de acordo com sua cultura, suas crenças e necessidades. Vamos conhecer alguns deles.

Babilônios

Os babilônios elaboraram o calendário mais antigo conhecido por volta de 2000 a.C. Já com a noção de dias de acordo com o ciclo de nascer do Sol, eles constataram que o período entre as fases de lua cheia demorava entre 29 e 30 dias. Construíram, então, um calendário de 12 ciclos lunares, totalizando 354 dias. Mas perceberam que, com o passar do tempo, o calendário ficava defasado e não condizia com as estações naturais, por exemplo do plantio ou da época das chuvas. Por isso algumas vezes acrescentavam alguns dias extras, chamado de mês "intercalar".

↑ Calendário babilônico dividido em 12 casas, que representam os ciclos lunares e as constelações visíveis em cada ciclo.

Egípcios

Os antigos egípcios também conseguiram relacionar configurações do céu com eventos da natureza. Eles associaram a época da cheia do Nilo, importante rio da região, com o aparecimento da estrela Sirius no céu. Determinaram um ciclo de 365 dias, divididos em 12 meses de 30 dias e mais cinco dias destinados às festividades e ao culto aos deuses. O calendário egípcio, que pouco variava ao longo de algumas décadas, é um dos mais precisos da Antiguidade.

← O calendário egípcio relaciona a estrela Sirius com a cheia do Rio Nilo.

Maias

Os maias, povo que viveu na América Central em 300 a.C. aproximadamente, também desenvolveram um calendário com grande precisão para contar o tempo. Eles utilizavam dados de observações combinadas e precisas do Sol, da Lua e de Vênus para determinar o número de dias que um ano deveria ter. Construíram um calendário dividido em 18 meses de 20 dias e mais cinco dias de "mau presságio", totalizando 360 dias.

→ Calendário maia.

Nossos calendários: do romano ao gregoriano

O calendário romano foi originado em Roma, séculos antes de Cristo. Criado por Rômulo, registrava dez meses de 30 ou 31 dias, período lunar, e começava no equinócio da primavera. Considerando que Roma fica no Hemisfério Norte, o equinócio de primavera indicado acontecia em meados de março. O ano totalizava 304 dias, e os dias que faltavam para completá-lo eram desprezados.

Como podemos imaginar, esse calendário tinha problemas e o imperador Numa Pompílio, sucessor de Rômulo, fez alterações importantes. Hoje sabemos que o ano tem 365,256 dias, que é o tempo em que a Terra dá uma volta completa ao redor do Sol. Isso significa que um ciclo anual completo equivale à passagem de 365 dias completos e um pouco mais de um quarto de um dia, ou seja, se contarmos em dias e horas, um ano tem 365 dias e um pouco mais de 6 horas.

A busca dos romanos visava definir um calendário em que o número de dias de um ano (um ciclo do calendário) se aproximasse de um ciclo solar, que é o período em que o Sol e as constelações voltam à mesma posição no céu. Essa busca visava manter as estações do ano e os dias comemorativos nas mesmas datas do calendário. A primeira providência foi acrescentar dois meses ao calendário, mas ainda ficava um calendário de 355 dias, faltando cerca de 10 dias para completar um ciclo inteiro. Para resolver a questão, foi proposto acrescentar um mês de 22 ou 23 dias a cada dois anos. Então, o calendário ficou com um ciclo de quatro anos: um ano tinha 355 dias com 12 meses; o próximo, 377 dias com 13 meses; o seguinte, 355 dias com 12 meses; e, o último, 378 dias com 13 meses. Mesmo assim, a média dos quatro anos era de 366,24 dias, ainda não exata em relação ao ciclo solar; com o passar dos anos, as estações mudavam de dia no calendário. Outras tentativas foram feitas, mas foi foi o imperador Júlio César quem deu a grande contribuição ao calendário romano: ele chamou um astrônomo para fazer os cálculos e determinou que o calendário começasse na primeira lua nova depois do solstício de inverno, que ocorria no final de dezembro; assim, o calendário deveria começar em janeiro e não em março.

Além dessa mudança, Júlio César determinou que os anos teriam 365 dias e que a cada quatro anos haveria um dia a mais: o ano teria 366 dias, que chamamos de ano bissexto.

A última grande reforma foi feita pelo papa Gregório XIII, em 1582. Com o passar do tempo, percebeu-se que o equinócio de primavera não se mantinha no mesmo dia do ano, pois o calendário ainda não estava exatamente de acordo com o tempo do ciclo solar. Gregório, então, chamou uma equipe de astrônomos, que sugeriu que os anos seculares fossem bissextos somente a cada 400 anos. Começou com o ano 1600 sendo bissexto, então 1700, 1800 e 1900 não foram bissextos e o ano 2000 seria bissexto novamente. Assim, os anos 2100, 2200 e 2300 não devem ser bissextos, mas 2400 sim.

↑Lavinia Fontana. *Retrato do Papa Gregório XIII*, 1572-1585. Óleo sobre tela, 1,003 m × 1,206 m.

Gregório mudou também a contagem dos dias do mês utilizando números cardinais em sequência, o que não era feito até então.

Os primeiros países a adotar o calendário gregoriano foram os países católicos. Como o Brasil era colônia de Portugal na época e este era um país católico, o Brasil fez parte do primeiro grupo a utilizá-lo.

Países com outros regimes religiosos, como Inglaterra e Estados Unidos, passaram a utilizar esse calendário séculos depois, em 1752. Já a Rússia adotou o calendário apenas em 1918.

O calendário gregoriano tornou-se internacional e é utilizado nesses países até hoje, mas diversos povos, como chineses, judeus e muçulmanos, utilizam calendários históricos de sua cultura, paralelamente com o calendário gregoriano.

ATIVIDADES

SISTEMATIZAR

1. Como surgiu o calendário que utilizamos hoje no Brasil?

2. Os calendários normalmente utilizam ciclos naturais para contar o tempo. Quais são os ciclos naturais em que o calendário gregoriano, usado no Brasil, está fundamentado?

3. Por que a maioria dos países utiliza o mesmo calendário?

4. Por que o calendário que utilizamos se chama calendário gregoriano?

5. Por que existem os anos bissextos e para que eles servem?

6. Sobre os calendários, analise cada afirmativa a seguir e escreva no caderno se é verdadeira ou falsa.
   a) Os calendários surgiram porque as pessoas sentiram a necessidade de marcar o tempo.
   b) Muitos calendários têm influência das religiões e divindades.
   c) Os calendários geralmente se baseiam em ciclos naturais de movimentos dos astros.
   d) Os calendários foram desenvolvidos sem levar em consideração a cultura e as necessidades individuais dos povos.

REFLETIR

1. A história da humanidade pode ser dividida em antes de Cristo (a.C.) e depois de Cristo (d.C.). Pesquise em que ano estaríamos, segundo outros dois calendários, caso não usássemos o calendário gregoriano, que tem o nascimento de Cristo como referência.

DESAFIO

1. Forme grupo com alguns colegas. Pesquisem e elaborem um calendário de alguma etnia indígena do Brasil. Depois levantem os seguintes aspectos:
   - Esse calendário está relacionado a algum evento da natureza?
   - Qual é a função desse tipo de calendário no dia a dia dessas pessoas?

2. Leia o texto a seguir e faça o que se pede:

Chineses comemoram início do ano 4714

[...]

O calendário da China é diferente do nosso, que é gregoriano. Enquanto os dias e anos aqui são definidos pelo Sol, os chineses se baseiam no Sol e também na Lua – por isso, seu calendário é chamado de "lunissolar".

[...]

Crianças chinesas comemoram início do ano 4714 com arte marcial e enigma. *Folha de S.Paulo*. 22 fev. 2016. Disponível em: <https://m.folha.uol.com.br/folhinha/2016/02/1741894-criancas-chinesas-comemoram-o-inicio-ano-4714-com-artes-marciais-e-enigmas.shtml>. Acesso em: 30 maio 2019.

Em grupos, façam uma pesquisa sobre o calendário chinês e outros países que utilizam calendários lunissolares. Compartilhem as informações com os colegas da turma.

CAPÍTULO 3

O Universo, as galáxias e as estrelas

Neste capítulo, você vai estudar o Universo e suas galáxias, os tipos de galáxias, as constelações e o Sistema Solar.

EXPLORANDO O QUE EXISTE NO CÉU

Marcílio sempre viveu em uma grande cidade e nunca havia saído dela, ele cresceu em um prédio cercado de vários outros prédios.

Luís, amigo da escola, convidou Marcílio para passar o fim de semana no sítio da avó dele. Marcílio aceitou e lá foram eles, viajando horas e horas até chegar a uma região bem distante, onde poucas casas tinham acesso à eletricidade.

Marcílio gostou muito da vida no campo, mas ficou realmente impressionado à noite, quando Luís e sua avó o levaram ao quintal para ver o céu. Ah, que maravilha! Marcílio não acreditava que pudessem existir tantas estrelas!

— Nossa, na minha cidade não vejo essas estrelas, não! — exclamou Marcílio.

— É, rapazes, mas não há somente estrelas na imensidão do espaço, há muitos outros tipos de astros celestes! — disse a avó de Luís.

Ilustrações: Natalia Forcat

Agora é sua vez.

1. Você se lembra de algum dia ter visto o céu tão bonito que se impressionou? Lembra em que lugar você estava?

2. Por que, de acordo com as observações que Marcílio fez sobre a cidade onde mora, ele não vê tantas estrelas no céu?

O que há no céu?

A observação do céu é muito importante na vida cotidiana das pessoas, para marcar o tempo, orientar-se, localizar-se no mundo, estudar a natureza ou explorar toda a imensidão do espaço.

A beleza do céu é indiscutível, mas o que realmente existe nele? Apenas estrelas e planetas? A que distância estamos desses astros que podemos ver da Terra?

Para entender tudo isso, vamos conversar sobre Astronomia.

A Astronomia é uma das ciências mais antigas. Ela surgiu e se desenvolveu devido à curiosidade e ao estudo de muitos homens e mulheres que, ao longo de milhares de anos, buscavam explicações sobre tudo o que acontece na imensidão do Universo. Lembra-se dos povos que associavam as configurações do céu com fenômenos naturais, que vimos nos capítulos anteriores? Eles também contribuíram para a evolução da Astronomia.

Um exemplo desse conhecimento antigo é Stonehenge, monumento do Período Neolítico construído há aproximadamente 3 mil anos, feito com pedras alinhadas que chegam a 5 m de altura. Sua função ainda é motivo de controvérsia, mas acredita-se que esteja relacionada, entre outras coisas, à observação astronômica, porque as pedras estão alinhadas na direção do nascer do sol no solstício de verão e no solstício de inverno.

↑ Monumento de Stonehenge, localizado próximo a Londres, na Inglaterra.

Tudo é estrela?

Olhe para o céu durante a noite: dependendo da região em que você vive, é possível ver muitos pontos reluzentes. Normalmente chamamos esses pontos de estrelas. Mas será mesmo que todos eles são estrelas?

O Universo é composto de galáxias, nebulosas, estrelas, planetas e outros corpos, como satélites e cometas. Você sabe a diferença entre eles?

A **estrela** propriamente dita é um corpo celeste que produz luz e calor, diferente de planetas, cometas e outros corpos celestes. Por terem massa elevada, é comum que outros corpos orbitem ao redor de uma estrela, como ocorre no Sistema Solar. Diversos planetas, satélites, cometas, asteroides etc., inclusive a Terra, orbitam ao redor do Sol, que é uma estrela.

Ao conjunto de corpos que orbitam uma estrela chamamos sistemas planetários. É possível que algum ponto reluzente que vemos no céu seja um **planeta**.

Também podemos ver aglomerados de estrelas, ou seja, a "estrela" que você observou pode ser, na verdade, um conjunto de várias estrelas. Há também nebulosas e **galáxias** no céu. As **nebulosas** são grandes acúmulos de gases e poeira cósmica, em que novas estrelas podem ser formadas.

← Fotografia tirada do ponto de vista da Terra, mostra dois pontos mais brilhantes no centro, que são o planeta Marte (à esquerda) e a Lua (à direita). Marte assemelha-se a uma estrela quando o observamos a olho nu da Terra.

Via Láctea – A galáxia onde moramos

As galáxias são aglomerados de estrelas, nebulosas e sistemas planetários. Em uma galáxia pode haver bilhões de estrelas.

Nosso planeta, a Terra, faz parte de um sistema planetário chamado Sistema Solar, ao lado de outros sete planetas que orbitam uma estrela: o Sol.

Por sua vez, o Sistema Solar está dentro de uma galáxia: a Via Láctea, expressão de origem latina que significa "caminho de leite". O Sol não é a única estrela de nossa galáxia, pois existem aproximadamente 400 bilhões de estrelas na Via Láctea. O Sistema Solar, formado pelo Sol, por oito planetas e outros corpos celestes, está no meio de um dos vários braços em espiral da galáxia.

Em alguns lugares do Brasil, se não houver nuvens ou poluição atmosférica no céu, é possível ver a Via Láctea: uma faixa esbranquiçada, formada pelo brilho das muitas estrelas.

↑ A Via Láctea vista da Terra a olho nu.

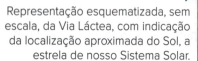

Representação simplificada em cores-fantasia e tamanhos sem escala.

→ Representação esquematizada, sem escala, da Via Láctea, com indicação da localização aproximada do Sol, a estrela de nosso Sistema Solar.

Outras galáxias

A Via Láctea é apenas uma das mais de 100 bilhões de galáxias que existem no Universo. Cada uma delas tem tamanho e formato próprios. Conheça outras galáxias.

Andrômeda: é a galáxia mais próxima da Via Láctea; recebeu esse nome porque pode ser observada próxima à Constelação de Andrômeda.

← Vista parcial da galáxia de Andrômeda fotografada pelo telescópio Hubble.

Grande Nuvem de Magalhães: é uma galáxia satélite, que gira em torno da Via Láctea. Pequena e irregular, está cheia de nuvens de gás, onde surgem novas estrelas.

Galáxia do Rodamoinho: com forma de rodamoinho, é classificada como uma galáxia espiral, marcada pelos braços luminosos, onde são formadas as novas estrelas da galáxia.

↑ Galáxia Grande Nuvem de Magalhães.

↑ Galáxia do Rodamoinho.

Tipos de galáxia

Com a evolução dos instrumentos para a observação do céu, os cientistas perceberam que as galáxias não são todas iguais e estabeleceram um sistema de classificação de acordo com cada formato.

Elípticas (E): têm forma esférica ou elipsoidal, com várias excentricidades.

Espirais (S): sua forma é espiral e são divididas em:
- Sa – bojo maior, disco estreito e braços fechados;
- Sb – bojo e disco intermediários;
- Sc – bojo menor, com disco extenso e braços mais abertos.

Espirais barradas (SB): têm forma de barra e são divididas em:
- SBa – bojo maior, com barra curta, disco estreito e braços fechados;
- SBb – bojo, barra e disco intermediários;
- SBc – bojo menor, com barra longa, disco extenso e braços abertos.

Galáxias irregulares (Irr): não têm forma regular.

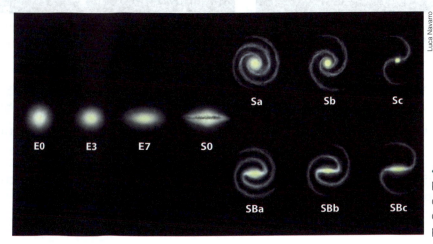

Representação simplificada em cores-fantasia e tamanhos sem escala.

← Representação artística das diferentes formas de galáxias conhecidas pelos astrônomos.

23

Constelações

Quando olhamos para o céu em uma noite sem nuvens, vemos vários grupos de estrelas. Podemos imaginar desenhos interligando-as. Povos antigos fizeram exatamente isto: traçaram linhas imaginárias entre as estrelas para formar desenhos de objetos, animais e outras figuras. Esses desenhos, formados por linhas imaginárias, são chamados de constelações.

As constelações eram muito importantes para a identificação da melhor época de plantio e colheita. Alguns povos associavam a aparição de determinados "desenhos" no céu com a época ideal para essas atividades. Os viajantes se orientavam por elas e atualmente astrônomos as usam para identificar regiões do céu.

É importante dizer que, embora as constelações deem a impressão de que são formadas por estrelas próximas, muitas das estrelas estão bem distantes umas das outras. O que temos da Terra é uma visão plana de astros que, na verdade, estão arranjados de modo complexo no espaço.

↑ A Constelação de Escorpião é uma das mais conhecidas. Observe que a imagem da esquerda mostra o agrupamento das estrelas e a da direita mostra a mesma constelação com o desenho de um escorpião.

1. Você já conseguiu identificar alguma constelação no céu?

As constelações foram estudadas por muitas culturas, e vários povos atribuíram a elas significado religioso ou mitológico e criaram desenhos que julgavam ver no céu.

Escolha três constelações e pesquise histórias relacionadas a elas. Depois escreva um texto com o resumo dessas histórias e compartilhe-o com os colegas na sala de aula.

O Universo se expande

O Universo é tudo o que há de matéria e energia, inclusive fora da Terra. Assim como outras civilizações, o povo ocidental contemporâneo também desenvolveu várias ideias para explicar a origem do Universo. A teoria mais famosa é a do Big Bang.

De acordo com essa teoria, tudo começou com uma explosão que causou a expansão de um único ponto, extremamente denso e quente, que se tornou, com o passar de bilhões de anos, o Universo de hoje.

Essa teoria foi proposta no século XX por Georges Lemaître, que mostrou, matematicamente, que o Universo está em expansão. Lemaître chamava sua proposta de "hipótese do átomo primordial". Logo depois, Edwin Hubble mostrou, por meio de suas observações, que as galáxias estão se afastando umas das outras, em todas as direções e em velocidade elevada, proporcional à distância em relação a nosso planeta: quanto maior a distância dessas galáxias da Terra, maior a velocidade de afastamento. Isso mostra que o Universo está em expansão, ideia contrária à de um Universo estático, em que se acreditava até então.

Segundo a teoria, a expansão constante do Universo leva-nos a inferir que houve um momento em que ele era muito pequeno (um ponto denso e extremamente quente) e, após uma explosão, o Big Bang (que significa "grande explosão"), tudo começou a se expandir.

Como o Universo evoluiu?

Tudo começou com um ponto extremamente denso e quente. O Big Bang aconteceu e, logo nos primeiros segundos, a matéria se expandiu muito, criando as forças fundamentais, mas ainda era somente plasma luminoso.

Nos primeiros minutos foram formados os primeiros elementos mais leves, como hidrogênio e hélio. Mas tudo estava denso e não se propagou livremente até quase 400 mil anos. À medida que ele foi se expandindo, a temperatura foi diminuindo, a densidade foi ficando menor e a luz começou a ter mais liberdade em um Universo cada vez mais "transparente".

Por volta de 200 milhões de anos depois, começaram a surgir as primeiras estrelas pela aglutinação de gases em altas temperaturas e pressão. No núcleo dessas estrelas começaram a se fundir elementos mais pesados, como o oxigênio. Quando as estrelas morriam, espalhavam esses elementos no Universo, criando possibilidade para o surgimento de novas estrelas e outros corpos celestes. Depois de 500 milhões de anos já existiam aglomerados de estrelas: as galáxias.

Ferro, carbono, nitrogênio, fósforo e outros elementos foram formados depois de 1 bilhão de anos. Com 2 bilhões de anos, já havia no Universo todos os elementos que conhecemos hoje.

Representação simplificada em cores-fantasia e tamanhos sem escala.

← A teoria do Big Bang é a proposição científica que melhor explica a evolução do Universo até os dias atuais. Esta imagem foi desenvolvida pelo astrônomo e astrofísico brasileiro Augusto Damineli.

PENSAMENTO EM AÇÃO — MODELO

O Universo em expansão

Podemos fazer um modelo simples e interessante para ter uma ideia aproximada de como a expansão do Universo ocorre. Você precisará apenas de alguns materiais simples.

Material:
- balão de festa;
- tinta guache ou acrílica;
- pincel fino.

Procedimentos

1. Pinte pequenas bolinhas coloridas no balão, aleatoriamente espaçadas, como você desejar.
2. Encha o balão de ar.
3. Observe o que acontece com as bolas coloridas que você pintou.

Reflita e registre

1. O que acontece com a distância entre as bolas coloridas enquanto a bexiga é inflada?

2. Considere que as bolas coloridas pintadas são astros celestes e a bexiga é o Universo. O número de bolas coloridas é o mesmo antes e depois de encher a bexiga. A mesma afirmação é correta considerando o Universo? Ao se expandir, o número de astros celestes do Universo se mantém?

 **CIÊNCIA, TECNOLOGIA E SOCIEDADE**

O telescópio Hubble

Você já viu um telescópio? Sabe como ele funciona e quais são suas funções? Ao usar esse instrumento, consegue-se enxergar "mais longe", porque ele é formado por um conjunto de lentes e espelhos que geram imagens ampliadas. Isso fez com que passasse a ser largamente empregado na observação dos astros, desde Galileu.

Muitos modelos foram construídos e aperfeiçoados até se chegar aos modernos telescópios espaciais, que ficam no espaço. Um telescópio espacial famoso é o Hubble, que opera na órbita da Terra, a 600 km da superfície.

Esse instrumento recebeu o nome de Edwin Powell Hubble, o astrônomo que deu grandes contribuições para a teoria do Big Bang, citado anteriormente. Lançado em 1990, o telescópio já forneceu relevantes informações para o avanço da Astronomia, por conseguir imagens incríveis. É possível observar, usando o Hubble, uma bola de futebol a 51 km de distância. Imagine o que esse telescópio pode capturar no Universo!

Entre os diversos avanços ocorridos pelo uso do telescópio Hubble, foram detectadas mais de mil galáxias, os cientistas passaram a compreender o ciclo de vida das estrelas, bem como foi possível identificar a existência de outros planetas fora do Sistema Solar, além de outras descobertas.

O telescópio já passou por alguns reparos desde que foi lançado; quando é preciso consertar algo nele, é preparada uma missão de manutenção e tudo é feito no espaço.

↑ Fotografia do telescópio Hubble no espaço.

Fotos tiradas pelo telescópio Hubble

↑ Fotografia da Nebulosa de Órion.

↑ Fotografia de uma região do Universo em que se pode observar um grande número de galáxias.

1. Qual é a importância do telescópio Hubble para a sociedade?

2. Pesquise uma grande descoberta feita pelo uso do telescópio Hubble. Depois compartilhe o resultado da pesquisa com os colegas.

Radiação cósmica de fundo

Entre as várias explicações para o Big Bang, a descoberta da radiação cósmica de fundo foi uma das mais importantes para embasá-lo.

Os astrônomos Arno Penzias e Robert Wilson trabalhavam no Bell Labs, em 1964, com tecnologias de telecomunicações. Os dois desenvolviam uma antena supersensível, que recebia sinais de micro-ondas refletidos em balões na atmosfera terrestre. Penzias e Wilson buscavam eliminar todos os ruídos possíveis para detectar o sinal que queriam, porque era muito fraco. Entretanto, mesmo com todo o cuidado, eles ainda percebiam um ruído desconhecido em todas as direções do céu, mas não sabiam o que significava.

Na mesma época, na Universidade de Princeton, um grupo de astrofísicos teóricos – Robert Dicke, Philip Peebles e David Wilkison – tentava provar que havia algum tipo de sinal deixado pelo Universo desde o Big Bang. Eles buscavam detectar uma radiação proveniente das regiões mais distantes do Universo, remanescente do estado quando foi formado, o que poderia contribuir com a teoria do Big Bang.

Quando Penzias e Wilson souberam do trabalho dos astrofísicos de Princeton, reuniram-se com eles e perceberam que os sinais que haviam detectado combinavam com os sinais que o grupo de Dicke estava procurando. Os resultados contribuíram realmente para a teoria do Big Bang e atualmente a radiação cósmica de fundo é considerada um dos pilares dessa teoria.

A descoberta rendeu aos pesquisadores o Prêmio Nobel de Física em 1978.

Nosso lugar no Universo – O Sistema Solar

Nossa galáxia, a Via Láctea, provavelmente foi formada no primeiro bilhão de anos de vida do Universo.

Já nosso sistema planetário, o Sistema Solar, foi formado há cerca de 4,6 bilhões de anos, originado de uma gigantesca nuvem de gás e poeira: a nuvem solar primitiva. Segundo essa hipótese, as regiões mais densas teriam aglomerado materiais presentes na nuvem e colapsado, dando origem a pequenos corpos, as protoestrelas. Com o tempo, esses corpos atraíram mais materiais e, aos poucos, foi formada nossa estrela, o Sol, que por sua vez manteve a seu redor, devido à gravidade, um disco protoplanetário de materiais que começaram a se agrupar, condensar e até mesmo se chocar uns com os outros, formando os planetas. Estima-se que o processo de formação dos planetas levou cerca de 100 milhões de anos.

Os planetas rochosos se formaram mais próximos do Sol, porque a temperatura mais alta possibilitou que os elementos rochosos se tornassem mais densos são eles: Mercúrio, Vênus, Terra e Marte.

Mais distantes, surgiram os planetas gasosos: Júpiter, Saturno, Urano e Netuno, cujo afastamento do Sol fez com que tivessem temperaturas baixas o suficiente para que seus elementos se condensassem.

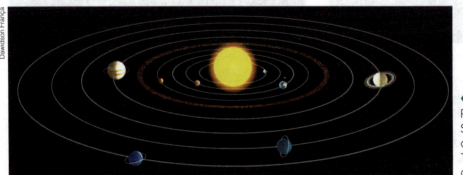

Representação simplificada em cores-fantasia.

← Representação do Sistema Solar, formado pelo Sol e oito planetas que o orbitam. Também fazem parte dele outros corpos menores.

Os planetas do Sistema Solar

Nosso sistema planetário é composto de oito planetas, diferentes uns dos outros.

Veja a tabela com os dados desses planetas.

Planeta	Origem do nome na mitologia greco-romana	Distância média do Sol (10^6 km)	Período de translação (em anos terrestres)	Período de rotação	Raio médio (km)	Número de satélites naturais conhecidos
Mercúrio	mensageiro dos deuses	57,9	0,24 (88 dias terrestres)	58,6 dias	2 439	0
Vênus	deusa do amor e da beleza	108	0,62 (225 dias terrestres)	243 dias	6 050	0
Terra	deusa do solo fértil	150	1	23h56min	6 378	1
Marte	deus da guerra	228	1,88	24h37min	3 393	2
Júpiter	senhor dos deuses	778	11,86	9h48min	71 492	79
Saturno	senhor do tempo	1424	29,4	10h12min	60 268	61
Urano	deus do céu	2 867	84,0	17h54min	25 554	27
Netuno	deus do mar	4 488	164,8	19h6min	24 769	14

Fonte: Kepler de Souza Oliveira Filho e Maria de Fátima Oliveira Saraiva. *O Sistema Solar*. Disponível em: <astro.if.ufrgs.br/ssolar.htm>. Acesso em: 30 maio 2019.

O que mais existe no Sistema Solar?

Além dos planetas, há outros corpos celestes no Sistema Solar. Veja alguns deles a seguir.

Satélites naturais

São corpos celestes que orbitam um planeta. Diferenciam-se dos satélites artificiais, que são equipamentos produzidos e lançados ao espaço pelo ser humano. A Lua, por exemplo, é o satélite natural da Terra. Os satélites não têm luz própria, mas vemos o reflexo da luz do Sol neles. Outros planetas do Sistema Solar têm diversos satélites, como Júpiter, que tem cerca de 79 luas.

Planetas-anões

Com aparência semelhante à dos planetas, são corpos celestes que também orbitam ao redor do Sol, mas que têm massa muito pequena e podem ter luas com massas parecidas. Plutão era considerado planeta até 2006, mas depois passou a ser classificado como planeta-anão. Há cinco planetas-anões no Sistema Solar: Ceres, Plutão, Haumea, Makemake e Éris.

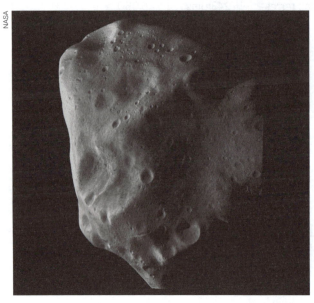

Asteroides

Os asteroides são pequenos corpos rochosos que não têm forma nem tamanho definidos. Há milhões de asteroides no Sistema Solar; eles orbitam o Sol e formam dois cinturões: um entre as órbitas de Marte e Júpiter e outro além das órbitas dos planetas, chamado Cinturão de Kuiper, onde estão Plutão e outros planetas-anões.

← Asteroide Lutetia, fotografado pela sonda Rosetta, da Agência Espacial Europeia, em 2014.

Cometas

Muito pequenos e opacos, os cometas são corpos celestes compostos de rochas, gases e gelo que também orbitam o Sol. O interessante dos cometas é que, ao se aproximarem de uma estrela como o Sol, as partes sólidas que o compõem, como o gelo, podem se fundir criando um rastro no céu. Esse rastro é conhecido como cauda do cometa.

→ Cometa Hale-Bopp, fotografado quando passou próximo da Terra, em 1997. Ele foi um dos cometas mais brilhantes observados da Terra na segunda metade do século XX.

ATIVIDADES

SISTEMATIZAR

1. De que uma galáxia é composta?

2. De acordo com o que você estudou neste capítulo, qual das formas representadas abaixo lembra o formato da galáxia Via Láctea? Responda e justifique no caderno.

   a)    b) 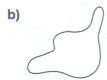   c)

3. Imagine que, em uma noite de pouca nebulosidade, dois moradores, um de uma pequena cidade e outro de uma cidade grande, ambas localizadas na mesma região, observaram o céu ao mesmo tempo. Na cidade pequena, o observador viu uma quantidade bem maior de estrelas do que o da cidade grande. Como você explica essa diferença?

REFLETIR

1. Relacione as imagens a seguir às definições apresentadas.

   a) 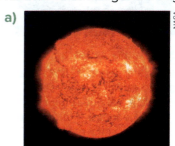   b)    c)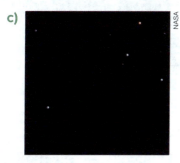

   I. É formada por um conjunto de nebulosas, sistemas planetários e bilhões de estrelas, além de astros menores.

   II. Astro que tem a propriedade de produzir calor e luz; pode fazer parte de sistemas planetários, nos quais outros astros orbitam a seu redor.

   III. Agrupamento arbitrário de estrelas criado de acordo com a perspectiva do observador localizado na Terra.

2. Há alguma relação entre o período de translação do planeta e sua distância do Sol? Explique.

DESAFIO

1. Forme grupo com alguns colegas e, juntos, pesquisem galáxias com formatos diferentes do da Via Láctea. Depois, compartilhem os resultados e as imagens com a turma, em um dia agendado para as apresentações.

2. Diferentes povos criaram constelações próprias, de acordo com sua cultura, relacionando-as com o cotidiano. Crie você também uma constelação.
   - Em uma noite estrelada, escolha um conjunto de estrelas e ligue os pontos mentalmente. Depois, faça um desenho para criar sua constelação. Dê um nome a ela. Traga sua constelação para a sala de aula e monte, com os colegas, um mural com os desenhos de toda a turma.

FIQUE POR DENTRO

Para os indígenas que viviam no Brasil, os conhecimentos de astronomia tinham funções práticas. Além da orientação geográfica, como a localização do nascente (Leste) e do poente (Oeste), eles associavam, ao decorrer do tempo, os fenômenos das fases da Lua e o surgimento das constelações no céu.

Astronomia indígena

A Constelação do Homem Velho
A Constelação do Homem Velho surge na segunda quinzena de dezembro e indica o início do verão para os indígenas do Sul e o período de chuvas para os indígenas do Norte do Brasil.

Caminho de Leite ou Caminho da Anta?
Para alguns povos indígenas brasileiros, a Via Láctea é conhecida como o Caminho da Anta, em razão da localização da Constelação da Anta, que surge na segunda quinzena de setembro e indica o início de um período entre frio e calor para os indígenas da Região Sul e entre seca e chuva para os indígenas do Norte.

O olhar indígena
Os indígenas notaram que alguns fenômenos naturais eram cíclicos, isto é, repetiam-se no mesmo intervalo de tempo. Perceberam que o surgimento das estrelas no céu em determinadas épocas do ano e os movimentos da Lua e do Sol estavam relacionados aos períodos de pesca, caça, plantio, corte de madeira e colheita. Com base em sua cultura e crenças, esses povos criaram as próprias constelações.

As imagens apresentadas nestas páginas estão sem escala.

Carlos Caminha

Valorizando as diversas culturas

Em 1612, o missionário francês Claude d'Abbeville visitou o grupo tupinambá, no Maranhão, e reuniu informações publicadas no livro *Histoire de la mission des pères capucins en l'isle de Marignan et terres circonvoisines* (*História da missão dos padres capuchinhos na Ilha do Maranhão e terras circunvizinhas*). Esse livro, em que ele registrou estrelas e constelações conhecidas pelos tupinambás, é uma das obras mais importantes sobre essa etnia.

A Constelação da Ema

Formada por estrelas muito brilhantes, essa constelação surge na segunda quinzena do mês de julho, indicando o início do inverno para os indígenas da Região Sul e o início da estação seca para os indígenas da Região Norte.

1. Segundo o texto, qual é a principal função prática do conhecimento indígena relativo às constelações?

2. Reúna-se em grupo e discuta a questão: Por que sabemos tão pouco sobre a astronomia indígena?

PANORAMA

FAÇA AS ATIVIDADES A SEGUIR E REVEJA O QUE VOCÊ APRENDEU.

NO CADERNO

Neste tema, você aprendeu que muitos povos e diversas culturas criaram explicações para a origem do Universo. O modelo cosmológico aceito por muitos anos era o geocêntrico, que afirmava que a Terra era fixa no centro do Universo e os astros, inclusive o Sol, giravam ao redor dela. Com o passar do tempo e o aprimoramento dos métodos utilizados para conhecer o céu, foi desenvolvido o modelo heliocêntrico, que defende a ideia de que a Terra e os outros planetas giram ao redor do Sol.

Você conheceu os calendários, de onde vieram e como utilizamos essa ferramenta para contar o tempo. Estudou ainda a teoria mais aceita pelo meio científico para a origem do Universo, o Big Bang, e aprendeu como era o Universo primitivo e como ele evoluiu, segundo essa teoria. Você também conheceu melhor as galáxias e a formação do Sistema Solar.

A cada dia, entendemos um pouco mais o funcionamento de nosso Universo e como ele surgiu. Mas a ampliação desses conhecimentos só é possível graças às muitas ideias dos diversos povos e culturas que contribuem para o desenvolvimento da ciência. Por isso, devemos considerar todas as explicações, por mais estranhas que possam parecer, e respeitar todas as ideias.

1. Quais são as principais diferenças entre o calendário romano e o gregoriano?

2. Baseando-se no modelo geocêntrico, analise cada afirmativa e escreva no caderno se ela é verdadeira ou falsa. Depois, justifique.
   a) A Terra gira em torno do Sol e os planetas estão fixos em camadas.
   b) A Terra está fixa no centro do Universo e os astros giram ao redor dela.
   c) O Sol está fixo no centro do Universo.
   d) A Terra e os planetas estão fixos no Universo, apenas o Sol gira ao redor dela.

3. Você já viu a referência a.C. ou d.C. depois da indicação de um ano, por exemplo: 1900 a.C. ou 1500 d.C. O que essas abreviaturas significam?

4. A analogia do balão de festa faz um paralelo com a expansão do Universo. O que aconteceria se você não parasse de soprar? Relacione esse fato com o comportamento do Universo.

5. Um ano não é exatamente um ciclo solar. Como o calendário gregoriano resolveu esse impasse?

6. Constatou-se que as galáxias estão se afastando de nós com velocidade proporcional a sua distância. O que essa observação pode indicar acerca do passado do Universo?

7. Considerando o contexto histórico do modelo geocêntrico e do modelo heliocêntrico, escolha a alternativa correta e escreva-a no caderno.
   a) Copérnico desenvolveu o modelo heliocêntrico por motivações religiosas inspiradas no deus Sol.
   b) Copérnico tinha todo o apoio das autoridades da época para questionar o modelo geocêntrico.
   c) As ideias geocêntricas são mais importantes porque são mais fundamentadas, antigas e tradicionais.
   d) O modelo heliocêntrico foi aceito graças a observações e métodos científicos.

8. Vimos que povos que habitavam o continente americano tinham suas próprias constelações, baseadas em seu imaginário cotidiano. Qual era a importância de conhecer as estrelas para os povos antigos?

9. Sobre o Sistema Solar, transcreva em seu caderno a alternativa correta.

a) Além dos 8 planetas que orbitam o Sol, existem outros corpos celestes, como planetas-anões e asteroides. O Sistema Solar está na Via-Láctea, uma galáxia com mais 400 bilhões de estrelas.

b) Existem 9 planetas que orbitam o Sol e outras estrelas.

c) É um sistema com vários planetas que fica na galáxia de Andrômeda.

d) O Sol está no centro do Sistema Solar, que é composto de diversas outras estrelas menores que orbitam o Sol.

10. O Sistema Solar, nosso sistema planetário, foi formado por volta de 4,6 bilhões de anos atrás. Explique como o Sistema Solar se formou.

11. Leia o texto e faça o que se pede.

"Depois de longas investigações convenci-me, por fim, de que o Sol é uma estrela fixa rodeada de planetas que giram em volta dela e de que ela é o centro e a chama. Que, além dos planetas principais, há outros de segunda ordem que circulam primeiro como satélites em redor dos planetas principais e com estes em redor do Sol."

Com base no texto, responda:

a) A qual modelo cosmológico o texto se refere?

b) O que significa a **chama** citada no texto?

c) Após as descobertas de Copérnico, quais astrônomos contribuíram para a consolidação do modelo apresentado no texto?

12. Usar frases para lembrar de alguma sequência ou memorizar informações é uma estratégia muito utilizada. Qual das frases abaixo pode ser utilizada para lembrar a sequência dos planetas no Sistema Solar? Responda no caderno.

a) Minha Mãe Têm Muitas Joias, Só Usa No Pescoço.

b) Minha Vó Têm Muitas Joias, Só Não Usa.

c) Minha Vó Não Tem Joias.

d) Minha Vó Têm Muitas Joias, Só Usa No Pescoço.

13. Mariana estava conversando sobre a quantidade de dias de cada mês com seu amigo e estava tentando encontrar uma maneira simples para decorar quantos dias há em cada mês. Acostumada a ver o mês de fevereiro com 28 dias, Mariana não entendeu por que viu em um calendário 29 dias no mês de fevereiro. Ela foi logo perguntar para seu amigo e ele respondeu: Acho que este calendário está errado, Mariana. Troca por outro.

- Por que fevereiro tinha 29 dias no calendário de Mariana?
- Em quais anos é possível que fevereiro tenha 29 dias?

DICAS

▶ ACESSE

Observatório Nacional: <www.on.br>. *Site* com diversos estudos e notícias sobre o Universo.

Instituto de Astronomia e Geofísica da USP: <www.iag.usp.br/astronomia/materiais-didaticos>. Informações e conteúdos sobre Astronomia, além de indicações de cursos.

Nasa (Administração Nacional da Aeronáutica e Espaço – EUA): <www.nasa.gov>. *Site* oficial da Nasa, com informações, notícias e imagens reais do Universo.

▶ ASSISTA

Além do Big Bang, The History Channel, 83 min. Documentário com entrevistas de físicos, engenheiros e historiadores que estudam a origem do Universo e questionam as concepções existentes.

Cosmos: A spacetime odissey. Produção: National Geographic. Série protagonizada pelo astrônomo Neil deGrasse Tyson, que refez a série gravada por Carl Sagan, em 1980, e traz explicações simples sobre o Universo, em 13 episódios.

📖 LEIA

O Universo em uma casca de noz, de Stephen Hawking (Intrínseca). Diversas ilustrações e esquemas buscam demonstrar importantes conceitos do Universo com ideias cotidianas.

O Universo elegante, de Brian Greene (Companhia das Letras). O autor utiliza metáforas e analogias para explicar conceitos e teorias complexas sobre o Universo. Leva o leitor a enxergar a beleza do Universo com um olhar fundamentado em lógica e matemática.

📍 VISITE

Museu de Astronomia e Ciências Afins: Rua General Bruce, 586, Rio de Janeiro (RJ). O museu divulga a história do conhecimento científico e tecnológico no Brasil. Guarda importante acervo do Observatório Nacional, reúne instrumentos científicos, máquinas e até mobiliário. Para mais informações e agendamento de visitas, consulte: <www.mast.br>.

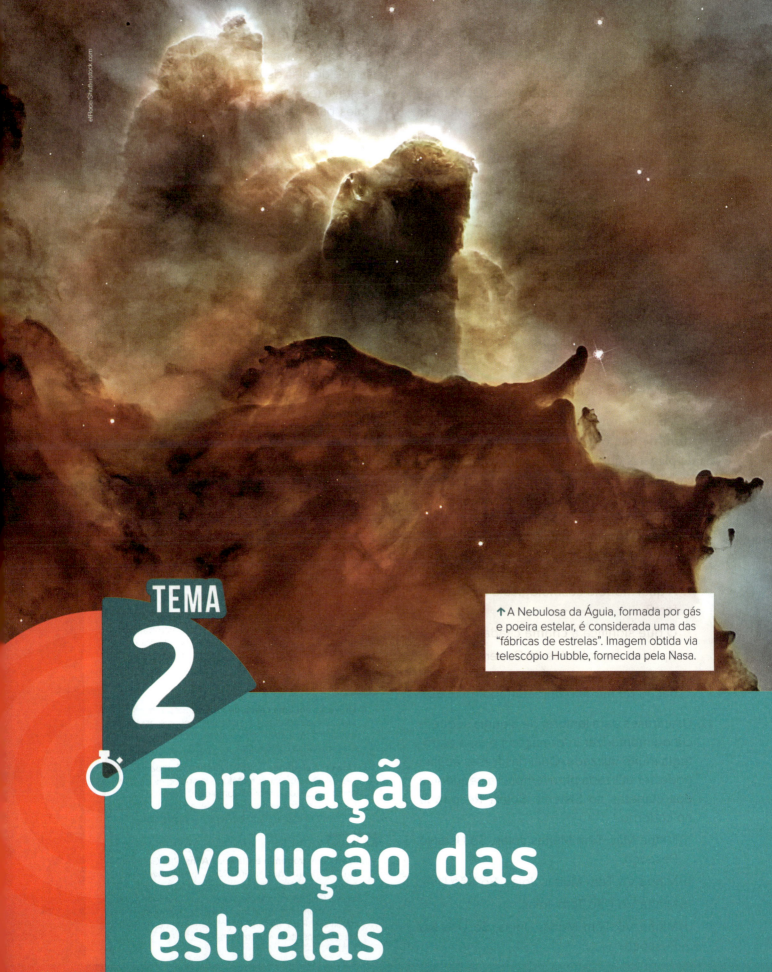

↑ A Nebulosa da Águia, formada por gás e poeira estelar, é considerada uma das "fábricas de estrelas". Imagem obtida via telescópio Hubble, fornecida pela Nasa.

TEMA 2

Formação e evolução das estrelas

NESTE TEMA
VOCÊ VAI ESTUDAR:

- magnitude das estrelas;
- sistemas estelares duplos;
- ciclo de vida das estrelas;
- exoplanetas;
- vida humana fora da Terra.

1. Como surgiram as estrelas? De onde veio o material que as compõe?
2. As estrelas são eternas? O Sol pode deixar de existir algum dia?
3. Como as estrelas podem influenciar na formação dos planetas? Será possível encontrar outro planeta em que possamos viver?

CAPÍTULO 1
A formação das estrelas e dos planetas

Neste capítulo, você vai estudar a formação das estrelas, de onde vem seu brilho e o significado de suas cores; entender como conseguimos medir a temperatura delas analisando a coloração de seu brilho, além de conhecer seu ciclo de vida: formação, evolução e morte.

EXPLORANDO QUE FORMATO TEM?

Larissa foi ao cinema com seu amigo Pedro ver um filme de ficção científica em que os aventureiros viajam entre muitas estrelas e por muitos lugares do Universo. Parece que Pedro estava muito empolgado após o filme:

— Você viu quando a nave voou bem rápido e passou perto daquele planeta de fogo? — disse Pedro, gesticulando.

— Aquilo não era um planeta de fogo, era uma estrela e não estava pegando fogo — respondeu Larissa.

— Claro que era um planeta, era redondo! Estrelas têm pontas e são brancas, como nos desenhos da TV. Você viu quando eles escaparam daquela estrela preta a toda velocidade? — continuou Pedro.

— Aquilo não era uma estrela preta, era um buraco negro. Nem tudo é como nos desenhos, Pedro — comentou Larissa.

— Então quer dizer que estrela é redonda e não tem ponta... buraco negro não é buraco? Desisto! Então, qual é o formato dos objetos no espaço? — completou Pedro, indignado.

Ilustrações: Claudia Marianno

Agora é sua vez.

1. Você sabe qual é a composição das estrelas? Por que Larissa afirma que ela não estava pegando fogo?

2. Você concorda com Larissa quando ela afirma que as estrelas são redondas? Com que formato as enxergamos à noite?

Como se formam as estrelas?

Você já parou para pensar sobre as estrelas? Antigamente, acreditava-se que as estrelas eram pontos brilhantes, eternos e imutáveis, presos a um teto gigante acima da Terra. Ao se olhar para o céu, durante a noite, elas eram – e são – o destaque, em contraste com a escuridão do espaço, parecendo mesmo estar em posição fixa. Mas estariam as estrelas sempre no mesmo lugar? Qual é a distância das estrelas à Terra? Estão todas à mesma distância de nosso planeta? Têm sempre o mesmo tamanho e intensidade de brilho? Afinal, o que sabemos sobre as estrelas?

O Sistema Solar mantém sua organização devido à força de atração gravitacional entre os corpos. Ao centro desse sistema planetário está o Sol, e os planetas orbitam ao seu redor.

Mas o Sol sempre esteve no céu? Ele continuará a brilhar para sempre?

Você já parou para pensar em como as estrelas nascem? De onde vem todo o material que as formam?

O "berçário" das estrelas é dentro de grandes nuvens de poeira cósmica e gases, como hidrogênio (H_2). Mas não são nuvens comuns, elas se estendem por centenas de anos-luz, às quais chamamos de nebulosas. Por serem mais densas em alguns pontos e mais rarefeitas em outros, a força gravitacional que surge de toda essa massa faz com que partes das nuvens comecem a se condensar, dando início ao processo de formação das estrelas.

À medida que essa nuvem de poeira e gases se condensa para formar uma estrela, a temperatura e a pressão em seu centro aumentam drasticamente. Nesse

↑ Representação do nascimento de uma estrela (também chamada protoestrela).

momento, temos uma **protoestrela**, pois todo o material que está sendo utilizado para gerar a estrela ainda não está unido o suficiente para configurar uma estrela realmente. Ela ainda está em formação.

Com toda a matéria cada vez mais próxima devido ao aumento da gravidade, a protoestrela se condensa ainda mais. A pressão interna é tão grande que eleva a temperatura a milhões de graus Celsius, o que possibilita o início do processo de **fusão nuclear**, que é o mecanismo básico de produção de calor e emissão de luz e outros tipos de radiação de uma estrela. Detalharemos o processo de fusão mais adiante.

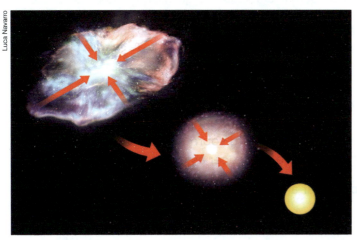

O Sol é a estrela que organiza o sistema da qual a Terra faz parte. A temperatura da superfície solar é de cerca de 5 800 °C e seu campo gravitacional é 28 vezes maior do que o terrestre. O Sol é composto basicamente de hidrogênio, mas há outros elementos no seu interior.

A proporção entre as dimensões dos astros representados, a distância entre eles e as cores utilizadas não correspondem aos dados reais.

← Ilustração da compressão da poeira cósmica pela gravidade até se transformar em uma estrela.

AQUI TEM MAIS

De onde vem a luz das estrelas?

Essa questão foi levantada por volta do século XIX por cientistas que perceberam que a luz e o calor do Sol deveriam ter uma fonte de energia.

A grande energia emitida pelo Sol intrigava os pesquisadores. Na época, as fontes de energia conhecidas, como a combustão de carvão e o petróleo, não podiam ser associadas ao Sol, pois não haveria material suficiente para fazer com que esse tipo de fonte durasse alguns milhares de anos. Concluíram, portanto, que o Sol deveria utilizar outros tipos de combustível e processo de geração de energia, até então desconhecidos por nós.

Por muito tempo, a teoria mais aceita como fonte de energia solar era a lenta contração gravitacional do Sol. Essa teoria foi proposta pelo físico William Thomson (Barão Kelvin).

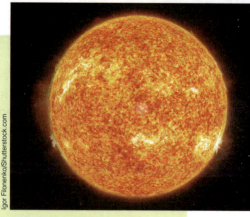

↑ A energia emitida pelo Sol na forma de luz e calor vem da fusão de átomos de hidrogênio, que libera energia.

Somente após algumas décadas, o astrônomo inglês Arthur Stanley Eddington propôs uma nova teoria, com base nos estudos de Albert Einstein, que demonstrava como a massa poderia ser convertida em muita energia pela famosa equação $E = mc^2$. Sugeriu, assim, que as estrelas têm uma intensa fonte de energia gerada pela conversão da sua massa, num processo chamado de fusão, e que esse processo ocorre no nível dos átomos. Essas reações de fusão dos átomos de hidrogênio ocorrem em todas as estrelas e produzem átomos de hélio.

No momento da fusão, parte da matéria do núcleo dos átomos é convertida em energia, de modo que a massa do hélio formado não corresponde exatamente à soma das massas dos hidrogênios.

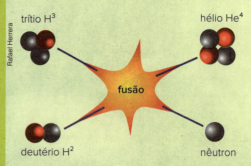

↑ A fusão de dois núcleos, um de deutério e um de trítio (isótopos de hidrogênio), produz átomos de hélio e libera um nêutron e grande quantidade de energia.

Essa conversão de massa em energia ocorre continuamente e uma de suas consequências é a formação da luz que as estrelas emitem. Elas continuam a brilhar enquanto realizarem essa fusão nuclear, que converte principalmente átomos de hidrogênio em hélio em seu interior. Quando a estrela perde essa capacidade, inicia-se seu processo de morte.

Para que essas reações ocorram, ou seja, para que haja colisão de átomos dando início ao processo de fusão, é preciso grande quantidade de energia. Para começar o processo são necessárias temperaturas e pressões muito altas, acima de 14 milhões de graus Celsius. Devido à dificuldade de obter essas condições, essas reações não ocorrem de modo natural aqui na Terra. Somente nas últimas décadas cientistas conseguiram produzi-las, porém, em pequenas quantidades. Reações desse tipo podem ser realizadas nos aceleradores de partículas, que fazem os átomos colidirem. O objetivo é de que no futuro os reatores de fusão nuclear produzam essa mesma reação para gerar energia em larga escala, que será convertida em energia elétrica para suprir a demanda de energia de forma mais eficaz do que temos atualmente.

1. Reúna-se em grupo com alguns colegas e, juntos, façam uma pesquisa sobre fusão nuclear, com foco nas dificuldades de reproduzir esse fenômeno. Depois, discutam as informações obtidas e elaborem um pequeno texto sobre a viabilidade de utilizar esse tipo de fonte para gerar energia elétrica e abastecer as cidades.

2. Como e de que forma podemos aproveitar a energia solar que chega à Terra diariamente?

A cor das estrelas

A energia emitida por uma estrela pode ser medida pelo brilho resultante desse processo. Mas como explicar a diferença de cores e intensidade do brilho entre as diversas estrelas?

Olhando para o céu estrelado, notamos muitas estrelas com brilhos de cores diferentes, que variam de um branco-azulado até o vermelho. O que sabemos hoje é que a coloração das estrelas pode nos informar sobre sua composição, temperatura e distância da Terra. Além disso, pode indicar aos cientistas que tipo de material está sendo produzido no interior delas.

Entretanto, um dos fatores que mais nos chama a atenção quando observamos as estrelas é sua intensidade luminosa. Imagine um pedaço de ferro em contato com o fogo: quanto maior sua temperatura, mais intensa será a luz emitida por ele. As estrelas seguem a mesma lógica, quanto maior a temperatura de sua superfície, mais intenso será seu brilho.

↑ Espectro de cores emitidas pelas estrelas em função de sua temperatura.

O desenvolvimento de novas tecnologias possibilitou a análise de diferentes sistemas estrelares, assim como dos tipos de astros que compõem o Universo. Com isso foi possível identificar e catalogar os diferentes tipos de estrelas. Para isso, foram criados inúmeros métodos de classificação, principalmente com relação à temperatura e luminosidade. O principal fator que determina a temperatura de uma estrela é sua massa. Quanto maior a massa da estrela, mais alta é sua temperatura, aumentando também o processo de fusão nuclear em seu interior.

Podemos acompanhar como ocorre a distribuição de temperatura entre as estrelas com base na cor da luz emitida.

Veja a tabela a seguir.

Temperatura (K)	Cor
35 000 – 20 000	azul
20 000 – 10 000	branco-azulada
10 000 – 7 500	branca
7 500 – 7 000	branco-amarelada
7 000 – 5 000	amarela
5 000 – 3 500	alaranjada
3 500 – 3 000	vermelha

Fonte: Kepler de Oliveira e Maria de Fátima Saraiva. *Astronomia e Astrofísica*. São Paulo: Editora Livraria da Física, 2014.

Observando a faixa de cores que representa as temperaturas das estrelas, podemos perceber que essas duas cores, azul e vermelho, ocupam larguras maiores dentro do espectro. Entretanto, observe que, saindo dos tons amarelados em direção ao azul, há uma faixa de luz branca, faixa de cor na qual está nosso Sol.

Diagrama de temperatura e luminosidade das estrelas

Os astrônomos classificaram as estrelas em grupos diferentes, com base em características como brilho, tamanho, cor e temperatura. Esse tipo de classificação deu origem a um diagrama chamado H-R, em homenagem aos cientistas Ejnar Hertzsprung (1873-1967) e Henry Russell (1877-1957). O padrão para a escala desse diagrama é o Sol.

Nele, as estrelas são classificadas, quanto à sua temperatura, por meio das letras: **O, B, A, F, G, K** e **M**, em que **O** representa as mais quentes e **M**, as mais frias. O eixo das ordenadas indica a luminosidade, o eixo das abscissas indica a letra (temperatura). O tamanho da esfera indica o tamanho relativo das estrelas.

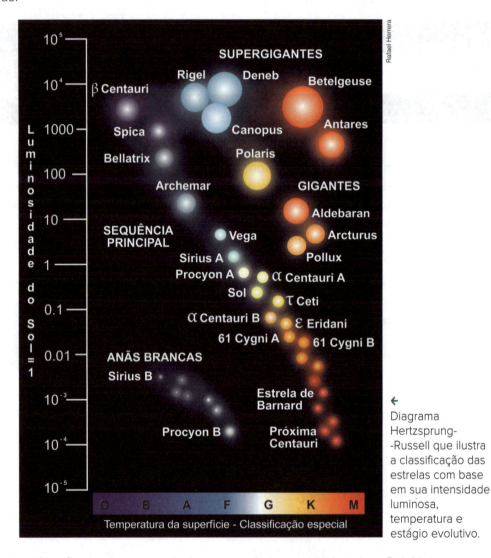

Diagrama Hertzsprung-Russell que ilustra a classificação das estrelas com base em sua intensidade luminosa, temperatura e estágio evolutivo.

Acompanhe a classificação de algumas estrelas nesse diagrama, incluindo o Sol. Note, por exemplo, que a estrela Alfa Centauri A (alfa do Centauro) tem luminosidade e temperatura muito próximas do Sol. Já a Sirius A é mais quente e mais luminosa.

Os cientistas perceberam que a distribuição das estrelas nesse diagrama tem uma "linha preferencial", chamada sequência principal, que se estende da parte superior esquerda do gráfico à inferior direita. Essa linha inclui cerca de 80% das estrelas catalogadas. Nessa sequência aparecem as estrelas que estão na fase estável do seu ciclo evolutivo.

Ciclo de vida das estrelas

As estrelas estão sujeitas a um ciclo natural. No fim de sua existência, algumas de suas características são brutalmente modificadas. Podemos fazer uma analogia entre o ciclo de uma estrela e o ciclo da vida: toda estrela nasce, vive e morre. Em algumas poucas circunstâncias, o nascimento de uma estrela possibilita a formação de planetas, como aconteceu com o Sol.

A estrela de nosso sistema levou cerca de 50 milhões de anos como uma protoestrela até se estabilizar na forma atual. Está há cerca de 5,5 bilhões de anos na fase atual e ainda permanecerá nela por mais cerca de 4,5 bilhões de anos! Mas, depois desse período, o que acontecerá?

Dizemos que uma estrela nasce quando a temperatura no interior da protoestrela é alta o suficiente para iniciar a fusão do hidrogênio em hélio. A partir desse instante, a estrela já tem uma posição definida no diagrama HR, na sequência principal. Assim, podemos perguntar: Por que "aparecem" essas outras estrelas em regiões diferentes da sequência principal do gráfico da página anterior? Nosso Sol sairá um dia dessa sequência?

Em geral, as estrelas ficam a maior parte do tempo estáveis, ocupando um lugar na sequência principal. Quando o principal combustível da fusão nuclear, o hidrogênio, começa a se esgotar no centro da estrela, inicia-se uma "rápida" evolução para os estágios finais de vida. Usamos a palavra **rápida** entre aspas porque, para a escala de tempo de um ciclo de vida estelar, isso significa milhares de anos. Fazendo uma comparação superficial, estrelas de baixa massa, como o Sol, podem viver cerca de 10 bilhões de anos; estrelas de grande massa vivem bem menos, algumas centenas de milhões de anos. Vamos falar um pouco sobre os momentos finais das estrelas semelhantes ao Sol.

De gigante vermelha a anã branca

Nas estrelas com massa entre 0,8 e 10 vezes a massa solar, o esgotamento de hidrogênio em seu interior fará com que a fusão nuclear diminua. A força gravitacional irá contrair a estrela e tornar seu núcleo cada vez mais denso e quente. As temperaturas maiores desencadearão outras reações de fusão que envolvem o hélio e outros tipos de substância (como carbono, por exemplo). Nesse estágio, há uma imensa produção de energia e as camadas mais externas da estrela expandem-se.

No ápice dessa expansão, a estrela torna-se uma **gigante vermelha**, o destino do nosso Sol. Nesse caso, a superfície solar pode ultrapassar a órbita de Vênus e, possivelmente, da Terra. Depois, a estrela passa por instabilidades que provocam explosões e a ejeção de grande parte da massa localizada nas camadas mais externas. No centro resta uma pequena estrela (sobra do núcleo da estrela inicial) e, em torno dela, uma nuvem de gases (resultado da ejeção das camadas exteriores) conhecida como **nebulosa planetária**. Em alguns milhares de anos, a nuvem se dissipará e a estrela no centro, que não terá mais fusão nuclear, receberá o nome de **anã branca**, se esfriará gradativamente e, por consequência, perderá seu brilho.

Em alguns casos, após milhões de anos, uma anã branca esfria totalmente e se torna o que os astrônomos chamam de **anã negra**, mas esse objeto é de difícil identificação por não produzir mais energia em seu núcleo e, consequentemente, não ter mais brilho.

Representação simplificada em cores-fantasia.

Ilustração que possibilita comparar o tamanho atual do Sol (à esquerda) com seu tamanho após se tornar uma gigante vermelha (à direita).

O Sol na sequência principal (diâmetro = 0,01 UA)

O Sol como gigante vermelha (diâmetro = 1 UA)

Supernova

Quando estrelas supermassivas (que têm várias dezenas de vezes a massa de nosso Sol) saem da sequência principal e seu núcleo começa a se contrair, as fusões nucleares de elementos mais pesados que o hélio causam muita instabilidade. Dizemos que a estrela entra em colapso e explode (ou, de certa maneira, implode) em um evento extremamente energético chamado **supernova**.

O brilho de uma supernova pode ser equivalente ao brilho de toda uma galáxia e permanecer no céu por vários dias. Após a explosão, grande parte da matéria da estrela é lançada para o espaço. Mas, no centro, pode haver a formação do que chamamos **estrela de nêutrons** ou **buraco negro**, dependendo da massa inicial da estrela.

Uma **estrela de nêutrons** é uma esfera de matéria muito concentrada, com apenas algumas dezenas de quilômetros de raio. Sua matéria é muito condensada. Uma colher de chá da massa de uma estrela de nêutrons teria a massa equivalente a 900 pirâmides de Gizé compactadas.

Em estrelas com massa acima de 25 vezes a do nosso Sol, o colapso gravitacional é ainda mais intenso. A violentíssima contração de matéria resulta em um corpo muito mais denso, o chamado buraco negro.

Os buracos negros recebem esse nome porque a matéria resultante é tão densa que quase nada pode escapar da atração de sua gravidade, nem mesmo a luz. Não podemos enxergar um buraco negro porque toda luz emitida pelo que sobrou da estrela está presa pela atração gravitacional. No entanto, podemos estudar alterações que ele provoca ao seu redor. Por exemplo, a matéria atraída pelo buraco negro muitas vezes forma um disco que gira à sua volta com velocidade próxima à velocidade da luz. Esse movimento pode emitir muita energia e formar jatos perpendiculares ao disco. Outra forma de detectar um buraco negro é estudar sua influência gravitacional nos objetos próximos ou, ainda, verificar o desvio ou a distorção que a luz de outros objetos sofre ao passar nas imediações dele. Chamamos esse efeito de lente gravitacional.

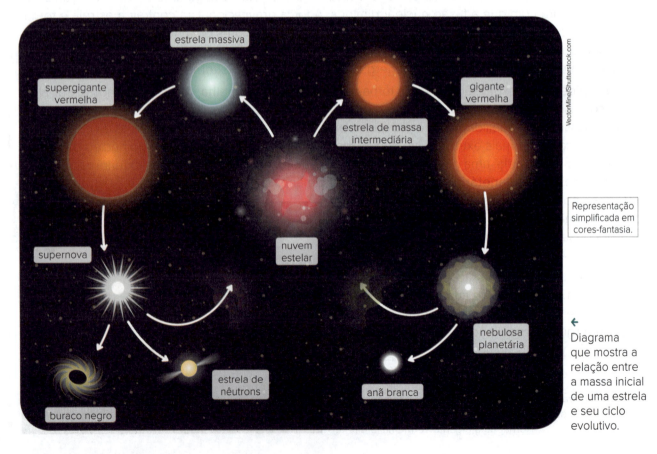

Representação simplificada em cores-fantasia.

← Diagrama que mostra a relação entre a massa inicial de uma estrela e seu ciclo evolutivo.

PENSAMENTO EM AÇÃO — ANÁLISE DE DADOS

Classificando estrelas

Vamos classificar duas estrelas, cujas fichas técnicas estão no quadro abaixo, e determinar suas características, etapa de evolução e destino final.

Informações	Estrela [A]	Estrela [B]
Quantidade de massa solar	8,5	26
Cor do brilho observado	(amarelo)	(azul)
Distância da Terra	29 anos-luz	4000 anos-luz
Intensidade luminosa	6	22000
Raio	3,1	15

Material:

- cartolina;
- canetas hidrográficas;
- lápis para colorir.

Procedimentos

1. Faça um levantamento e anote as informações do nosso Sol: massa, tamanho (raio), temperatura e classificação no diagrama Hertzsprung-Russell.
2. Classifique as estrelas, utilizando o diagrama, quanto à sua intensidade luminosa e temperatura.
3. Estime a temperatura de cada estrela utilizando o diagrama.
4. Determine o estágio de evolução e morte para cada uma das estrelas.
5. Utilize a cartolina para ilustrar as três estrelas: Sol, Estrela [A] e Estrela [B].
6. Na representação, desenhe e pinte as estrelas em escala com base no Sol (raio). Pinte as estrelas de acordo com a coloração de sua classificação no diagrama e construa uma tabela com todas as informações obtidas de cada uma.

Desenhorama

Reflita e registre

NO CADERNO

1. Observando os dados de cada estrela, é possível afirmar que alguma delas já tenha se extinguido? Justifique sua resposta argumentando com base nos dados apresentados.
2. Alguma das estrelas já está em seu estágio de morte? Justifique sua resposta e compare com os resultados dos demais colegas.
3. Quais seriam as condições da Terra se ela estivesse à mesma distância das estrelas [A] e [B] em relação à distância que está do Sol?

AQUI TEM MAIS

A dança das estrelas

Pela quantidade de estrelas que observamos à noite, elas parecem estar muito próximas umas das outras, a ponto de se chocarem. Perceba, na próxima noite estrelada, a quantidade de estrelas que conseguimos observar em uma pequena área.

Na maioria das vezes, a proximidade das estrelas no céu é apenas uma ilusão de ótica, ou seja, elas podem estar muitos anos-luz afastadas umas das outras. Levante sua mão esquerda à frente de seu rosto, peça a um amigo que estenda a mão na mesma altura que a sua e também a sua frente. Como resultado, você conseguirá ver sua mão e a dele, mas a dele em tamanho menor, por estar mais afastada. O mesmo ocorre quando vemos algumas estrelas; mesmo afastadas, a luz que chega até nós faz trajetos tão próximos, que aparentemente parecem estar juntas.

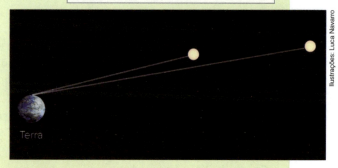

A proporção entre as dimensões dos astros representados, a distância entre eles e as cores utilizadas não correspondem aos dados reais.

↑ Esquema que mostra como a luz das estrelas chega à Terra e causa a ilusão de ótica de que as estrelas estão próximas.

Mas será que tudo não passa de ilusão? As estrelas são realmente grandiosos astros que tendem a se formar e morrer solitárias como o Sol? Seria possível existir sistemas estelares com duas ou mais estrelas realmente próximas? Como seria o comportamento de estrelas que coexistem bem próximas?

Essa possibilidade realmente existe. Há vários conjuntos de estrelas que, no passado, acreditávamos se tratar apenas de uma estrela, quando na verdade podem ser um conjunto de duas ou mais estrelas relativamente próximas. Em algumas situações, elas podem estar tão próximas que são capazes de trocar matéria entre si. Tais sistemas em que existem duas estrelas são chamamos de **sistemas duplos** ou **sistemas binários** de estrelas. Já foram registrados sistemas com mais de duas estrelas, denominados de **sistemas múltiplos** estelares.

Acredita-se que a formação de sistemas binários possa ocorrer, com maior probabilidade, durante a formação do aglomerado de gases e poeira cósmica que dão origem à protoestrela. É possível que essas gigantes nuvens sofram divisões e, em vez de gerarem uma protoestrela, acabem gerando duas ou mais. Assim que formadas, as estrelas, de tão próximas, podem exercer influência gravitacional mútua e uma orbitar a outra.

O ciclo de vida estelar desenvolve-se normalmente em sistemas duplos ou múltiplos. O destaque fica apenas para as possíveis trocas de matéria entre as estrelas em qualquer etapa de sua vida. Até mesmo após sua morte, essas estrelas podem permanecer juntas, formando buracos negros binários.

Órbitas em um sistema binário

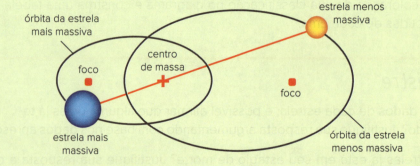

← Ilustração da órbita relativa de estrelas em sistemas duplos.

1. Pesquise e descreva as técnicas desenvolvidas para a observação de sistemas duplos. Como podemos identificar tais sistemas e diferenciá-los de ilusões de ótica estelar?

ATIVIDADES

SISTEMATIZAR

1. As estrelas podem ser consideradas "fábricas" de elementos químicos?

2. Por que alguns astrônomos dizem que somos filhos das estrelas?

3. Pesquise e responda: Quais são os motivos que nos impedem de usar fusão nuclear como fonte de energia em automóveis, casas e indústrias?

4. A Terra poderia se tornar uma estrela repentinamente?

5. Em que parte do diagrama H-R as estrelas permanecem por maior tempo?

6. Localize as estrelas a seguir no diagrama H-R e, no caderno, indique os estágios evolutivos de cada uma delas.
   - Alfa Centauro A (Constelação de Centauro)
   - Antares (Constelação de Escorpião)
   - Aldebaran (Constelação de Touro)
   - Betelgeuse (Constelação de Órion)
   - Procyon B (Constelação do Cão Maior)
   - Rigel (Constelação de Órion)
   - Vega (Constelação de Lira)
   - Sírius B (Constelação do Cão Maior)
   - Sol

7. Leia a afirmação abaixo:

   Duas estrelas que parecem próximas quando as observamos aqui da Terra podem, na verdade, estar muito distantes uma da outra.

   Essa afirmação está correta? Explique.

REFLETIR

1. Seria possível produzirmos estrelas ou buracos negros? Explique como você produziria tais astros.

2. Explique o uso do adjetivo **negro** no nome buraco negro. Faz sentido atribuir "cor" a esse corpo celeste?

3. Como os buracos negros podem ser detectados se não podem ser vistos?

DESAFIO

1. O Sol, como toda estrela, seguirá seu ciclo de vida, transformando-se um dia numa gigante vermelha. Qual é a diferença entre uma estrela que está na sequência principal, como o Sol atualmente, e uma gigante vermelha?

   Forme um grupo com colegas e pesquisem as mudanças que uma estrela sofre quando se torna uma gigante vermelha – alterações na sua composição química, tamanho e temperatura. Pesquisem também quais as consequências para o planeta Terra da transformação do Sol numa gigante vermelha.

CAPÍTULO 2
Vida fora da Terra

> Neste capítulo, você vai estudar quais são as condições para vivermos fora do planeta Terra, o que são exoplanetas e onde estão localizados.

EXPLORANDO | TUDO VERDINHO?

Juliana estava relaxando e ouvindo música no celular, quando um som mais alto que o do fone de ouvido conseguiu chamar sua atenção.

Ela foi ver o que se passava e encontrou seus irmãos gêmeos mais novos debatendo:

– É verde e tem três pernas!

– Não, é vermelho e tem duas cabeças e cinco pés.

Juliana entrou na discussão:

– O que é isso, meninos?

– Estamos pintando seres de outros planetas em nosso cartaz sobre o espaço – respondeu Luca.

– Mas ele quer pintar tudo de vermelho – reclamou Renato.

Juliana, então, disse:

– Meninos, pintem como desejarem... Afinal, ETs não existem mesmo.

Será que Juliana tem razão? Existe ou não vida fora da Terra? Se existir, como será?

Agora é sua vez.

1. Imagine como seria viver fora da Terra. Descreva como você viveria e onde poderia ser.

2. Você sabe quais são as condições para podermos viver fora da Terra?

3. Com a quantidade de estrelas no Universo, caso exista uma que possibilite a formação de planetas iguais à Terra, como poderíamos chegar lá? Quanto tempo duraria essa viagem? Existe algo que possamos fazer para sobreviver tanto tempo no espaço?

A vida na Terra

Nosso planeta está repleto de vida em todos os cantos, dos organismos mais simples, como bactérias, até os mais complexos, como os animais. Encontramos vida na crosta terrestre, nos oceanos e até mesmo na atmosfera. Mas podemos afirmar que conhecemos todos os tipos de vida do planeta?

Apesar de enorme variedade de vida na Terra, não sabemos precisamente quais são as condições para que ocorra. Nosso conhecimento tem como base os estudos biológicos e das condições favoráveis encontradas em nosso planeta.

Água em grande escala e oxigênio na atmosfera são elementos que os cientistas acreditavam ser fundamentais para o desenvolvimento da vida. Entretanto, estudos mostraram que alguns organismos podem morrer quando expostos ao oxigênio, outros podem se desenvolver embaixo da terra ou em ambientes repletos de amônia, que para nós é prejudicial.

A verdade é que a vida como a conhecemos se adaptou às condições do planeta, encontrou formas de se desenvolver na atmosfera – suportando as temperaturas dos continentes e oceanos e a influência gravitacional, por exemplo – e evoluiu.

Ao considerar a possibilidade de vivermos fora da Terra, a Ciência busca planetas que apresentem água, atmosfera estabelecida e com oxigênio em abundância, temperaturas e influência gravitacional que nos possibilitem sobreviver no ambiente. Não se trata apenas de migrar a vida para lá, mas o foco é encontrar vida sob essas condições.

Diversas estrelas já foram mapeadas e também já foram encontrados planetas com condições semelhantes às da Terra. Podemos, então, pensar em um dia habitá-los ou encontrar vida por lá? O que será que vamos encontrar ao nos aventurarmos pelo espaço em busca de vida ou condições para vivermos lá?

Vivendo nos extremos na Terra

A vida em nosso planeta se apresenta de diversas formas, espalhando-se por quase todos os tipos de ambiente. Claro que ela é mais abundante em áreas amenas, ou seja, onde as temperaturas estão longe dos extremos de congelamento e evaporação da água, sob pressão atmosférica a nível do mar, sem radiação elevada e com pH neutro.

Por outro lado, até mesmo em ambientes hostis a vida em nosso planeta encontrou caminho para se desenvolver. O Universo também é um lugar de extremos, há muita radiação, ausência de água e oxigênio, alta variação de pH, além de muitos elementos tóxicos. Estudar as formas de vida em nosso planeta que conseguiram se adaptar a essas condições pode nos ajudar a compreender melhor como poderiam ser as condições de vida fora da Terra.

Encontramos bactérias ou microrganismos que vivem abaixo de uma espessa camada de gelo, habitando regiões próximas a 100 °C, lagos com acidez ou alcalinidade extremas, sem contar os seres que conseguem viver nas profundezas dos oceanos com altos níveis de pressão.

Esses seres vivos servem de modelo de estudo para compreendermos como seu mecanismo biológico se adaptou para sobreviver nesse ambiente. São realizados muitos testes em laboratórios que conseguem simular, por exemplo, as condições encontradas em Marte e determinar como seria o comportamento desses seres vivos no planeta vermelho.

← As fumarolas são fontes termais onde vivem organismos em condições extremas, com temperaturas que podem ultrapassar os 300 graus Celsius.

Seres com comportamentos incomuns

A sobrevivência fora da Terra ainda é um dos maiores obstáculos para nosso avanço espacial. Mesmo que externamente um astronauta não apresente transformações físicas, o funcionamento de seu organismo interno pode ser afetado drasticamente no espaço.

Em nosso planeta, a maior parte dos organismos se adaptaram à abundante presença do gás oxigênio, que torna nossa atmosfera altamente oxidante. Animais e plantas utilizam esse elemento em diferentes processos, como a respiração, o que torna a presença desse gás indispensável para o modo de vida que conhecemos.

Encontrar lugares que ofereçam condições de vida semelhantes às da Terra, como Marte ou algumas luas de Júpiter como Ganimedes e Europa, torna-se uma tarefa muito complicada. Além de estar dentro da zona habitável, o exoplaneta deverá reproduzir as mesmas condições atmosféricas de nosso planeta para pensarmos no sustento da vida como a conhecemos. Logo, a possibilidade de encontrar ou levar vida que dependa das condições atmosféricas para realizar processos aeróbicos, por exemplo, é muito baixa.

Europa, lua de Júpiter, tem características que correspondem a um ambiente extremófilo. No entanto, os cientistas consideram que esse ambiente pode abrigar tipos de vida como bactérias. Pensar em vida marinha por lá nos leva logo a pensar que o ser vivo deve ser capaz de respirar apenas por processos anaeróbicos, pois não deve haver organismos fotossintetizantes que contribuam para a produção de oxigênio, como ocorre na Terra. Estamos acostumados a pensar logo em vegetais para realizar esse tipo de processo fotossintetizante; entretanto, nos primórdios da formação de nosso planeta, foram, e ainda são, as cianobactérias as responsáveis pela produção de oxigênio suficiente para a formação da nossa atmosfera.

Estudar, portanto, os organismos que têm formas incomuns de metabolismo, também é uma das chaves para avançarmos rumo ao espaço levando vida. Em nosso planeta existem inúmeros seres com essas características. Ainda há muitas coisas a serem descobertas e muitas questões a serem respondidas. Como os organismos podem se comportar e interagir fora da Terra? Outras formas de vida, bioquimicamente distintas, podem ser muito diferentes dos exemplos encontrados em nosso planeta? A Astrobiologia abrange um escopo de diferentes áreas do conhecimento científico para buscar respostas a tais questões que intrigam a humanidade há centenas de anos. Nosso conhecimento acerca de modelos biológicos considera a Terra um modelo na busca de vida extraterrestre.

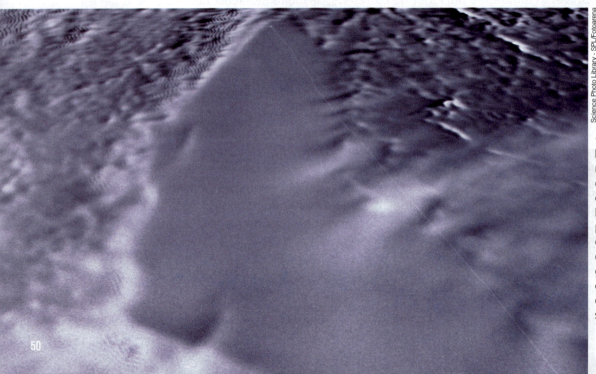

← Lago Vida, localizado na Antártica, onde cientistas encontraram bactérias vivendo na porção de água em estado líquido abaixo de uma camada de gelo de 4 km de espessura. Imagem de radar obtida por satélite.

CURIOSO É...

Nosso guerreiro do espaço

Conheça o tardígrado

Em 1983, cientistas japoneses que trabalhavam na estação Showa, na Antártica, coletaram e congelaram amostras de musgo a –20 °C. Entre as amostras, estavam dois seres de menos de um milímetro de tamanho e um ovo da espécie reconhecida como tardígrado. Trata-se de um ser microscópico, segmentado, popularmente chamado de urso-d'água, mencionado pela primeira vez em 1773.

Após mais de 30 anos congelados na amostra, ao serem descongelados, um dos tardígrados voltou logo a se mover, o outro faleceu. O que despertou a atenção foi a velocidade de recuperação do animal, que retomou sua rotina após 13 dias, inclusive depositando alguns ovos, que vieram a se tornar filhotes. O ovo que também estava na amostra eclodiu, gerando um novo tardígrado, que também depositou alguns ovos com filhotes saudáveis.

O fato é que exemplares dessa espécie já foram expostos a ambientes extremos na Terra e sobreviveram à temperatura de –200 °C, à exposição ao vácuo e à altíssima pressão, ambientes que causam desidratação e radiação.

↑ O tardígrado mede menos de 1 mm.

Os tardígrados também já foram enviados em várias missões espaciais para se estudar melhor seu comportamento e táticas de sobrevivência nos extremos. A maioria deles retorna à Terra, se recupera e ainda é capaz de gerar filhotes saudáveis.

Ainda se sabe pouco sobre essa espécie, entretanto, já sabemos como mapear seus genes e determinar quais as proteínas que ele produz durante as etapas de proteção para sobreviver a congelamento, desidratação total, vácuo do espaço e radiação solar.

Os cientistas esperam que esse animal ajude a descobrir os segredos para a adaptação ao espaço ou os guie em estudos que indiquem como seriam as formas de vida fora da Terra. Os tardígrados realmente nos levam a pensar no sentido da palavra **sobrevivente**.

Por onde começar a procurar vida?

O primeiro passo é procurar onde existe água líquida e, felizmente, nosso Sistema Solar tem água em abundância. Olhando para as proximidades da Terra, Marte é o corpo celeste mais acessível para a exploração espacial e robótica. Por isso, muitas missões se dedicaram a estudá-lo. Os amplos dados científicos sobre o passado de Marte demonstram que ele era muito parecido com a Terra, tinha atmosfera densa e uma superfície recoberta por água e, talvez, oceanos. Atualmente, sua atmosfera tornou-se relativamente fina, o planeta ficou seco, frio e empoeirado, e aparentemente sem vida alguma. Contudo, devido aos avanços da exploração espacial, sabemos que há água no subsolo do planeta vermelho. Mas esse não é o único local do Sistema Solar em que há água! Em algumas luas geladas, como Europa e Encélado, que orbitam os planetas Júpiter e Saturno, também há água líquida, o que já foi confirmado pelas missões espaciais. Agora sabemos que há água em nossa vizinhança. Fica a questão: Se houver vida nesses locais, será muito diferente da que conhecemos?

No momento, essa é a forma conhecida pela Ciência para analisar as condições necessárias para o desenvolvimento de vida. Mas será a única forma de imaginar a evolução da vida? Outras formas poderiam se desenvolver em outros líquidos além da água?

Os astrobiólogos ainda não encontraram nenhuma evidência concreta da existência de vida extraterrestre. Mas, se há ou não vida fora da Terra, qualquer resposta será surpreendente. Por outro lado, é importante termos consciência de que, se quisermos vislumbrar a sobrevivência da espécie humana por longos períodos de tempo, talvez centenas, milhares de anos, precisamos ter as ferramentas e o conhecimento necessário para habitar outros mundos. Atualmente há projetos de expedições tripuladas para nosso vizinho mais próximo. É possível que nas próximas décadas os primeiros humanos comecem a explorar e colonizar o planeta Marte, afinal, está em nosso instinto o desejo de explorar novos horizontes.

Exoplanetas

Enquanto não identificamos sinais de vida inteligente fora da Terra, continuamos analisando e estudando outras estrelas e seus sistemas planetários. Para cada ponto com brilho próprio no céu temos, no mínimo, uma estrela. É possível haver sistemas planetários associados a elas, de forma semelhante ao que ocorre em nosso Sistema Solar.

Dá-se o nome de exoplanetas a todos os planetas identificados em seus sistemas planetários que orbitam outras estrelas que não o Sol. Até 2018 foram identificados mais de 3 823 exoplanetas em 2 858 sistemas planetários. Ainda existem muitos outros em estudo e prestes a também serem classificados.

Com o avanço da tecnologia, hoje é possível, com instrumentos de observação e detecção, reconhecer quase todos os planetas registrados até o momento, o que aumenta ainda mais a expectativa de que possamos encontrar alguma forma de vida em algum deles ou, ainda, condições compatíveis com as encontradas na Terra.

Mesmo com tantas descobertas, fazer uma visita a esses planetas não é uma tarefa fácil. O exoplaneta mais próximo da Terra foi registrado como **Proxima Centauri b** e está a 4,2 anos-luz de distância, ou seja, para chegar até lá seriam necessários quatro anos completos de viagem à velocidade da luz. Já o exoplaneta **TrES-4**, um dos maiores descobertos até o momento, está localizado a 1,4 mil ano-luz de distância. Portanto, uma "visitinha" pode demorar um pouco.

POSSO PERGUNTAR?

Como sabemos a aparência e as cores dos exoplanetas?

← Concepção artística que mostra como poderia ser um planeta fora do Sistema Solar.

Afinal, há vida fora da Terra?

Sabemos que a Terra é um planeta habitável, mas será que existem outros planetas com as mesmas condições de habitação? Quais são os critérios para a identificação de condições de vida em outros planetas?

As bases de comparação e criação de critérios são a Terra e o Sol. Logo, um dos critérios essenciais para considerarmos uma faixa segura para a manutenção da vida é orbitar uma estrela de longa vida, que forneça energia luminosa de forma estável como a nossa – o Sol. Sabemos que a massa da estrela está ligada diretamente à duração de sua vida, logo, está relacionada ao tempo que fornecerá luz e calor aos planetas para o desenvolvimento de vida.

Um planeta rochoso como a Terra, do ponto de vista planetário, pode também ser um dos critérios para a vida. Essa característica possibilita manter água na superfície e, assim, o desenvolvimento de vidas multicelulares. Deve ter também um campo magnético expressivo, que possa servir de proteção à biodiversidade contra os raios cósmicos emitidos por sua estrela. Outro critério é apresentar água líquida. Por isso, são investigados exoplanetas que, ao orbitar uma estrela, não estejam nem muito próximos, para que toda água evapore, nem muito distantes, para que a água congele. Ou seja, para que a água esteja em estado líquido, é necessário estar a uma distância ideal, como a Terra está em relação ao Sol.

Essas características nos possibilitam classificar os exoplanetas em faixas que chamamos de **zonas habitáveis**. A temperatura da superfície também é um fator importante para a classificação dos planetas dentro da zona habitável, deve variar entre 0 °C e 100 °C (temperaturas de congelamento e evaporação da água).

A zona habitável pode ser mais larga ou mais estreita dependendo apenas dos critérios descritos anteriormente. Estrelas com temperatura menor podem aproximar a zona de habitação, enquanto as de temperaturas maiores, afastam essa zona. Em nosso Sistema Solar, a zona de habitação se estende entre Vênus e Marte, aproximadamente. Entretanto, quando nosso Sol passar para seu próximo estágio se transformando em uma gigante vermelha, irá se expandir e deslocar a zona, que estará entre Marte e Urano.

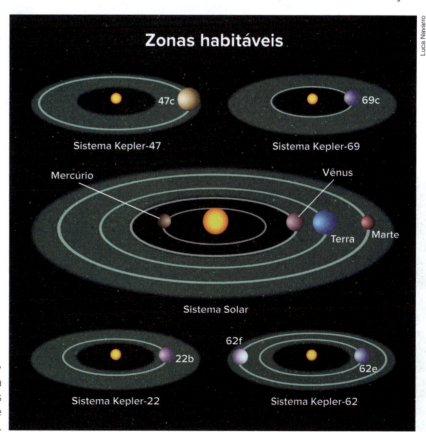

→ Esquematização fora de escala de algumas zonas habitáveis estimadas em torno de algumas estrelas conhecidas.

Primeiros passos, a conquista do espaço

A ex-União Soviética, atual Rússia, foi pioneira nas pesquisas espaciais, lançando o primeiro satélite artificial, chamado Sputnik I, em 4 de outubro de 1957. Sua função era emitir um sinal de rádio que pudesse ser captado por radioamadores na superfície terrestre. No mesmo ano, a Rússia enviou ao espaço a sonda Sputnik II, que levava o primeiro ser vivo ao espaço, a cadela Laika, que morreu durante a missão. A era das sondas espaciais teve início logo na sequência, em 1959, com o lançamento da sonda russa Luna 1, que passou a 6 mil km da Lua.

A primeira viagem tripulada também foi iniciativa da antiga União Soviética, que, em 1961, enviou o astronauta Yuri Gagarin ao espaço. A bordo da cápsula espacial Vostok I, o primeiro homem a viajar pelo espaço completou uma volta ao redor da Terra em apenas 48 minutos. Os Estados Unidos também lançaram, em 31 de janeiro de 1958, seu primeiro satélite, o Explorer I.

Em 1962, os Estados Unidos lançaram as primeiras sondas, Mariner 1 e 2, com o objetivo de investigar os planetas do Sistema Solar. Por um problema técnico, o foguete que transportava a Mariner 1 saiu de rota durante o lançamento e foi explodido intencionalmente, por questão de segurança, após cerca de cinco minutos de voo. A Mariner 2 foi lançada em agosto de 1962 e orbitou Vênus enviando informações entre dezembro de 1962 e janeiro de 1963, quando perdeu contato com a Terra. No mapeamento que fez do planeta, obteve dados da atmosfera de Vênus, revelando que esse planeta tem nuvens frias e superfície quente.

No dia 20 de julho de 1969, aconteceu um dos momentos mais marcantes na história da humanidade: o módulo lunar Eagle, após se separar do módulo de comando Columbia, pousou na superfície de nosso satélite natural, a Lua, permitindo que o primeiro homem colocasse os pés lá. Essa missão recebeu o nome de Apolo 11 e foi comandada pelos astronautas norte-americanos Neil Armstrong, Edwin Aldrin e Michael Collins.

Em 1973 e 1977, foram lançadas, respectivamente, as sondas norte-americanas Pioneer 1 e 2, que investigaram Júpiter e Saturno, e Voyager 1 e 2, que coletaram dados importantes de Urano e Netuno e hoje se encontram fora do Sistema Solar. Essas sondas são os primeiros objetos construídos pelo ser humano a vagar pelo espaço carregando informações sobre nosso planeta.

↑ Fotografia da estação espacial Mir tirada de um ônibus espacial, junho de 1998.

Vinte e cinco anos após o primeiro homem vislumbrar a Terra do espaço, os russos construíram a primeira estação espacial permanente. Batizada de Mir, foi lançada em 1986 e ficou no espaço até 2001. Sua sucessora é a Estação Espacial Internacional – ISS (sigla de International Space Station), cuja construção teve início em 1998, em um consórcio entre 15 países: Estados Unidos, Rússia, Canadá, Japão, Bélgica, Dinamarca, França, Alemanha, Itália, Holanda, Noruega, Espanha, Suécia, Suíça e Inglaterra. Atualmente, nosso país também faz parte do consórcio. Em 2006, o primeiro astronauta brasileiro participou de uma missão espacial, o capitão Marcos César Pontes.

← Imagem da Estação Espacial Internacional orbitando o planeta Terra.

Avançando rumo ao espaço

Há milhares de anos observamos as estrelas e aprendemos muito com elas. Parte de nossos conhecimentos está relacionada à influência direta que esses astros exerceram em nossa vida, como os calendários elaborados com base no movimento dos astros, e que eram importantes para saber épocas de plantio e colheita, por exemplo.

Quando se trata de planetas, porém, os critérios de observação são mais complexos, pois dependemos de condições específicas para observá-los. Até poucas décadas atrás só se conheciam os planetas do Sistema Solar.

Com a melhoria das tecnologias para detecção e observação das estrelas, conseguimos também identificar e registrar milhares de exoplanetas. Passamos a trilhar um longo caminho rumo à busca de vida fora da Terra e de conhecimento sobre como tornar possível nossa vida no espaço. Começamos a compreender as características dos planetas, como tamanho, distância de sua estrela, composição química, massa, atmosfera, e a pesquisar a presença de água – dados elementares para discussão de como a vida poderia se desenvolver nesses "novos" ambientes.

Como ainda não temos tecnologia suficiente para observá-los mais de perto, aprendemos a estudar e analisar pequenas variações comportamentais deles em relação a suas estrelas. Como já mencionado, podemos observar os planetas por meio da reflexão da luz de suas estrelas.

Outra forma de detectarmos os planetas é analisar de que forma sua gravidade influencia as variações de velocidade de suas estrelas. Como sabemos, as estrelas não estão paradas e seus movimentos também são influenciados pelo movimento do sistema planetário que ela forma. Esse procedimento é conhecido como "método da velocidade radial", sendo a técnica mais eficaz na descoberta de planetas até o momento. Existe a possibilidade do uso de espectroscopia para medir a variação de coloração das estrelas por meio de seus movimentos orbitais, influenciados por seus sistemas planetários, embora seja uma técnica mais complexa.

Seja qual for a técnica utilizada, com o aumento do número de estudos e os avanços tecnológicos, principalmente das sondas encaminhadas ao espaço para coletar imagem e informações estelares, o ser humano segue rumo a locais cada vez mais longínquos no Cosmos.

Como será nosso futuro no Universo?

Seja na Terra ou no espaço, a verdade é que a vida como a conhecemos é muito frágil. Mesmo aproximando para 100 anos o tempo de vida de um ser humano, ainda é muito pouco para observar as transformações do Universo.

Já se sabe que ocorreram alguns eventos em nosso planeta que causaram extinção em massa de formas de vida. Entretanto, a vida conseguiu prosperar mesmo em situações adversas. Não estamos completamente a salvo de outros eventos cósmicos. Dependemos diretamente do comportamento da nossa estrela, não há como evitar, mas, com o avanço dos estudos astronômicos, conseguimos criar modelos comportamentais que indicam quais serão os próximos passos dos grandes astros no espaço.

Sabemos que um dia o combustível da nossa estrela se esgotará, fazendo que ela passe para seu próximo estágio. Naquele estágio, o Sol crescerá tanto que acabará "engolindo" Mercúrio e Vênus, deixando o futuro da Terra incerto.

Mas ainda levará mais de 4 bilhões de anos para a expansão do Sol, e esse é o tempo que temos para aprender a superar as barreiras que impedem ou dificultam o desenvolvimento da vida no espaço. Seja em um planeta vizinho, vivendo em colônias espaciais artificiais, seja em outros sistemas planetários, há muitos obstáculos a ser superados. Por isso, é preciso continuar avançando ou aguardar que outras civilizações, caso existam, recebam nossas mensagens e nos ajudem a avançar para novos estágios no Cosmos.

FIQUE POR DENTRO

Nossa mensagem PARA O UNIVERSO

Em nossa busca por contato além da Terra, foram lançadas sondas espaciais não apenas para analisar e estudar os planetas mais distantes, mas com o objetivo de enviar mensagens de nossa civilização a possíveis formas de vida inteligente no Universo.

Enviar uma mensagem de boas-vindas que seja compreendida por outras civilizações não é algo simples. Imagine que você queira transmitir uma mensagem de boas-vindas para um aluno estrangeiro que visitará sua escola. É preciso saber de que local ele veio, seu idioma, seus costumes e suas experiências.

Assim, a mensagem enviada ao espaço deveria ser adequada e não gerar múltiplas interpretações. Mas como enviar uma mensagem simples, que representasse nossa espécie, para outra civilização completamente desconhecida?

A mensagem ideal deveria ser de fácil compreensão e ter informações suficientes para que os receptores retornassem o contato. Foi com esses objetivos em mente que algumas mensagens partiram, levadas pelas sondas espaciais, rumo ao Universo.

1 Primeira mensagem

A primeira tentativa de contato foi em 1974. A mensagem foi enviada com sinais binários usando o maior telescópio fixo da época, em Arecibo, Porto Rico. Ela continha informações sobre nosso DNA, nossa espécie, planetas, radioscópio, entre outras. Veja a seguir os elementos enviados na mensagem decodificada.

O QUE DIZ A MENSAGEM

- Números de 1 a 10
- N°s atômicos de H, C, N, O e P
- Fórmula química de açúcares e bases dos elementos acima, presentes no DNA
- Número de nucleotídeos do DNA
- Hélice dupla do DNA
- Ser humano e sua altura
- Sistema Solar com a Terra próxima ao ser humano
- Radiotelescópio de Arecibo e seu diâmetro

2 Os discos das sondas Voyager

Em 1977, foram lançadas as sondas Voyager 1 e 2. Elas carregavam um disco de ouro que continha a gravação de vários sons naturais, músicas, além da saudação "olá" pronunciada em 55 idiomas diferentes.

Havia também um conjunto de 115 imagens sobre a vida na Terra e os planetas. Em um dos lados do disco estavam gravadas as instruções de como decodificar as imagens, a posição relativa do Sol e informações sobre a molécula de hidrogênio.

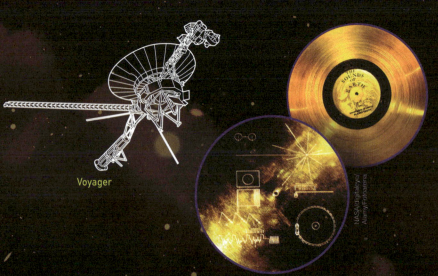

Voyager

🔊 O CONTEÚDO DO DISCO PODE SER ACESSADO NO *SITE*:
<http://www.jpl.nasa.gov/multimedia/voyager_record/index_voyager.html>.

3. As placas das sondas Pioneer

As sondas Pioneer 10 e Pioneer 11 seriam os primeiros objetos construídos pelo ser humano a ultrapassar os limites do Sistema Solar, por isso elas partiram levando uma mensagem ao Cosmos. Uma placa de ouro foi confeccionada para levar informações simples sobre nosso planeta.

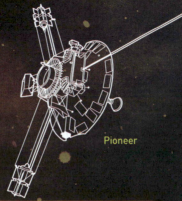
Pioneer

Atualmente, as sondas são os objetos construídos pelo ser humano que se encontram mais distantes da Terra.

Caso uma sonda seja encontrada por outras civilizações, será a evidência de que existe vida em nosso planeta.

Desde 1983 a Pioneer 10 saiu do Sistema Solar, enquanto a Voyager 1 saiu em 2012.

Elas continuarão vagando pelo espaço, desde que não encontrem detritos físicos ou até que alguém ou algo as encontre e veja as mensagens.

Estima-se que a Voyager, em aproximadamente 290 000 anos-luz, passe perto (4,3 anos-luz) de Sírius, estrela de grande porte na Constelação de Cão Maior.

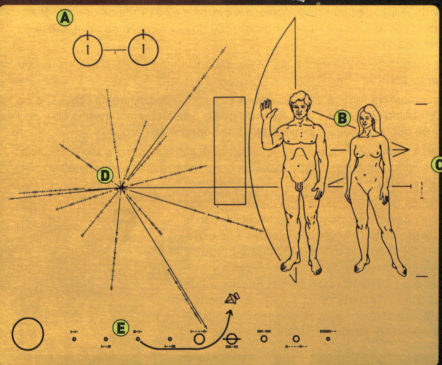

O QUE DIZ A MENSAGEM DA PIONEER

A Composição molecular do hidrogênio, que é o elemento mais simples e a maior fonte de energia das estrelas. Por ser o material mais abundante do Universo, acreditava-se que seria facilmente reconhecido por outras civilizações. **B** A ilustração de um casal à frente do formato da Pioneer, em que o homem gesticula com a mão direita o sinal universal de "olá". **C** Ao lado, há uma representação binária. **D** A posição relativa do nosso Sol (centro) na galáxia, com 14 linhas que indicam a posição de estrelas pulsares. **E** Nosso Sistema Solar com a descrição da trajetória da Pioneer.

1. Você conseguiria compreender as mensagens enviadas ao espaço? Quais foram as informações que você não compreendeu? Como as modificaria para que ficassem mais fáceis de ser interpretadas?

2. Forme um grupo com alguns colegas e montem um cartão que contenha uma mensagem codificada. Essa mensagem precisa representar você, a escola que frequenta, a cidade onde mora e como localizá-la no mundo. Apresente a mensagem ao restante da turma e peça-lhes que a decifrem. Verifique se ela foi decifrada como você realmente esperava.

AQUI TEM MAIS

Vida de astronauta

Você já imaginou como deve ser maravilhosa a sensação de "flutuar" em um ambiente sem gravidade? Por algum tempo, isso pode ser muito divertido, mas para os astronautas, que passam longos períodos no espaço, a situação gera sérios problemas.

Como nosso corpo reage a essas condições extremas?

Em um ambiente sem gravidade, ou de imponderabilidade, nosso organismo fica sujeito a vários danos.

- Por causa da falta de atividade física, os músculos começam a atrofiar e há perda de densidade óssea, tornando os ossos mais suscetíveis a fraturas. A diminuição da calcificação se deve à falta de pressão nas extremidades dos ossos.
- O senso de equilíbrio é comprometido devido à impossibilidade de uma posição estável, o que causa náuseas e desorientação.
- A pressão sanguínea é alterada. Na Terra, a pressão arterial é maior no pé do que na cabeça; já no espaço, o sangue é redistribuído pelo organismo, fazendo que a pressão seja a mesma ao longo de todo o corpo. Isso causa dor de cabeça e inchaço na parte superior do corpo.
- Ocorre a anemia espacial. A mudança de pressão arterial também causa maior produção de urina. Assim, os rins acabam eliminando uma quantidade maior de hormônios responsáveis pelo estímulo da produção de glóbulos vermelhos.

Por esses motivos, é indicado que o tempo máximo de permanência no espaço seja seis meses, já que um período maior pode causar danos irreversíveis ao corpo. O recorde de permanência ininterrupta no espaço é do astronauta russo Valeri Poliakov, que ficou 437 dias a bordo da estação espacial Mir. Se levarmos em conta o tempo no espaço em diferentes missões, o recorde é do também russo Sergei Krikalyov, que atualmente tem mais de 803 dias contabilizados em seis missões entre a Mir e a ISS. Quando voltam para a Terra, os astronautas são submetidos a uma série de exames para avaliar o estado de saúde físico e mental.

POSSO PERGUNTAR?

Por que ainda não fomos visitar outros planetas?

Imagens: NASA

↑ Cosmonautas burlam a falta de gravidade para realizar tarefas cotidianas a bordo da Estação Espacial Internacional, como se alimentar (à esquerda) e se exercitar preso à esteira (à direita).

1. As mudanças no metabolismo e a baixa resistência humana às condições de vida no espaço são problemas que podem impedir a construção de colônias espaciais. Tanto animais quanto vegetais sentem os efeitos negativos da vida no espaço. Que tal pesquisar alguns dos efeitos que a vida no espaço pode nos causar e montar uma lista de possíveis soluções para essa barreira à nossa permanência no espaço?

NO CADERNO

ATIVIDADES

SISTEMATIZAR

1. Quando nosso Sol sair da sequência principal e passar para o próximo estágio, poderá algum ser vivo sobreviver a este fenômeno? Justifique.

2. E se por acaso o Sol apagasse de repente? A percepção de que ele se apagou seria imediata ou depois de quanto tempo?

3. Quais seres vivos habitam regiões com características extremas à vida como conhecemos? Explique como são esses ambientes.

REFLETIR

1. Com o avanço da tecnologia foi possível desenvolver telescópios que auxiliassem na busca por planetas potencialmente habitáveis. Entre as descobertas recentes, há um grande número de exoplanetas que podem apresentar características favoráveis à vida. Veja a seguir alguns exemplos e suas distâncias em relação à Terra.

Exoplanetas potencialmente habitáveis	
Proxima Cen b	4.2 anos-luz
Kepler-1652 b	39 anos-luz
GJ 667 C c	22 anos-luz
Kepler-62 f	1200 anos-luz

Fonte: PHL. Disponível em: <http://phl.upr.edu/projects/habitable-exoplanets-catalog>. Acesso em: 15 maio 2019.

Com base nessas informações, responda às questões.
a) O que é zona habitável?
b) Qual dos planetas está mais próximo da Terra?
c) Pesquise como é calculada a medida ano-luz e converta as distâncias apresentadas na tabela para km.

DESAFIO

1. Além dos exoplanetas, muitos cientistas consideram a possibilidade de encontrar formas de vida em outros corpos celestes, em razão de suas características estruturais. Em dupla ou grupo, pesquisem que tipo de corpos celestes são esses e respondam às questões a seguir.
   a) Quais são esses corpos celestes?
   b) Há exemplos desses corpos celestes no Sistema Solar?
   c) Quais características deles favorecem o surgimento de vida?
   d) Quais problemas encontrados nesses corpos podem dificultar a existência de vida ali?
   e) Poderiam esses corpos, ao cair em nosso planeta, ter feito surgir a vida como a conhecemos?
   f) O que significa "terraformar" esses corpos celestes?
   g) A localização dos corpos celestes, que podem estar em órbitas próximas ou afastadas das estrelas, altera nosso modo de vida, quando comparamos com a que temos na Terra?

59

PANORAMA

FAÇA AS ATIVIDADES A SEGUIR E REVEJA O QUE VOCÊ APRENDEU.

Neste tema, você estudou o ciclo de vida das estrelas, de sua formação até a morte, o que são exoplanetas e quais são os métodos utilizados atualmente para localizá-los. Aprendeu que o ser humano terá de se adaptar, caso vá viver em outro planeta, e por que há tanto interesse em encontrar vida fora da Terra.

Você viu também quais são as condições para a formação das estrelas e como a gravidade condensa toda a matéria até o ponto de se iniciarem as fusões nucleares, momento exato do nascimento de uma nova estrela.

Viu, ainda, que o processo de fusão nuclear das estrelas libera uma quantidade enorme de energia, elevando muito sua temperatura e, consequentemente, emitindo luz para o espaço, e que o principal elemento utilizado nas fusões é o hidrogênio, que é convertido em hélio após esses processos.

Além disso, mostramos como é possível obter informações sobre as estrelas analisando seu brilho num processo chamado de espectroscopia e como a massa das estrelas está relacionada ao tipo de evolução que o astro pode seguir. Estrelas com massa próxima à do nosso Sol podem evoluir para o que chamamos de gigantes vermelhas, supergigantes vermelhas e anãs brancas. Já estrelas com massa muito superior à do nosso Sol podem se transformar em supernovas ou buracos negros.

Você aprendeu, ainda, quais são as condições necessárias para que a vida, como a conhecemos, possa se desenvolver em um ambiente tão hostil como o espaço; quais foram os primeiros passos da humanidade para compreender essa fronteira espacial e avançar em suas descobertas, seja construindo cada vez mais ferramentas de observação, seja enviando mensagens. Esse avanço nos possibilitou estimar qual seria uma zona habitável, com base no modo de vida terrestre, com relação aos exoplanetas conhecidos, estimando quais podem servir a esse propósito.

1. Quais são as características das estrelas que nos possibilitam determinar seu ciclo de vida? Que ciclo é esse?

2. Descreva como surgem as estrelas e por que elas podem emitir luz.

3. Pesquise se uma estrela que saiu da sequência principal poderia retornar a essa etapa de sua evolução. Justifique.

4. Por que o material das estrelas e dos planetas não se espalha pelo espaço? Por que vemos imagens apenas de estrelas e planetas no formato redondo?

5. Descreva quais são os métodos mais comuns para detecção de estrelas e planetas. Como são utilizados? Por que localizar planetas é considerada uma das tarefas mais complexas para a ciência moderna?

6. Pesquise as características de Júpiter (raio, massa, composição química e gravidade). Esse planeta poderia se tornar uma estrela? Se sim, descreva como isso seria possível.

7. Pesquise quais são as unidades de medidas mais utilizadas para descrever velocidade, distâncias e tempo na Astronomia. Como podemos explicar o conceito e utilização de cada uma delas?

8. Analise os planetas a seguir, depois descreva seus critérios para determinar qual deles está em uma possível zona habitável. Justifique sua resposta.

- Raio: 4,7 vezes maior que o da Terra.
- Massa: 10,3 vezes maior que a da Terra.
- Órbita: 6 vezes menor que a da Terra.
- Distância da sua estrela: 0,2 vez em relação à distância da Terra ao Sol.
- Tamanho de sua estrela: 10 vezes maior que o Sol.

- Raio: 0,7 vez maior que o da Terra.
- Massa: 1,3 vez maior que a da Terra.
- Órbita: 1,4 vez menor que da Terra.
- Distância da sua estrela: 1,8 vez em relação à distância da Terra ao Sol.
- Tamanho de sua estrela: 2 vezes maior que o Sol.

9. Já foram descobertos planetas muito semelhantes à Terra, como Proxima Centauri b, Trappist-1e, GJ 667C, nomes atribuídos aos exoplanetas. Mesmo sabendo da existência desses lugares, quais são as barreiras que ainda nos impedem de visitá-los? Pesquise a distância entre a Terra e esses planetas e descreva estratégias de como poderíamos chegar até eles.

10. Há muitos problemas em nosso planeta que intensificam o interesse em encontrar outros lugares habitáveis no Universo. Por exemplo, superaquecimento, escassez de alimentos e poluição são alguns deles. Considerando esses aspectos e o fato de que em aproximadamente 4,5 bilhões de anos o Sol vai passar para seu próximo estágio e "engolirá" alguns planetas, como você espera que a Terra possa ser preservada até lá e qual proveito dos estudos de exoplanetas poderíamos tirar para salvá-la?

DICAS

ACESSE

Stellarium: <https://stellarium.org.pt/>. Aplicativo do planetário que possibilita simular o céu em três dimensões e utilizar coordenadas geográficas para buscar astros já catalogados pelos astrônomos, visualizando sua aparência, distância, composição e órbitas.

ASSISTA

Viagem à lua de Júpiter, EUA, 2013. Direção: Gonzalo López-Gallego. Uma expedição montada para verificar se a lua de Júpiter (Europa) apresenta condições para receber vida humana.

Interestelar, EUA e Reino Unido, 2014. Direção: Christopher Nolan. Com os recursos da Terra se esgotando, a humanidade precisa buscar caminhos para a sobrevivência. Inicia-se, assim, uma exploração a outros planetas e locais no Universo. O filme fala dos conceitos e da utilização das forças gravitacionais, buracos negros, tempo e espaço.

LEIA

O guia do mochileiro das Galáxias, de Douglas Adams (Arqueiro). Arthur precisa aprender a sobreviver em outros lugares do Universo após a destruição da Terra. Ele encontrará amigos e muitas aventuras em todas as partes do Cosmos, apenas com a ajuda de um guia de sobrevivência.

George e o segredo do Universo, de Stephen Hawking e Lucy Hawking (Ediouro). George, sua amiga e um supercomputador partem em busca de explicações pelo espaço sideral. Muitos conceitos de Física e Astrofísica são apresentados de forma lúdica nessa obra.

O Universo em suas mãos, de Christophe Galfard (Leya Casa da Palavra). O livro explica recentes ideias científicas de forma leve e divertida. Nele, o leitor viajante acompanha discussões sobre viagens espaciais, cruza galáxias, observa estrelas e planetas.

VISITE

De olho no céu: lista de observatórios nacionais abertos à visitação. Site com informações sobre os observatórios e dados de contato para agendar visitas: <www.ebc.com.br/tecnologia/2015/03/de-olho-no-ceu-lista-de-observatorios-nacionais-abertos-visitacao>.

↑ Pedra Furada, no Parque Nacional de Jericoacoara (CE), 2017.

TEMA 3
Composição da matéria

NESTE TEMA
VOCÊ VAI ESTUDAR:

- divisão da matéria;
- estados físicos da matéria;
- características microscópicas e propriedades da matéria;
- átomo;
- teoria atômica de Dalton;
- Tabela Periódica de elementos;
- moléculas;
- reações químicas;
- aspectos quantitativos das transformações químicas;
- ligações químicas;
- estrutura atômica;
- primeiras evidências do interior do átomo;
- história dos modelos atômicos.

1. Há alguma semelhança na composição dos materiais (água, ar e rochas) presentes na imagem?

2. Você já ouviu falar em átomos? Qual é o tamanho deles?

3. Como você representaria um átomo?

4. Os termos *átomo* e *molécula* são sinônimos? Justifique sua resposta.

CAPÍTULO 1
Estrutura da matéria

Neste capítulo, vamos estudar a estrutura da matéria. A ideia de substância simples e átomo será apresentada para explicar os tijolos básicos dos quais a matéria é composta. Iremos mostrar as dimensões envolvidas para pensar a estrutura da matéria e como podemos estudar coisas muito pequenas.

EXPLORANDO O QUE É MUITO PEQUENO

Maria e Pedro estavam observando pela janela tudo o que acontecia na rua. Nada passava despercebido a eles: pessoas, animais, mas também postes de luz, carros, casas, árvores. Maria então desafiou Pedro: Do que são feitos os carros? E Pedro respondeu: De alumínio. Aí, foi Pedro quem desafiou Maria: E as árvores, do que são feitas? E Maria rapidamente respondeu: De madeira. A brincadeira foi longe, cada um deles perguntando do que alguma coisa era feita e o outro respondendo que era de plástico, alumínio, vidro etc. Eles riram

e chegaram à conclusão de que tudo aquilo era muito fácil de perceber e distinguir apenas com o olhar. Maria, então, desafiou: E a areia, do que é feita? Pedro disse: De pequenos grãos! Maria insistiu: Mas, e do que são feitos os grãos? Pedro respondeu: De grãos menores. Aí, ela continuou: E esses grãos menores, do que são feitos? Foi aí que Pedro percebeu que tinha caído numa armadilha.

Pense, no entanto, em quantas perguntas Maria poderia fazer em seguida: Do que são feitos os grãos de areia?

Com uma lupa, podemos ver com mais detalhes a forma geométrica, a cor e a superfície dos grãos. Mas, e se dividirmos um grão de areia em duas partes, o que veríamos? E em quatro partes? Se continuássemos dividindo, aonde chegaríamos? O que mais poderíamos encontrar?

Agora é sua vez.

1. **Macroscopicamente:** Existem características em comum entre os objetos ao seu redor? Como você organizaria esses objetos em grupos?

2. **Microscopicamente:** divida mentalmente esses objetos o máximo que puder. Existe algo em comum entre eles? Com base nisso, como você os organizaria?

Interior da matéria

Entre as muitas ideias para pensar do que as coisas são feitas, uma delas era dividir as coisas infinitas vezes. Como se, no caso do grão de areia, pudéssemos continuar dividindo tantas vezes quanto quiséssemos e ainda veríamos pedacinhos da areia. Mas houve também quem afirmasse que, se dividíssemos uma porção qualquer de alguma coisa, chegaríamos à sua unidade fundamental, ou seja, a uma partícula que não poderia mais ser dividida.

Tanto a ideia da possibilidade de divisão infinita como a de um limite para dividir as coisas foram discutidas há 2500 anos, na Grécia Antiga, gerando muita polêmica. Foi nesse contexto que apareceu a palavra **átomo** para representar aquilo que não mais podia ser dividido (a = "negação"; tomo = "parte"). Essas duas escolas filosóficas gregas geraram muita discussão na época e em séculos depois.

A grande polêmica criada pelos gregos podia ser resumida assim: O átomo existe ou não? A resposta que a ciência nos fornece hoje é que o átomo existe e ele é a grande chave para entender a matéria e suas propriedades.

O átomo moderno

O átomo representa a unidade básica que compõe a matéria. São os tijolos fundamentais que, combinados, formam tudo o que conhecemos. O átomo é algo muito, mas muito pequeno. Ele tem dimensão de 0,0000000001 m. Para poder descrever seu tamanho precisamos da notação científica para evitar tantos zeros: 10^{-10} m.

A Tabela Periódica oferece a lista dos 92 átomos naturais conhecidos hoje (iremos abordá-la mais adiante). De forma simplificada, entende-se um átomo como um corpo material muito pequeno que está na origem da matéria. Quando associado a outro átomo, formam moléculas e retículos cristalinos que proporcionam as mais diferentes características às substâncias. Por exemplo, o valor do diamante se deve à maneira como os átomos de carbono se organizam. Os mesmos átomos de carbono, arranjados de outro modo, formam o carvão, que tem pouco valor comercial, mas muita utilidade prática em churrascos e outras atividades que envolvem calor.

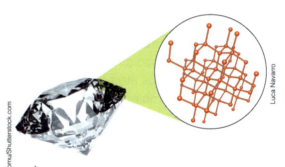
↑ Átomos de carbono combinam-se, dando origem ao diamante.

Podemos então nos perguntar se os aparelhos modernos permitem ver um átomo. Infelizmente, a resposta é NÃO. A ciência tem outros meios de mostrar a sua existência e é o que estudaremos neste capítulo.

Assim, a primeira grande lição que temos de aprender é que nossos sentidos não são bons meios de investigar o mundo microscópico, habitado pelos átomos. Por isso, não podemos saber qual é o cheiro de um átomo de ouro ou qual é o som produzido pela vibração dos átomos de aço. Perguntas como essas não fazem sentido. Nosso trabalho será construir um modelo para representar o interior da matéria, onde o átomo tem um papel fundamental.

Você já sabe o que são modelos, utilizados em vários momentos desta coleção. Agora, iremos apresentar modelos para entendermos o mundo microscópico da matéria.

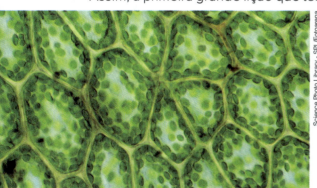
↑ Podemos enxergar as células de uma planta pelo microscópio óptico. Ampliação de 700 vezes.

Estados físicos da matéria e suas mudanças

O que é estado físico?

O que acontece com a matéria durante uma mudança de estado físico? Já estudamos que isso tem que ver com a variação da temperatura, mas como isso acontece? Será apenas uma questão de diferença de temperatura?

Responder a essas perguntas exige um modelo para a interpretação da natureza — no caso, o modelo atômico. Qual é a relação do modelo atômico com as questões sobre o estado físico das substâncias? Para responder a essa questão, vamos olhar bem de perto uma substância que nos é tão familiar e que nos permite conhecer seus estados físicos, a água.

A molécula de água é uma combinação de dois tipos de átomos: um de oxigênio e dois de hidrogênio. As moléculas são definidas como sendo a menor porção de uma substância que mantém as mesmas propriedades físicas do todo. Ou seja, se você quebrar a molécula de água, ela deixa de ser água e passaríamos a ter apenas átomos de hidrogênio e átomos de oxigênio.

Microscopicamente, as moléculas vibram de forma tridimensional. Ocorre que as substâncias podem ser encontradas em diferentes estados (ou fases), que correspondem a diferentes arranjos moleculares. O que determina o estado físico das substâncias é a pressão e a temperatura às quais elas estão submetidas.

Quando as substâncias têm a característica de fluir, dizemos que se encontram no estado líquido ou no estado gasoso; além de vibrarem individualmente, podem deslizar umas sobre as outras. É o que acontece com a água em temperatura ambiente.

Os sólidos apresentam propriedades diferentes dos líquidos e dos gases. Substâncias no estado sólido têm capacidade para suportar tensões aplicadas à sua superfície. Essa resistência depende da natureza dos átomos que compõem a substância, de como eles se ordenam e das forças de ligação de suas moléculas. Microscopicamente, as moléculas dos sólidos não deslizam umas sobre as outras como nos líquidos e nos gases. Essas moléculas vibram em posições fixas que constituem um arranjo geométrico bem definido, chamado cristal, no qual a posição de cada molécula é determinada pela posição das outras moléculas que compõem o cristal. Dizemos que a substância sólida tem características cristalinas.

E o que dizer do estado gasoso? Se gradativamente fornecermos calor às substâncias líquidas, as moléculas vão ganhando energia e aumentando seu movimento. Até que a atração entre as moléculas deixa de ser suficiente para mantê-las coesas. Sendo assim, no estado gasoso, as moléculas se encontram muito mais afastadas umas das outras e se movimentam livremente e com rapidez por todo o ambiente. Por exemplo, se alguém abrir um vidro de perfume do outro lado da sala ou fritar temperos na cozinha, rapidamente o cheiro atinge nosso olfato.

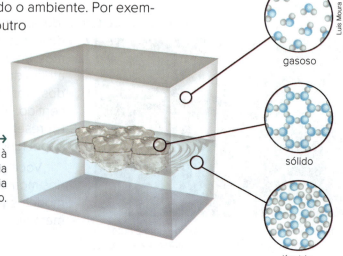

O estado físico da matéria está relacionado à organização espacial das moléculas e à distância média entre elas. As fases ou estados da matéria mais comuns são: sólido, líquido e gasoso.

	Sólido	Líquido	Gasoso
Propriedades	As moléculas apresentam grande coesão, ou seja, estão bem próximas umas das outras. No estado sólido, a matéria está mais organizada, por isso possui volume e formato bem definidos.	As moléculas ainda apresentam coesão, porém bem menor que a dos sólidos. No estado líquido, a matéria está menos organizada; assim, possui volume definido, porém formato indefinido, adaptando-se à forma do recipiente que a contém.	As moléculas não apresentam coesão, ou seja, estão muito afastadas umas das outras. No estado gasoso, a matéria está desorganizada, sendo assim, não tem volume nem formato definidos, adquirindo as dimensões do recipiente que a contém.
Exemplos	Gelo, ferro e pedra.	Água, leite e azeite.	Gás hélio, ar e fumaça.

PENSAMENTO EM AÇÃO — EXPERIMENTO

Cortando papel

Como podemos ter uma percepção mais concreta dos tamanhos envolvidos nas escalas microscópicas da matéria? Imaginar dimensões muito pequenas é algo difícil. Nesta atividade, vamos tentar visualizar as dimensões envolvidas no mundo dos átomos.

Material:
- papel A4, de preferência folhas já utilizadas;
- régua;
- tesoura.

Procedimentos

1. A proposta da atividade é cortar a folha de papel A4 de modo a obter o menor pedaço possível. O papel deve ser cortado em duas partes iguais; uma delas será utilizada na atividade e a outra, colocada em um lugar para servir de rascunho ou ser descartada em um local para reciclagem.
2. A metade deve ser novamente cortada ao meio. O papel deve ser sempre dividido em dois longitudinalmente (o objetivo é obter o maior número de cortes).

Reflita e registre

1. Quantos cortes o grupo conseguiu fazer? Qual é a dimensão da menor parte obtida?
2. Se quiséssemos obter um pedaço de papel com o tamanho de um átomo (10^{-10} m), quantos cortes ainda seriam necessários?

Mudanças de estado

Para que uma substância no estado sólido adquira forma líquida ou gasosa, é preciso que ela se aqueça ou que diminua a pressão externa. Ao passar do estado sólido para o líquido, temos a fusão; a mudança inversa é denominada solidificação ou cristalização. A transformação direta de um sólido em gás, ou sublimação, ocorre em geral a baixas pressões para a maioria das substâncias; em condições naturais de pressão atmosférica, como no nível do mar, a mudança de fase das substâncias é gradual (de gás para líquido e de líquido para sólido).

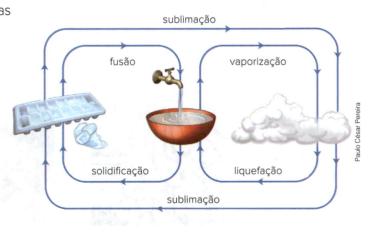

Para que uma substância no estado líquido adquira forma gasosa, é preciso que ela se aqueça ou que diminua a pressão externa a. Ao passar do estado líquido para o gasoso, temos a vaporização; a mudança inversa é denominada condensação ou liquefação.

- **Fusão:** é a passagem do estado sólido para o líquido. Pode ocorrer com o aumento da temperatura ou a diminuição da pressão. Exemplo: derretimento do gelo.
- **Solidificação:** é a passagem do estado líquido para o sólido. Ocorre com a diminuição da temperatura ou o aumento da pressão. Exemplo: formação do gelo.

- **Vaporização:** é a passagem do estado líquido para o gasoso. Ocorre com o aumento da temperatura ou a diminuição da pressão. Ela acontece de três formas diferentes, conforme descritas a seguir.
- **Evaporação:** é a vaporização lenta, que ocorre somente na superfície dos líquidos, sob qualquer temperatura e pressão. Exemplo: evaporação dos mares, rios, lagos ou qualquer acúmulo de água sob temperatura e pressão ambientes.
- **Ebulição:** é a vaporização rápida, que ocorre em todo o líquido ao mesmo tempo, e somente em temperatura e pressão específicas. Exemplo: quando a deixamos uma panela com água sobre o fogo durante muito tempo.
- **Calefação:** é a vaporização ainda mais rápida e turbulenta que a ebulição. Ocorre quando uma pequena quantidade de líquido entra em contato com um objeto em alta temperatura. Exemplo: uma pequena gota de água ao cair em uma panela quente.
- **Condensação ou liquefação:** é a passagem do estado gasoso para líquido. Ocorre com a diminuição da temperatura ou o aumento da pressão. Exemplo: as gotículas de água que se formam no espelho do banheiro logo após o banho.
- **Sublimação:** é a passagem direta da fase sólida para a fase gasosa e vice-versa. Exemplo: gelo-seco, naftalina etc.

← Representação das mudanças de fase (estado físico) das substâncias. Elas dependem da temperatura e da pressão a que está submetida a substância; ao alterar essas grandezas, é possível que a substância passe de um estado para outro.

Para que cada um desses processos de mudança de estado físico aconteça, é preciso uma variação energética intrínseca, ou seja, cada substância tem de receber (ou perder) uma quantidade determinada de energia para mudar de estado físico.

A **temperatura de fusão**, também chamada de ponto de fusão, de um sólido cristalino é a temperatura na qual o material começa a se tornar líquido sob a pressão de 1 atm. Um composto orgânico cristalino puro tem uma temperatura de fusão bem definida; no entanto, a presença de impurezas faz a temperatura de fusão ocorrer a uma temperatura mais baixa. A **temperatura de solidificação** indica o processo inverso.

A **temperatura de ebulição**, também chamada ponto de ebulição, de uma substância refere-se à temperatura em que ocorre a transição do estado líquido para o estado gasoso. Quando um líquido passa para vapor, suas moléculas buscam "soltar-se" umas das outras e escapam da superfície do líquido. Assim, quanto menor for a pressão que atua sobre elas, mais fácil será para conseguirem deixar o líquido. Logo, é de esperar que a temperatura de ebulição de uma substância seja mais alta com o aumento da pressão sobre ela. Nessa temperatura, a pressão do vapor do líquido é igual à pressão ambiente. O **ponto de liquefação** indica o processo inverso.

A tabela abaixo mostra algumas temperaturas de fusão e ebulição para diferentes materiais.

Substância/material	Temperatura de fusão (°C)	Temperatura de ebulição (°C)
ferro	1538,0	2861,0
alumínio	660,3	2519,0
água	0,0	100,0
álcool etílico	−115,0	78,0
oxigênio	−222,8	−182,9

Note que o oxigênio e o álcool etílico têm temperaturas de fusão muito baixas; por esse motivo, não os encontramos no estado sólido no dia a dia. Por outro lado, o ferro e o alumínio têm temperaturas de fusão muito altas; por isso, no dia a dia, sempre os encontramos no estado sólido.

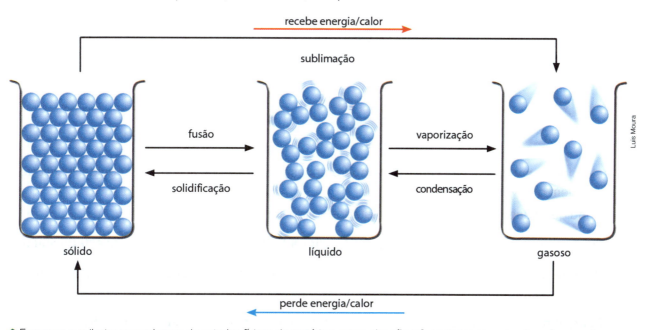

↑ Esquema que ilustra as mudanças de estados físicos da matéria e como elas são influenciadas por calor. As esferas azuis representam o comportamento dessas partículas em cada um dos estados.

ATIVIDADES

SISTEMATIZAR

1. Escreva os números abaixo em notação científica:
   a) o diâmetro do átomo (0,0000000001 m);
   b) a carga elétrica de um elétron (− 0,00000000000000000016 C);
   c) a massa de um nêutron (0,000000000000000000000000000167 kg).

2. Transcreva a figura abaixo para o caderno, depois complete-a escrevendo o nome das mudanças de fase que ocorrem com a água.

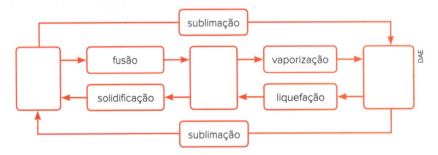

3. As figuras abaixo representam as moléculas de água no interior de um recipiente nos seus vários estados (líquido, sólido ou gasoso).

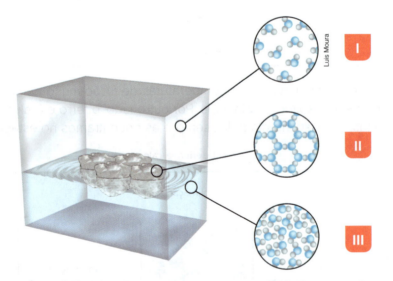

   a) Coloque em ordem crescente de temperatura as três situações acima. Em seguida, justifique a ordem que você colocou.
   b) Indique quais imagens ilustram os estados sólido, líquido e gasoso.

4. Por que um sólido apresenta forma própria, diferentemente das substâncias em estado líquido?

5. Por que um gás tende a ocupar todo o volume de um recipiente, enquanto isso não acontece com um líquido?

6. Por que não encontramos, por exemplo, nitrogênio e mercúrio em estado sólido no dia a dia?

REFLETIR

1. Com base nos dados da tabela abaixo, explique fenômenos cotidianos a seguir:

Temperatura de ebulição da água em diferentes altitudes		
Altitude (m)	Pressão atmosférica (mmHg)	Temperatura de ebulição (ºC)
nível do mar	760	100
1 000	670	97
2 000	600	93
9 000	240	70

a) Por que a temperatura de ebulição da água varia conforme a altitude e a pressão atmosférica local?

b) Por que os alimentos cozinham em menos tempo numa panela de pressão do que numa panela comum?

2. Qual é a diferença entre evaporação e ebulição? Como ocorrem esses fenômenos no nível submicroscópico?

3. Bernadete ficou impressionada ao ver como as calças que ela lavou secaram rápido! Responda:

a) Sabe-se que Bernadete mora num local de grande altitude. Como isso pode afetar a velocidade de evaporação da água na secagem das calças?

b) Suponha que essas calças pudessem ser colocadas para secar a 1 000 m de altitude ou a 9 000 m de altitude. Considerando-se apenas a altitude e não outros fatores climáticos, em qual dos dois locais essas calças vão secar mais rapidamente? Justifique.

4. É comum em dias de chuva, ao fecharmos os vidros de um automóvel, eles ficarem embaçados. Por que isso acontece?

5. Para desembaçar o para-brisa, alguns automóveis possuem um desembaçador (uma espécie de ventilador). Explique por que esse processo é eficaz.

6. Verifica-se que, em uma cidade, a água colocada numa panela aberta entra em ebulição a 93 °C. Qual é a altitude dessa cidade?

DESAFIO

1. Algumas pesquisas científicas estão desenvolvendo simuladores em realidade virtual para o usuário interagir com o "mundo" dos átomos. Veja um trecho da matéria a seguir.

Combinando simulações atômicas e moleculares usuais em ciência [...] com *softwares* originalmente criados para gerar cenários em *video games*, o laboratório proporciona uma experiência virtual imersiva nos ambientes de átomos e moléculas. [...]

Em uma experiência recente, simulamos a interface entre a salmoura (solução aquosa de cloreto de sódio) e o óleo. [...] Com um dos controladores, ela pode navegar no meio e visualizar, por exemplo, [...] a interface com o óleo propriamente dita.

Disponível em: <http://agencia.fapesp.br/realidade-virtual-permite-imersao-no-mundo-dos-atomos-e-moleculas/29083/>.
Acesso em: 9 maio 2019.

Represente com um desenho a interface da mistura de água e óleo. Considere que as moléculas que compõem esses materiais são círculos.

CAPÍTULO 2
Átomos, moléculas e reações químicas

Neste capítulo, você vai estudar o modelo de Dalton para explicar a estrutura da matéria, a Tabela Periódica e a organização dos átomos em moléculas.

EXPLORANDO AS MUDANÇAS NA MATÉRIA

Maria e Camila eram apaixonadas por ciências e faziam parte do clube da escola. Elas editavam um jornal chamado *Átomo*, e gostavam de publicar notícias sobre a ciência e explicar coisas do cotidiano usando conhecimentos científicos. No número do mês, resolveram investir em analisar alguns fenômenos que lhes pareciam importantes na vida das pessoas, mas que nem todo mundo sabia explicar. Aí listaram situações onde substâncias mudavam de forma, de cheiro, de cor ou de aspecto:

- foguetes que viram fogos coloridos no céu;
- uma maçã que apodrece após ser deixada sobre uma mesa;
- o detergente que vira espuma quando misturado com água;
- os pregos que, expostos à umidade, enferrujam;
- clara do ovo que fica branquinha ao ser colocada em óleo quente.

Na matéria de jornal, pediram que os colegas da escola enviassem explicações de como as substâncias se modificavam. Na semana seguinte, as melhores respostas seriam publicadas.

Agora é sua vez.

1. Na sua avaliação, o que as situações listadas apresentam em comum?
2. Há transformação de substâncias nesses processos?
3. Supostamente, o que poderia provocar as transformações dessas substâncias?

Modelo de Dalton

Como vimos no capítulo anterior, a compreensão científica do que é a matéria baseia-se na ideia de átomo. Embora sejam os gregos que primeiramente propuseram essa ideia, a origem do átomo moderno remonta aos trabalhos de John Dalton. Ele é considerado o predecessor mais antigo na linhagem de modelos desenvolvidos sobre o átomo e aceitos como científicos.

A ciência da época de Dalton já aceitava a ideia de que havia na natureza elementos ou "substâncias simples ou básicas" em termos atuais. Na verdade, desde a Antiguidade, alguns elementos eram bem conhecidos, como o ouro (Au), a prata (Ag), o estanho (Sn), o cobre (Cu), o chumbo (Pb) e o mercúrio (Hg), embora não fossem representados com a mesma simbologia que a atualidade. Observe ao lado como os elementos eram representados por Dalton.

A primeira substância simples descoberta em laboratório ocorreu em 1669, quando o alquimista Henning Brand isolou uma substância desconhecida de baldes de urina e a nomeou como fósforo devido a sua propriedade de brilhar no escuro (*phosphorus* em português significa "portador da luz").

Em 1789, Lavoisier já havia catalogado 33 substâncias simples, mas ele não utilizava o conceito de átomo ou de elemento químico para defini-las. Dalton propôs que os átomos seriam a explicação para essas substâncias. Entre os átomos propostos por Dalton estavam o hidrogênio, o oxigênio, o carbono, o fósforo, entre outros. Todas as substâncias simples seriam compostas de átomos específicos e a combinação deles formaria o que chamamos hoje de moléculas. Sua teoria permitia interpretar toda a matéria existente. A água seria uma substância composta da combinação do átomo de hidrogênio com o átomo de oxigênio. Essa combinação passa bem perto da molécula de água na concepção moderna.

↑ Alguns átomos e moléculas representadas por Dalton em sua obra *A new system of Chemical Philosophy*, de 1808.

A teoria proposta por Dalton foi publicada em 1808, no livro *Novo sistema de Filosofia Química*. Sua teoria tinha cinco ideias importantes que serviram para fundamentar a Química Moderna. São elas:

1. elementos são feitos de partículas extremamente pequenas chamadas átomos;
2. os átomos de um mesmo elemento são iguais, em tamanho e outras propriedades. Os átomos de elementos diferentes são diferentes entre si;
3. átomos não podem ser divididos, criados ou destruídos;
4. os átomos de diferentes elementos combinam-se em uma razão numérica simples para formar os componentes químicos;
5. em reações químicas, átomos são combinados, separados ou rearranjados.

Tabela Periódica de elementos

Uma questão que se fazia importante, mais ou menos na mesma época de Dalton, era como organizar os elementos de modo a agrupá-los segundo suas características e propriedades. Em 1789, Lavoisier havia proposto uma forma de organizar os 33 elementos conhecidos. Ele utilizava uma categorização em três grupos: 1) substâncias metálicas; 2) substâncias não metálicas; 3) substâncias salificáveis (que geram sais) ou terrosas.

Dalton também havia proposto uma forma de organização dos átomos; ele havia simplesmente listado os átomos em ordem crescente conforme suas massas atômicas, características que ele próprio tinha sido capaz de determinar. Assim, sua lista iniciava-se com o hidrogênio, o de menor massa, em seguida passando pelo carbono, pelo oxigênio etc. Um dos problemas percebidos pelos cientistas que sucederam Dalton é que elementos que tinham propriedades semelhantes como o cloro, o bromo e o iodo, estavam em lugares muito distantes na lista de Dalton, pois suas massas atômicas eram muito diferentes.

Era preciso, então, organizar os átomos de tal maneira que aqueles com propriedades semelhantes pudessem ser agrupados. Muitas outras tentativas foram feitas para tentar um esquema de agrupamento dos elementos químicos.

Em 1869 e 1870, duas tabelas independentes foram publicadas. A primeira pelo russo Dimitri Mendeleiev e a segunda pelo **prussiano** Julius Meyer. A grande contribuição desses dois cientistas foi organizar os átomos em ordem crescente, segundo suas massas atômicas (a única informação disponível à época), mas considerando que havia propriedades que se repetiam de maneira periódica. A tabela desses dois cientistas é a matriz da Tabela Periódica atual. Mendeleiev ganhou o prêmio Nobel em 1906 por seu trabalho de confecção da Tabela Periódica. Abaixo a tabela proposta por Mendeleiev.

> **GLOSSÁRIO**
>
> **Prussiano:** natural da Prússia, antigo Estado da Confederação da Alemanha.

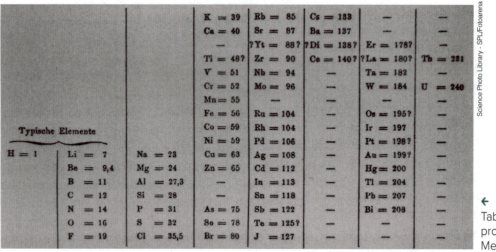

← Tabela Periódica proposta por Mendeleiev.

A Tabela Periódica atual ganhou uma contribuição fundamental do cientista britânico Henry Mosseley, que mostrou que átomos de um mesmo elemento têm o número de prótons, um dos componentes do núcleo dos átomos e que iremos estudar no próximo capítulo, sempre igual.

Atualmente, a Tabela Periódica organiza os átomos em número atômico (esse número equivale à quantidade de prótons no núcleo do átomo) crescente. Nela estão presentes os 92 átomos naturalmente existentes e alguns outros sintetizados em laboratórios. Ela permite obter as características dos átomos pela posição que nela ocupam.

O sistema de organização pensado por Mendeleiev e Meyer possibilitou a procura de muitos átomos para preencher lacunas na tabela.

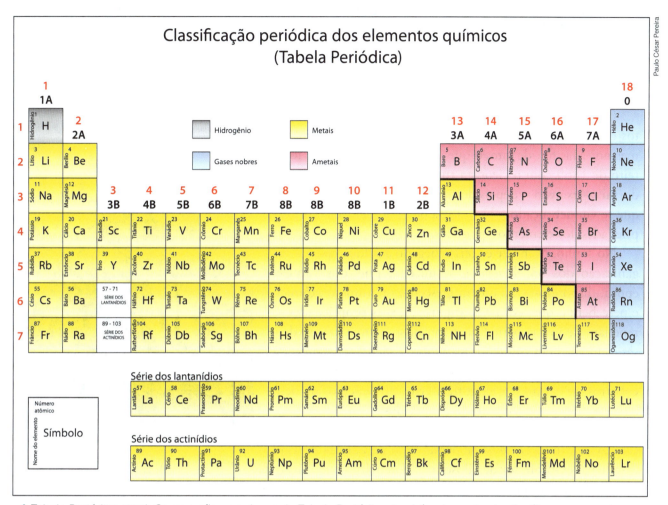

↑ Tabela Periódica atual. Grupos: são as colunas da Tabela Periódica, também denominadas famílias e numeradas de 1 a 18. Os períodos são as linhas, numeradas de 1 a 7.

A tabela acima organiza os átomos conhecidos atualmente.

Veja que à esquerda, em cima, aparece o hidrogênio, o elemento químico de menor massa, com número atômico 1.

À direita, embaixo, fica o oganessônio, o elemento de maior massa conhecida e com maior número atômico, 118. Esse elemento foi sintetizado em laboratório recentemente e incluído na tabela em 2015.

Ela também destaca, por meio de cores, os elementos químicos com propriedades semelhantes.

- **Metais**: as substâncias formadas somente por elementos metálicos brilham, têm boa condutibilidade elétrica e térmica etc.
- **Não metais**: as substâncias formadas apenas por elementos não metálicos são opacas e más condutoras elétricas e de calor. O carbono, na forma de grafite, é uma exceção porque, embora seja formado por um não metal, tem boa condutibilidade elétrica.
- **Gases nobres**: os elementos pertencentes a esse grupo têm pouca tendência a reagir com outros átomos.
- **Hidrogênio**: esse elemento geralmente é representado em uma cor diferente, pois suas características são distintas e não se enquadram em nenhum dos grupos.

Há tabelas que informam o estado físico, nas condições ambientes, da substância formada pelo elemento, quais elementos químicos são encontrados na natureza e quais são artificiais, ou seja, produzidos em laboratório, entre outras informações.

DIÁLOGO

O sonho de Mendeleiev

O que você diria se descobrisse que um dos principais feitos da ciência ocorreu após um sonho? Parece ficção, não é mesmo? Mas foi, de fato, o que se passou no dia 17 de fevereiro de 1869 com o cientista russo Dmitri Mendeleiev, que dormia – exausto – depois de três dias de trabalho árduo em que se viu debruçado sobre a ideia de periodicidade nas propriedades dos elementos químicos.

No sonho, Mendeleiev teria chegado à solução para a organização dos 63 elementos químicos conhecidos naquela época, dispondo-os na ordem crescente de número atômico e percebendo que, em tal configuração, suas propriedades se repetiam de forma periódica. Além disso, a organização desses elementos em colunas possibilitou a Mendeleiev prever a existência de outros elementos químicos que viriam a ser descobertos no futuro e a identificar erros nos cálculos de peso atômico de vários elementos já conhecidos.

Essa história foi relatada pelo próprio Mendeleiev e é recontada no livro *O sonho de Mendeleiev*, de autoria de Paul Strathern (ex-professor de Filosofia e Matemática na Universidade de Kingston), traduzido e publicado no Brasil. Com toques de bom humor, o autor reúne uma série de curiosidades históricas acerca do mundo científico e apresenta, de maneira prazerosa, um prato cheio para os curiosos da história da Ciência.

↑ Dmitri I. Mendeleiev (1834-1907).

O panorama histórico delineado no livro mostra que, antes de Mendeleiev, vários cientistas já haviam tentado chegar a um padrão que pudesse ditar a organização dos elementos químicos, porém sem sucesso, o que talvez explique o ceticismo com o qual a descoberta de Mendeleiev foi recebida pela comunidade científica. Anos mais tarde, contudo, novas descobertas começaram a sustentar a proposta de Mendeleiev. A primeira delas foi a descoberta do gálio, em 1875, com as mesmas propriedades químicas de boro, alumínio e urânio e peso atômico 69. Cinco anos depois, a confirmação definitiva viria com a identificação do germânio, que apresenta propriedades similares às do silício e do estanho.

Ao longo de 14 capítulos, Strathern demonstra como a Ciência pode ser vista como um conhecimento de caráter histórico, social e cultural, apresentando as principais contribuições para o entendimento da constituição da matéria desde as primeiras ideias propostas pelos filósofos na Grécia Antiga, passando pelas especulações da alquimia na Idade Média, até chegar a importantes descobertas científicas da modernidade.

Outra característica interessante na obra de Strathern é o destaque dado à capacidade de organização no desenvolvimento da ciência. Isso porque, apesar de as descobertas científicas por si só representarem grandes feitos, a capacidade de síntese é essencial para a compreensão e construção do conhecimento, o que atribui grande genialidade à descoberta de Mendeleiev.

Texto escrito especialmente para esta obra.

1. Reúna-se com dois ou três colegas e discutam o porquê de a tabela proposta por Mendeleiev ser recebida com ceticismo e como pôde ser vencido.

Nomenclatura

Os átomos de um elemento químico são simbolizados por letras maiúsculas e às vezes com mais uma minúscula. Por exemplo, o nitrogênio é representado pela letra **N**. Já o ferro é representado pelas letras **Fe**. O número atômico é indicado pela letra **Z** e aparece no canto inferior esquerdo do símbolo do elemento. Como explicado anteriormente, o número atômico indica a quantidade de prótons no núcleo.

Mais adiante, veremos que o número atômico e o número de massa indicam uma característica da composição do núcleo que forma os átomos.

Moléculas

Mas como os átomos permitem interpretar toda a estrutura da matéria? Bom, essa pergunta já havia sido formulada por Dalton e outros pensadores que acreditavam na existência de substâncias básicas. A proposição da ideia de átomo permitiu, por um lado, explicar a constituição de algumas substâncias simples, como o hidrogênio, o oxigênio, o fósforo e outros. Por outro lado, permitiu que combinações dos átomos explicassem outras substâncias e, principalmente, as reações entre as substâncias. Para isso, foi proposta a ideia de moléculas, que seriam combinações de átomos que formam substâncias puras. O próprio Dalton já tinha proposto a composição de algumas moléculas. A água era a combinação de um átomo de hidrogênio com um átomo de oxigênio. Já a amônia seria a combinação de um átomo de hidrogênio com um átomo de nitrogênio.

↑ Representação da água e da amônia na concepção de Dalton. Hoje, sabemos que a molécula de água tem dois átomos de hidrogênio ligados a um átomo de oxigênio e a amônia tem três átomos de hidrogênio para um átomo de nitrogênio.

Embora elas indicassem a proporção errada dos átomos, as moléculas propostas por Dalton têm a essência do conceito moderno de moléculas. As moléculas seriam átomos agrupados e ligados, resultando em elementos muito estáveis.

De maneira geral, a molécula indica a união de dois ou mais átomos. Elas estão presentes nos gases e nos líquidos. Por exemplo, a substância oxigênio é composta de moléculas em que dois átomos de oxigênio estão ligados quimicamente, seja qual for o estado físico da substância (sólido, líquido ou gasoso).

Atualmente, a maneira de representar as moléculas é feita usando os símbolos atômicos de maneira combinada. No caso da água, já escrevemos que a molécula é a combinação de um átomo de oxigênio com dois átomos de hidrogênio. Outra forma de representação é o uso de modelos de esferas ligadas (como representado nas figuras ao lado e abaixo).

Observe abaixo a representação de outras moléculas:

← Representações de moléculas: oxigênio (O_2), ozônio (O_3) e metano (CH_4). As representações das moléculas podem ser feitas com esferas unidas por traços ou ligadas diretamente.

Nos sólidos, nem sempre a ideia de moléculas pode ser aplicada. Neste caso, muitas vezes o que existe é uma grande rede de átomos que se ligam entre si.

Ligação química

A maneira como os átomos se ligam formando as moléculas e outros arranjos da matéria é chamada de **ligação química**. Nesse processo, a regra geral é a busca de um **estado de maior estabilidade**, isto é, um estado em que o átomo permaneça por mais tempo. As ligações químicas são classificadas em três tipos:

Iônica

Na ligação iônica, átomos com tendência em ganhar ou perder elétrons se unem trocando um ou mais elétrons. Os átomos em uma ligação química são chamados de íons. Um átomo cede elétrons e o outro recebe. Eles fazem isso até se tornarem estáveis.

Um exemplo de **ligação iônica** é o principal componente do sal de cozinha: $Na^+Cl^- = NaCl$ (cloreto de sódio).

> **GLOSSÁRIO**
>
> **Elétron:** partícula subatômica, isto é, que se encontra dentro do átomo e que tem carga elétrica negativa.

Covalente

É a ligação que ocorre entre dois átomos que precisam receber elétrons para se tornarem mais estáveis. Nesse tipo de interação, os pares de elétrons são **compartilhados** pelos átomos.

Um exemplo típico de **ligação covalente** é a molécula de água: $H_2O = H - O - H$.

Metálica

Essa ligação ocorre entre átomos de um metal que, ao formarem grandes arranjos, obtêm mais estabilidade. Os metais são átomos que se ligam dessa maneira, formando uma estrutura cristalina chamada de liga metálica.

Ferro (Fe), **alumínio (Al)**, **cobre (Cu)** e **ouro (Au)** são substâncias que têm átomos ligados dessa maneira.

Reações químicas

Em muitas situações, duas substâncias se combinam para produzir outras diferentes. Um prego que enferrujou, o leite que azedou, um fósforo queimado, todos esses casos foram estudados no livro 6 dessa coleção. Naquele momento, dissemos que se tratava de uma transformação química, pois novas substâncias eram formadas. Agora, com o conceito de átomo e moléculas, podemos reformular o que acontece.

Vamos pegar um exemplo mais próximo de nós, um tipo de reação química que acontece em muitas casas de todo o país: a queima do gás de cozinha. O gás usado nos bujões, GLP, contém **butano**; para que uma reação aconteça, ele precisa reagir com o oxigênio presente no ar.

A expressão abaixo indica a reação do gás butano com o gás oxigênio, chamada de **combustão**.

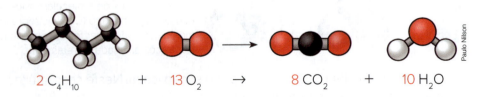

$2\ C_4H_{10}$ + $13\ O_2$ → $8\ CO_2$ + $10\ H_2O$

Veja que as ligações entre os átomos, tanto na molécula de **butano** como na molécula de **oxigênio**, foram quebradas. O rearranjo possibilitou a criação de duas novas moléculas: **dióxido de carbono** e **água**.

Os átomos não podem ser destruídos; então, numa reação existe uma recombinação de átomos. Dessa forma, o número de átomos antes da reação é sempre igual ao número de átomos depois da combinação.

A teoria de Dalton explica essas propriedades da reação química?

Sim, se voltarmos à página onde apresentamos a teoria de Dalton, veremos que as ideias 3, 4 e 5 foram usadas para explicar o que acontece numa reação química.

Como dissemos, numa reação química, átomos não podem ser criados nem destruídos, pois se o fossem estariam violando a terceira ideia de Dalton.

Combustão do etanol

reagentes → produtos

$$CH_3CH_2OH + 3\,O_2 \longrightarrow 2\,CO_2 + 3\,H_2O + \text{energia térmica (calor)}$$

Combustão do gás butano (gás de cozinha)

reagentes → produtos

$$C_4H_{10} + 13\,O_2 \longrightarrow 8\,CO_2 + 10\,H_2O$$

Se você observar os átomos que estão nas moléculas que reagem, verá que eles também estão nas moléculas que foram criadas. Dizemos que as moléculas à esquerda (antes da reação química) são os **reagentes** e as moléculas resultantes (depois da reação química) são os **produtos**.

Eletrólise e síntese da água

Uma das reações químicas mais simples é a quebra das moléculas de água. Se fizermos uma corrente elétrica passar por ela, iremos perceber a lenta diminuição da água e o aparecimento de dois gases: hidrogênio e oxigênio.

→ Água sendo percorrida por uma corrente elétrica e a formação de gases.

A equação que descreve o que acontece com as moléculas de água é a seguinte:

Eletrólise da água

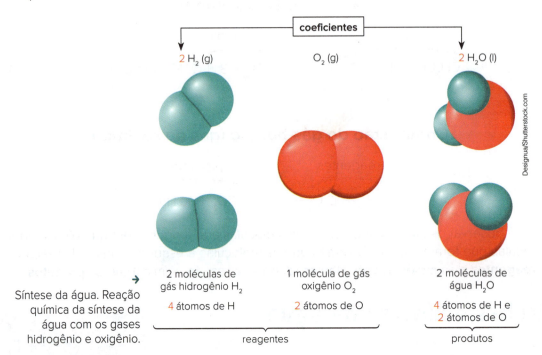

↑ À esquerda, representação pictórica das moléculas de água sendo quebradas e a formação do hidrogênio e oxigênio. À direita, representação usando as fórmulas moleculares.

Observe que o número de átomos de oxigênio e de hidrogênio é igual, antes e depois da eletrólise.

De maneira inversa, as moléculas de hidrogênio e oxigênio podem se combinar e formar água. Veja os esquemas abaixo.

Síntese da água. Reação química da síntese da água com os gases hidrogênio e oxigênio.

Outras reações de combustão

Outras reações de combustão envolvendo carbono ocorrem de forma semelhante ao butano, como madeira, carvão, etanol. Todos eles reagem com o oxigênio e produzem dióxido de carbono (**CO** ou **C**) e água. A própria formação de água pode ser obtida pela combustão do hidrogênio. Além dessas, podemos ter reações de combustão envolvendo outros elementos, como a queima de enxofre que produz SO_2. Vejamos algumas outras reações de combustão.

O etanol é um combustível usado nos carros e derivado da cana-de-açúcar e de outros vegetais. A sua combustão acontece de acordo com a equação abaixo:

$$C_2H_6O + O_2 \rightarrow 2\,CO_2 + H_2O$$

Nesse caso, uma molécula de etanol reage com uma molécula de gás oxigênio.

CURIOSO É...

Dois fatos conhecidos e que são reações químicas: fotossíntese e ferrugem

Fotossíntese é um processo físico-químico no qual os seres clorofilados (as plantas) pegam dióxido de carbono (CO_2) e água (H_2O) da atmosfera para produzir glicose, que é o combustível alimentar básico dos seres. Eles utilizam a luz como fonte de energia.

Reação química da fotossíntese:

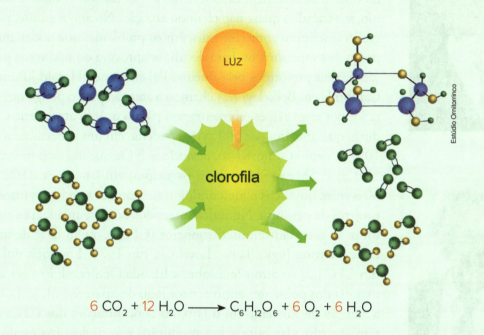

$$6\ CO_2 + 12\ H_2O \longrightarrow C_6H_{12}O_6 + 6\ O_2 + 6\ H_2O$$

Outra reação que acontece cotidianamente é a ferrugem. Talvez você não saiba, mas a ferrugem é resultado de uma reação química que envolve os objetos que contêm ferro.

Estudamos esse tema no livro 6. Naquele momento, apenas dissemos que, ao enferrujar, o prego modificava sua estrutura, tornando-se outra substância. Agora, podemos representar essa reação por meio de símbolos químicos. Veja abaixo.

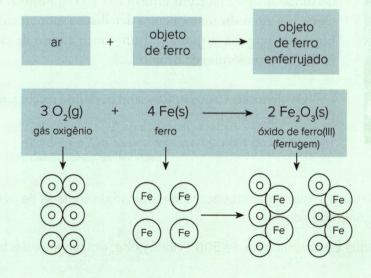

81

CIÊNCIA, TECNOLOGIA E SOCIEDADE

Camada de ozônio dá Nobel

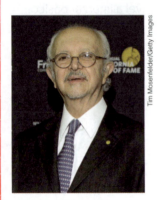

↑ Mario J. Molina.

↑ Paul J. Crutzen.

↑ Frank S. Rowland.

Em 1970, Paul Crutzen, então na Universidade de Estocolmo, Suécia, publicou um artigo em que sugeria que o óxido nitroso poderia causar destruição do ozônio atmosférico. Então, dadas as poucas fontes desse óxido de nitrogênio, seu trabalho quase não chamou atenção. No ano seguinte, porém, o Congresso americano começou a discutir os problemas que poderiam ser causados por aviões supersônicos, para decidir se aprovava ou não verba para a construção de dois protótipos pela Boeing. Foi então que Harold Johnston (Univ. da Califórnia em Berkeley) [...] chamou a atenção para o perigo que os NOx liberados por esses aviões representavam para o ozônio atmosférico. Johnston deduziu que uma frota de 500 aviões poderia, em um ano, causar a destruição de 10% do ozônio atmosférico, devido aos NOx que liberaria na estratosfera. [...]

[...] F. Sherwood Rowland participou em janeiro de 1972 de uma reunião entre químicos e meteorologistas, à procura de ideias interessantes para projetos de pesquisa. Num dos intervalos dessa reunião, após uma exposição sobre os gases clorofluorocarbonetos (CFCs), ouviu falar de uma descoberta do cientista inglês James Lovelock. Em 1970, Lovelock tinha descoberto um CFC [...] na atmosfera sobre a Irlanda Ocidental; isto era atípico, pois a maioria dos poluentes atmosféricos logo desaparece [...]. [...] O que chamou a atenção de Rowland foi o fato das concentrações dos CFCs corresponderem aproximadamente a sua produção, sugerindo uma estabilidade muito grande das moléculas [...].

Em meados de 1973, o químico mexicano Mario Molina chegou [...] para fazer um estágio de pós-doutoramento com Rowland. [...] Os dois pesquisadores logo se deram conta de que os CFCs, tão estáveis na troposfera, seriam decompostos pela radiação ultravioleta na estratosfera, liberando átomos de cloro. [...] Ao realizarem cálculos detalhados sobre reações entre cloro e ozônio é que surgiu a surpresa [...] um único átomo de cloro poderia destruir milhares de moléculas de ozônio [...].

[...]

[Os cientistas Crutzen, Rowland e Molina receberam o Prêmio Nobel de Química de 1995.]

Romeu C. Rocha-Filho. *Química nova na escola*, n. 2, nov. 1995. Disponível em: <http://qnesc.sbq.org.br/online/qnesc02/atual1.pdf>. Acesso em: 30 maio 2019.

---

1. De acordo com o texto, o que pode provocar a destruição da camada de ozônio? Explique como essa destruição pode ocorrer.

2. Pesquise e explique como uma frota de 500 aviões pode, em um ano, destruir 10% do ozônio atmosférico.

ATIVIDADES

SISTEMATIZAR

1. De acordo com o modelo atômico de Dalton, de que são feitas as moléculas de um elemento químico?

2. O que pode acontecer com os átomos numa reação química?

3. Como foram organizados os elementos químicos na tabela proposta por Mendeleiev?

4. De forma geral, o que a Tabela Periódica permite informar?

5. O que é uma ligação química e o que ela representa?

6. Qual é a diferença entre as ligações químicas: iônica, covalente e metálica? Dê um exemplo para cada uma delas.

7. O que é uma reação química? O que acontece com os átomos quando ela ocorre? Dê exemplos do seu cotidiano.

REFLETIR

1. De acordo com o modelo de Dalton, a figura ao lado representa um sistema formado por um certo número de elementos químicos, por certo número de átomos e por certo número de substâncias e de moléculas.

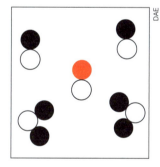

Indique o número de átomos diferentes e quantas moléculas estão sendo representadas.

2. As situações a seguir mostram diferentes moléculas dos elementos químicos, seja em sua representação geométrica, seja em sua equação química. Diga quantos átomos de cada elemento químico possui cada uma das moléculas:

a) (S O O O)

b) CO_2

3. Para cada reação abaixo, responda às questões.

a) Quais elementos são os reagentes e quais são os produtos?

b) O que se manteve constante tanto no lado esquerdo como no lado direito da seta?

c) O que foi alterado nessa reação química?

I) CH₄ + O₂ → CO₂ + H₂O

II) H₂ + O₂ → H₂O

III) $H_{2(g)}$ + $Cl_{2(g)}$ ⟶ 2 $HCl_{(g)}$

gás hidrogênio   gás cloro   ácido clorídrico

IV) $H_2O + CO_2 \rightarrow H_2CO_3$

DESAFIO

1. O número de átomos dos reagentes deve ser igual ao número de átomos dos produtos. Quando isso acontece, dizemos que a equação química está balanceada.

Com base nessa informação, analise as reações químicas abaixo, identificando os produtos e reagentes. Em seguida, indique as reações que estão balanceadas.

a) 2 NaCl + $AgNO_3$ → $NaNO_3$ + AgCl

b) $ZnCO_3$ → ZnO + CO_2

c) $H_2O + CO_2$ → H_2CO_3

d) MnO_2 + HCl → $MnCl_2$ + Cl_2

Evolução dos modelos atômicos

Neste capítulo, você vai estudar a história dos modelos atômicos e como os cientistas conseguiram estudar o interior da matéria. Vai entender a estrutura interna do átomo, pela composição do núcleo e dos elétrons.

 EXPLORANDO A DESCOBERTA DOS ÁTOMOS

Patrícia e seu amigo, José, tinham acabado de assistir ao episódio 6 da série *Cosmos: A Spacetime Odyssey* e ficaram maravilhados com o mundo dos átomos. Mas, conversando sobre o filme, Patrícia perguntou como os cientistas conseguiram formular um modelo tão detalhado do átomo no início do século XX; José disse que eles deveriam ter equipamentos muito sofisticados. Mas aí eles se lembraram das aulas de História, em que a professora descreveu a cidade de Paris dizendo que, pouco antes da Primeira Guerra Mundial, ainda havia cavalos nas ruas. Não fazia muito sentido: cientistas com laboratórios sofisticados andando a cavalo – faltava alguma coisa nessa história. Patrícia, então, se lembrou que, no filme, os cientistas descreviam não o átomo, mas o interior do átomo. Então, os dois entenderam que era hora de recorrer a quem sabia mais do que eles, e decidiram conversar com a professora de Ciências na segunda-feira.

Ilustrações: Claudia Marianno

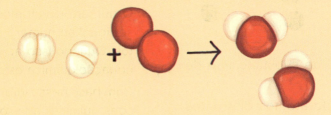

Agora é sua vez.

1. Como os cientistas conseguiram evidências da estrutura do átomo?
2. O modelo do interior do átomo foi descrito de uma vez por um único cientista?
3. Os modelos do átomo pararam de ser aperfeiçoados?

História dos modelos de átomos

Até agora, tratamos o átomo de acordo com sua concepção original: **a-tomo**: "sem partes". Contudo, os átomos têm estrutura interna: são formados de núcleo e partículas orbitando em seu entorno, chamadas elétrons.

Se o átomo já é pequeno, as partes internas de um átomo são menores ainda. Vamos fazer um exercício de imaginação para compreender melhor as dimensões envolvidas no interior do átomo. Tomemos o núcleo do átomo de hidrogênio e vamos aumentá-lo dez milhões de vezes (10^7). Ele passaria a ser do tamanho da cabeça de um alfinete (1 mm). Dessa forma, qual seria a distância do núcleo ao elétron? Aproximadamente 70 m. Nessa escala, a espessura da folha de papel, que tem aproximadamente 10^6 átomos, seria de 1 km.

Veja a seguir mais algumas comparações numéricas das características gerais de um átomo típico.

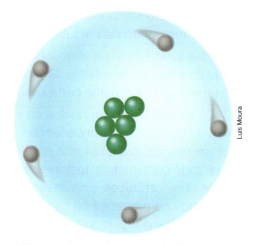

↑ Representação do modelo de Rutherford, com o núcleo no centro e os elétrons orbitando-o.

- Um núcleo típico é 10 vezes maior do que um próton.
- O diâmetro de um átomo típico (determinado pelos elétrons mais externos) é 10 mil vezes maior que o diâmetro de seu núcleo. Se um ponto final desta página representasse um núcleo atômico, seu último elétron estaria a 1 m de distância.
- Um próton tem massa aproximadamente 2 mil vezes maior do que o elétron. Se formássemos uma bola de 1 cm de diâmetro somente com prótons, supondo que fosse possível mantê-los juntos e encostados, ela pesaria 133 milhões de toneladas.

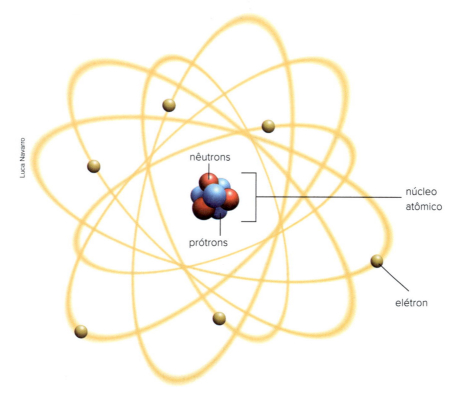

↑ A figura representa aproximadamente a relação entre o tamanho do núcleo atômico e a sua eletrosfera. Se o núcleo estivesse no centro de um campo de futebol, o elétron mais próximo estaria atrás da trave.

85

Primeiras evidências do interior do átomo

A primeira indicação de que poderia haver partículas ainda menores na composição dos átomos foi obtida pelo físico inglês William Crookes (1832-1919), ao estudar os raios misteriosos que eram produzidos dentro de um tubo particular que posteriormente ganhou o nome de tubo de Crookes.

Esse tubo é feito de vidro lacrado, contém um gás com densidade muito baixa e um eletrodo em cada uma das extremidades. Quando os eletrodos são conectados a uma fonte de alta-tensão, o gás no interior do tubo emite certa luminosidade (gases diferentes brilham com cores diferentes).

Os experimentos realizados com esses tubos podiam conter placas metálicas carregadas que serviam de defletores, além de fendas. Os resultados mostraram que a emissão luminosa do gás ocorre por um tipo de raio que vinha do eletrodo negativo, o catodo. Quando os raios incidem em uma tela (T) pintada com material fosforescente, fazem com que ela cintile. Esse dispositivo foi chamado de tubo de raios catódicos, pois esses raios pareciam ser oriundos do catodo. Como os raios podiam ser desviados na presença de campos elétricos ou magnéticos, logo sugeriu-se que os raios poderiam ser formados por partículas negativas, as quais mais tarde foram denominadas elétrons.

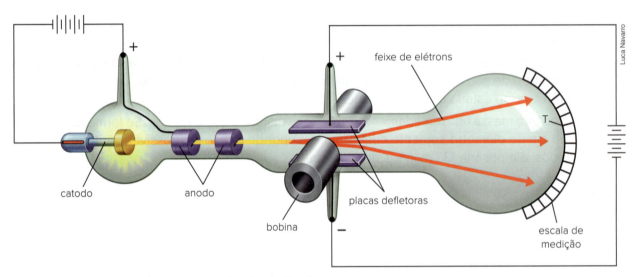

↑ Esquema que mostra o funcionamento do tubo de Crookes.

Atualmente, os anúncios com neon empregam um sistema similar aos antigos tubos de Crookes, para induzir a luminescência do pó aplicado ao tubo de vidro.

 **CURIOSO É...**

William Crookes e a descoberta do tálio

Você sabia que as contribuições de William Crookes para a Ciência não foram apenas na área da Física, como o desenvolvimento de tubos a vácuo e a explicação de fenômenos de descargas elétricas em gases a baixa pressão, mas também na Química?

Esse cientista descobriu, em 1861, o elemento tálio enquanto fazia experimentos para determinar a presença de outro elemento, o telúrio, em resíduos de uma câmara de produção de ácido sulfúrico. Nos experimentos, em vez de visualizar linhas amarelas, características do elemento telúrio, ele observou linhas verdes brilhantes que nenhum cientista havia observado até aquele momento. Após isolar o novo elemento, ele o chamou de *thallos*, que em grego significa "ramo verde".

Modelo atômico de Thomson

A suspeita de Crookes de que os raios poderiam ser formados por partículas negativas foi confirmada pelo físico inglês Joseph John Thomson (1856-1940) em 1897. Ele mostrou que os raios catódicos eram de fato formados por partículas menores e mais leves do que os átomos, e as denominou de corpúsculos, observando que, aparentemente, todas eram idênticas. No estudo dos raios catódicos, ele conseguiu criar feixes bem estreitos e medir seu desvio na presença dos corpos eletrizados e ímãs magnéticos. Assim, Thomson foi capaz de estabelecer que as partículas tinham massas muito menores do que qualquer átomo, conseguindo calcular a razão entre massa e carga da nova partícula. Elétron foi o nome dado a cada partícula que compõe os raios catódicos.

↑ Joseph Thomson.

Essa conclusão pode ser considerada a primeira "fissura" na ideia original de átomo como a estrutura básica da matéria. Thomson concluiu que, se havia uma partícula negativa, para manter a neutralidade do átomo era necessário que existisse também outra partícula que fosse positiva. O átomo já não podia ser pensado como o elemento fundamental da matéria.

Muitas foram as tentativas de representar o átomo e suas partes. Com a descoberta do elétron, Thomson pôde propor, em 1903, uma nova representação atômica. Seu modelo considerava o átomo composto de uma carga positiva uniformemente distribuída em uma esfera de raio da ordem 10^{-10} m, na qual os elétrons estariam presos. Essa forma garantiria a neutralidade do átomo e lhe daria estabilidade. Muitos conterrâneos de Thomson imaginaram seu modelo atômico como um pudim de passas, no qual as passas representavam os elétrons e a massa do pudim, a carga elétrica positiva.

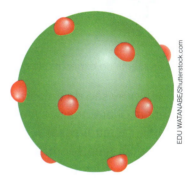

↑ Representação atômica de Thomson.

No começo do século XX, dois modelos atômicos disputavam a atenção da comunidade científica. Um era o modelo de Thomson, de 1903, e o outro, o modelo do japonês Hantaro Nagaoka (1865-1950), de 1904. Para Nagaoka, o átomo deveria ser formado por um caroço central positivo circundado de anéis de elétrons rodando com a mesma velocidade angular, algo semelhante ao planeta Saturno; por isso, também ficou conhecido como modelo saturniano. Vale notar que os dois modelos descreviam o átomo como uma estrutura interna composta de uma parte positiva e outra negativa. No entanto, o modelo de Thomson era compacto e não deixava espaços vazios, enquanto o de Nagaoka concebia a matéria concentrada basicamente num núcleo.

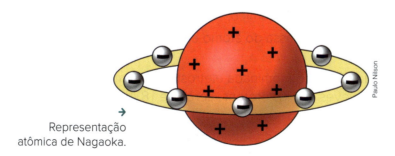

→ Representação atômica de Nagaoka.

A resolução do impasse entre os modelos foi decidida com base em resultados experimentais obtidos pelo físico neozelandês Ernest Rutherford (1871-1937), pelo inglês Ernest Marsden (1889-1970) e pelo alemão Hans Geiger (1882-1945), que utilizaram o espalhamento de partículas pela matéria.

Modelo atômico de Rutherford

Em 1911, Rutherford, que já havia ganhado o Prêmio Nobel em 1908, bombardeou uma fina folha de ouro com partículas com carga elétrica positiva, emitidas por alguns átomos radioativos, como o polônio.

No experimento, Rutherford observou que a maioria dessas partículas atravessou a lâmina de ouro, com algumas mudando de direção e até ricocheteando, ou voltando em direção ao lugar de onde incidiram. As observações eram evidenciadas por uma tela com material fluorescente para identificação das partículas.

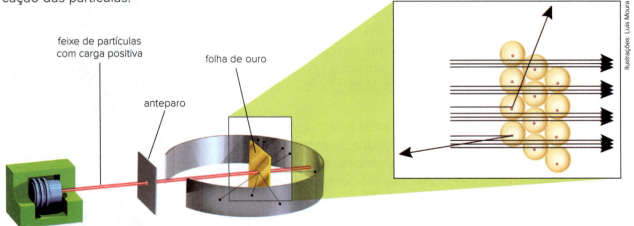

↑ Esquema do experimento de Rutherford.

A previsão da trajetória das partículas, bem como a interpretação dos resultados do experimento, seriam diferentes nos modelos de Thomson e de Nagaoka. No caso do primeiro, esperava-se que as partículas atravessassem a folha de ouro quase sem desvios; conforme o segundo modelo, os desvios deveriam ser mais intensos.

De seu experimento, Rutherford também pôde concluir, fazendo medidas quantitativas, que o diâmetro do átomo seria da ordem de 10^{-10} m e de seu núcleo da ordem de 10^{-14} m, o que significa dizer que o núcleo é aproximadamente 100 mil vezes menor que o átomo. A medida 10^{-10} m passou a ser chamada por uma nova unidade de medida conhecida por **angstrom** (1 Å = 10^{-10} m).

Com base nesses resultados, Rutherford propôs que os átomos seriam constituídos de um núcleo muito denso, carregado positivamente, onde se concentraria praticamente toda a massa. Ao redor desse núcleo positivo, ficariam os elétrons, distribuídos espaçadamente numa região denominada eletrosfera. Ele comparou seu modelo ao Sistema Solar, onde o Sol seria o núcleo, e os planetas, os elétrons. Surge assim o célebre modelo planetário do átomo.

Portanto, as principais características do átomo de Rutherford são:

I) o átomo não é maciço, mas formado por uma região central, denominada núcleo, que é muito pequeno em relação ao diâmetro atômico;

II) esse núcleo concentra toda a massa do átomo e é dotado de carga elétrica positiva, onde estão os prótons;

III) na região ao redor do núcleo, denominada eletrosfera, giram em órbitas circulares os elétrons (partículas muito mais leves que os prótons, cerca de 1836 vezes), compensando a carga nuclear positiva.

Pode parecer que esse novo modelo de Rutherford não diferia muito daquele de Nagaoka, mas nele os elétrons seriam como satélites orbitando o núcleo, enquanto no modelo de Nagaoka seriam anéis negativos. Rutherford acreditava que as cargas negativas também estariam concentradas na forma de partículas, pois precisam estar orbitando ao redor do núcleo positivo com determinada velocidade, visto que, de outro modo, poderiam ser atraídas eletricamente pelo núcleo.

Modelo atômico de Bohr

Um novo modelo foi proposto em 1913 pelo físico dinamarquês Niels Bohr (1885-1962). Nele, Bohr utilizou a estrutura do modelo planetário de Rutherford e incluiu algumas ideias propostas por Max Planck (1858-1947) sobre a quantização da energia para interpretar o processo de emissão e absorção de radiação pela matéria.

Bohr tomou como base de estudo o problema do espectro de emissão descontínuo do átomo de hidrogênio. Sua expectativa era explicar as linhas de emissão do átomo de hidrogênio, considerado o mais simples dos átomos, composto de apenas um elétron movendo-se em torno de um próton (estudaremos esse item no Tema 4). Apesar de facilmente aplicável ao átomo de hidrogênio, suas ideias, descritas como uma série de postulados, podiam ser transpostas e aplicadas aos outros átomos. São elas:

I) O elétron descreve uma órbita circular ao redor do núcleo pela ação da força elétrica, obedecendo às leis da Mecânica Clássica.

II) O elétron não pode ocupar infinitas órbitas ao redor no núcleo, apenas algumas particulares.

III) O elétron em órbita do núcleo, apesar de acelerado, não emite energia; assim, a energia total do átomo permanece constante.

IV) Quando ocorre a transição de um elétron entre uma órbita e outra, há emissão ou absorção de radiação eletromagnética.

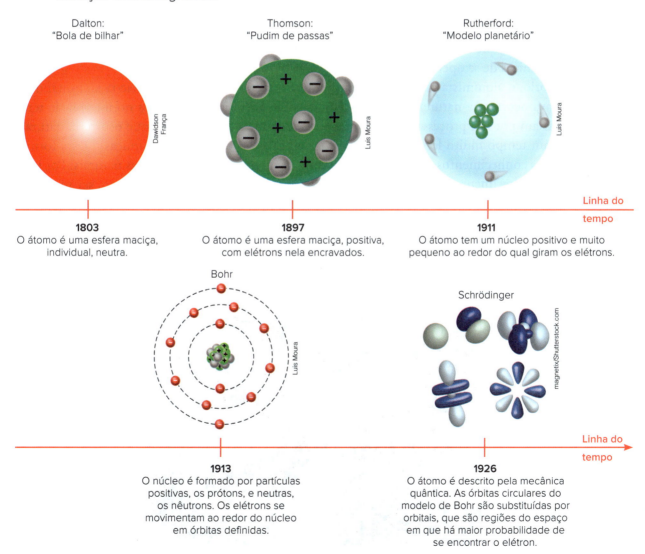

DIÁLOGO

Destilação: a arte de "extrair virtudes"

Alambiques, retortas e fornos estão sempre presentes em imagens para caracterizar alquimistas e químicos em seus laboratórios. Isso indica que tais instrumentos, utilizados no processo de destilação, têm papel destacado no imaginário relativo tanto à alquimia quanto à química. Essa ideia não deixa de ter fundamento, pois a destilação há muito tempo vem sendo utilizada tanto nas artes que envolvem o tratamento e a transformação de materiais quanto por estudiosos que buscavam afirmar ou elaborar ideias sobre a composição da matéria.

Hoje em dia, a destilação, processo baseado nas diferenças entre os pontos de ebulição das substâncias, é adequadamente explicada pela ideia de que a matéria é formada por partículas que se movimentam e interagem. O fracionamento do petróleo, a obtenção de álcoois e a extração de essências são apenas alguns exemplos de processos em que a destilação é empregada na indústria. Além disso, a destilação é um dos principais métodos de purificação de substâncias utilizados em laboratório.

Entretanto, nem sempre a destilação foi considerada uma operação tão trivial. Desde suas origens e durante um longo período, a destilação estaria ligada à preparação de poderosas "águas" e à obtenção da "pedra filosofal", do maravilhoso "elixir" que promoveria a cura de todas as doenças dos metais e dos homens. Seria também por meio da destilação que os iniciados extrairiam as "quintessências" de vegetais, minerais e partes de animais, obtendo-se dessa forma puríssimos e poderosos medicamentos. [...]

Pode-se considerar que a destilação foi um dos desenvolvimentos promovidos pelos alquimistas alexandrinos nas técnicas de se operar sobre a matéria. [...]

No laboratório, o alquimista procurava operar sobre a matéria de modo a aperfeiçoá-la, imitando o que se acreditava ocorrer na natureza. Admitia-se que os metais seriam originados no interior da terra e se aperfeiçoariam por um processo análogo à gestação. Assim, a transmutação que ocorreria naturalmente, mas num tempo muito longo, poderia ser acelerada pelas operações alquímicas. Dessa forma, admitia-se que os conhecimentos alquímicos permitiam ao adepto controlar as forças naturais. Por isso, esses poderosos conhecimentos eram considerados divinos e sagrados, devendo, portanto, ser mantidos em segredo. Além disso, referências a um momento de revelação em que o adepto recebia esses conhecimentos podem ser notadas em muitos dos textos alquímicos.

[...] Para realizar as operações necessárias, o alquimista contava com um grande acervo de conhecimentos técnicos que tiveram sua origem nas práticas artesanais egípcias mas aos quais somaram-se os métodos desenvolvidos pelos próprios alquimistas, nos quais utilizavam poderosas "águas" e "espíritos".

↑ Produção artesanal de cachaça no município de Salinas, Vale do Jequitinhonha (MG).

O processo de destilação provavelmente foi concebido nesse contexto. A invenção dessa técnica e dos instrumentos nela envolvidos é atribuída à alquimista Maria Judia, que teria vivido no início da era cristã [...].

[...] A ideia da destilação como processo que permite extrair as "virtudes" dos materiais aparentemente continua a vigorar ainda hoje, quando se fala, por exemplo, em "extrair essências". [...] Há ainda outros termos de uso corrente que também trazem em si reminiscências de concepções hoje abandonadas. Um exemplo é a palavra inglesa *whisky*, derivada de *usquebaugh*, que significa literalmente "água da vida", ou seja, *aqua vitae*.

Entretanto, a destilação, enquanto processo de laboratório, não é só uma reminiscência. De fato, essa arte, talvez tão antiga quanto a própria alquimia, sobreviveu ao abandono daquela forma ancestral de investigação da matéria, estando ainda hoje presente em laboratórios e indústrias químicas. Porém, a destilação foi incorporada pela Química Moderna apenas enquanto técnica e passou a ser interpretada dentro de uma outra concepção de natureza e de ciência.

Maria Helena Roxo Beltran. Destilação: a arte de "extrair virtudes". *Química nova na escola*, n. 4, nov. 1996. Disponível em: <http://qnesc.sbq.org.br/online/qnesc04/historia.pdf>. Acesso em: 30 maio 2019.

1. Reúna-se com dois ou três colegas e discutam a seguinte afirmação: "A Ciência Moderna às vezes rejeita e, outras vezes, agrega saberes e técnicas de outras formas de conhecer". Se o grupo sentir necessidade, realize pesquisas complementares na biblioteca da escola ou de outros lugares. *Sites* confiáveis da internet, como aqueles de universidades ou de associações científicas, também são boas fontes de pesquisa.

A estrutura atômica

A partir do átomo de Bohr, podemos estabelecer um modelo atômico que permitirá continuarmos a investigar a estrutura da matéria e alguns fenômenos cotidianos, tanto naturais como criados pelas tecnologias. Para isso, a primeira coisa importante é aceitar a ideia de que o átomo não é uma estrutura simples, como pensavam os gregos, Dalton e tantos outros pensadores. Como vimos anteriormente, os vários modelos atômicos buscavam indicar como o átomo era formado.

A estrutura básica é a existência de um núcleo e da eletrosfera, como o desenho ao lado.

O núcleo tem carga elétrica positiva e a eletrosfera tem carga elétrica negativa.

As partículas que compõem o átomo são chamadas de subatômicas, pois são menores que o átomo.

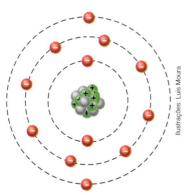

↑ Modelo simplificado do átomo com núcleo e eletrosfera.

← No núcleo, temos as partículas subatômicas chamadas **prótons** e os **nêutrons**.

← Na eletrosfera, estão apenas os elétrons, que têm carga elétrica negativa.

Os elétrons se organizam em até sete camadas, começando pelas mais internas e estendendo para fora do núcleo, com raios cada vez maiores. As camadas eletrônicas são nomeadas com letras: K, L, M, N, O, P, Q.

Importante: em cada camada, cabe um certo número de elétrons. Abaixo, as sete camadas e a quantidade de elétrons que podem estar em cada uma delas.

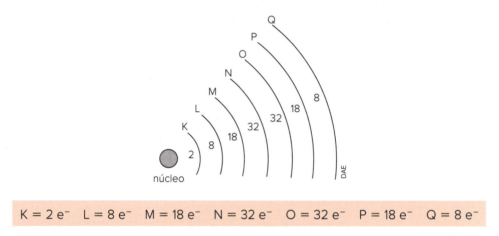

K = 2 e⁻   L = 8 e⁻   M = 18 e⁻   N = 32 e⁻   O = 32 e⁻   P = 18 e⁻   Q = 8 e⁻

O átomo, em condições normais, é eletricamente neutro. Sendo as cargas do próton e do elétron iguais, o número de prótons no núcleo deve ser igual ao número de elétrons na eletrosfera.

A última camada eletrônica de um átomo recebe um nome particular: **camada de valência**.

 **CURIOSO É...**

Número atômico e número de massa

No capítulo anterior, afirmamos que Dalton havia usado a massa atômica para classificar os átomos. O mesmo número foi usado em seguida por Mendeleiev e por Meyer para organizar a tabela periódica.

O número atômico (Z) é o número de prótons (p) que existem no núcleo de cada tipo de átomo. Como no núcleo há, além dos prótons, nêutrons (n), o número de massa (A) é a soma do número de prótons e do número de nêutrons.

De forma simplificada:

Z = p

A = p + n

Vejamos alguns exemplos:

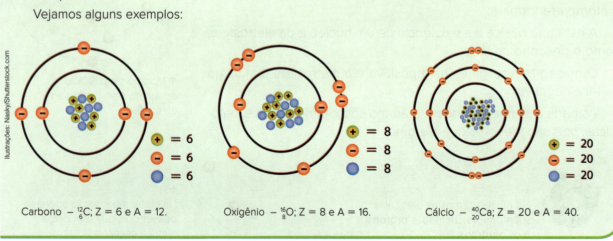

Carbono – $^{12}_{6}$C; Z = 6 e A = 12.   Oxigênio – $^{16}_{8}$O; Z = 8 e A = 16.   Cálcio – $^{40}_{20}$Ca; Z = 20 e A = 40.

ATIVIDADES

SISTEMATIZAR

1. O quadro abaixo informa algumas dimensões das partes de um átomo.

dimensão	decimal	potência de 10
Menor objeto visto a olho nu.	0,000 01 m	10^{-5} m
Diâmetro aproximado de um átomo.	0,000 000 000 1 m	10^{-10} m
Diâmetro aproximado de um núcleo.	0, 000 000 000 000 01 m	10^{-14} m
Diâmetro aproximado de um próton.	0, 000 000 000 000 001 m	10^{-15} m

Se sua casa fosse o núcleo do átomo, a que distância estaria seu vizinho mais próximo (elétron mais perto do núcleo)?

2. Descreva, resumidamente, as principais características dos seguintes modelos atômicos:

a) modelo de Thomson;   b) modelo de Rutherford;   c) modelo de Bohr.

3. O que permitiu a Crookes propor que a luminosidade produzida no interior do tubo era causada por um raio que vinha do catodo?

4. De acordo com o modelo de Rutherford:

a) Como os átomos são formados? Onde estão localizadas suas partículas subatômicas?

b) Como os elétrons se organizam na eletrosfera?

5. Qual é o nome dado à última camada de elétrons de um átomo?

6. O que representa o número atômico (Z)?

7. O que representa o número de massa (A)?

8. Se um átomo tem 12 prótons e 12 nêutrons, qual é seu número atômico e seu número de massa?

REFLETIR

1. Quais são as indicações de que os raios catódicos produzidos nos tubos de Crookes seriam elétrons?

2. Qual foi o problema encontrado no modelo proposto por Thomson?

3. O átomo é eletricamente neutro. Explique como ele pode conter prótons, que têm carga positiva, no núcleo?

4. Indique o número de prótons e o número de nêutrons para os átomos abaixo.

a) $^{14}_{7}N$ b) $^{20}_{10}Ne$ c) $^{238}_{92}U$

DESAFIO

1. Usando as dimensões internas do átomo quantos núcleos poderiam ser enfileirados no seu diâmetro interior?

FIQUE POR DENTRO

A composição química do ser humano

Assim como toda a matéria, somos formados de átomos. Neste infográfico há informações sobre os principais elementos químicos presentes no corpo humano, em cuja composição majoritária (mais de 95%) estão os elementos oxigênio, carbono, nitrogênio e hidrogênio. Esses átomos formam compostos moleculares e iônicos. O principal deles é a água, que constitui cerca de 65% do corpo. Ela é fundamental no processo de digestão, na absorção de nutrientes, na eliminação de resíduos indesejáveis, na circulação – o sangue é uma mistura aquosa – e na manutenção da temperatura do corpo.

As substâncias que formam o corpo humano

Átomos de diversos elementos químicos combinam-se para formar essas substâncias. Os átomos do elemento carbono têm a capacidade de se ligar de forma covalente com outros átomos de carbono, formando moléculas que podem ter até milhares de átomos, denominadas macromoléculas. Essas macromoléculas, além de carbono, também contêm basicamente oxigênio, hidrogênio, nitrogênio e fósforo.

As macromoléculas

As macromoléculas desempenham funções fundamentais no organismo. Os carboidratos e lipídios, por exemplo, atuam como hormônios ou fontes de energia, mas também constituem as proteínas, que têm função estrutural (músculos, pele, cabelo e pelos) e metabólica (enzimas, hemoglobina, anticorpos e hormônios). Embora os compostos iônicos sejam menos abundantes, eles são importantes: NaCℓ e KCℓ dissolvidos em água estão relacionados à condução de corrente elétrica no organismo, e compostos sólidos de cálcio e fósforo formam principalmente ossos e dentes. A ligação metálica não ocorre em nosso corpo, pois nele o percentual de metais é reduzido, e eles estão sempre presentes na forma iônica.

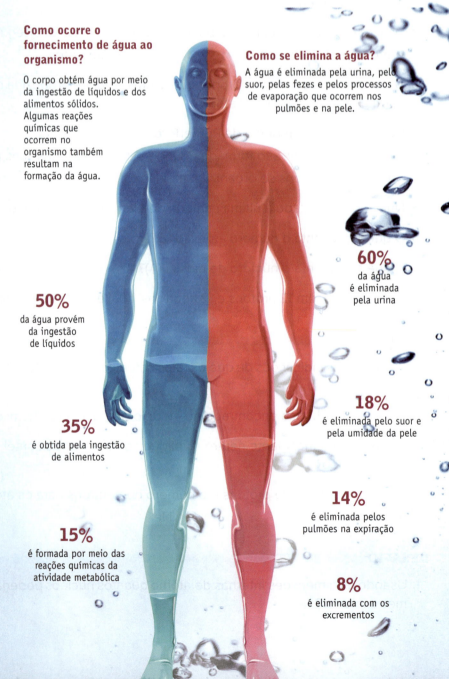

Como ocorre o fornecimento de água ao organismo?
O corpo obtém água por meio da ingestão de líquidos e dos alimentos sólidos. Algumas reações químicas que ocorrem no organismo também resultam na formação da água.

Como se elimina a água?
A água é eliminada pela urina, pelo suor, pelas fezes e pelos processos de evaporação que ocorrem nos pulmões e na pele.

50% da água provém da ingestão de líquidos

35% é obtida pela ingestão de alimentos

15% é formada por meio das reações químicas da atividade metabólica

60% da água é eliminada pela urina

18% é eliminada pelo suor e pela umidade da pele

14% é eliminada pelos pulmões na expiração

8% é eliminada com os excrementos

Oligoelementos

Diversos elementos químicos estão presentes no corpo humano. A maioria deles é encontrada em quantidades muito pequenas; eles são denominados oligoelementos.

As dimensões das estruturas representadas estão fora de escala; as cores usadas não são reais. © Sol 90 Images

Magnésio 0,05%
Desempenha funções relacionadas aos ossos, músculos e sistema nervoso.

Cálcio 1,5%
Principal metal presente no organismo, é fundamental na constituição de ossos e dentes.

Ferro 0,1%
Participa do processo de transporte de gases no sangue durante a respiração.

Sódio 0,15%
Mantém o equilíbrio de água no organismo e participa da condução dos estímulos nervosos.

Cloro 0,2%
Mantém o equilíbrio de água no organismo e está presente no ácido que forma o suco gástrico.

Potássio 0,4%
Participa da condução dos estímulos nervosos.

Fósforo 1,0%
Faz parte da constituição de ossos e dentes.

Iodo 0,1%
Está nos hormônios produzidos por glândulas específicas, como a tireoide.

Enxofre 0,3%
Presente em enzimas e outras moléculas fundamentais ao metabolismo.

Macroelementos

São os elementos químicos em maior quantidade em nosso organismo: carbono, hidrogênio, oxigênio e nitrogênio.

18% Carbono
Formador das moléculas orgânicas.

10% Hidrogênio
Presente nas moléculas orgânicas, na água e nos nutrientes.

65% Oxigênio
Elemento químico em maior quantidade no organismo, está presente nas moléculas orgânicas, na água e nos nutrientes.

3% Nitrogênio
Faz parte dos aminoácidos, das proteínas e dos nutrientes.

1. Uma lei da Ciência tornou-se um provérbio popular: "Na natureza, nada se cria, tudo se transforma". Relacione essa lei com as fontes de átomos disponíveis para o ser humano.

2. Os estímulos nervosos propagam-se pelo corpo na forma de impulsos elétricos. Os principais compostos iônicos presentes no corpo humano estão na forma de íons em solução. Analise a importância desses íons na propagação de um estímulo nervoso.

3. Apesar de estarem em pequenas quantidades no organismo, os metais desempenham funções importantes. Faça uma breve pesquisa sobre as funções dos metais no corpo humano.

 **PANORAMA**

FAÇA AS ATIVIDADES A SEGUIR E REVEJA O QUE VOCÊ APRENDEU.

Neste tema, estudamos a composição da matéria. Aprendemos que os átomos são as menores partes nas quais um objeto pode ser dividido e quais são as dimensões envolvidas quando nos referimos a eles. Vimos também que várias propriedades da matéria podem ser explicadas pela maneira pela qual os átomos se organizam em nível microscópico. Estudamos a teoria atômica de Dalton e como um átomo se diferencia do outro. Nessa teoria, os átomos se combinam por meio de ligações químicas formando as moléculas. Apresentamos a maneira pela qual os cientistas organizaram os diversos átomos na Tabela Periódica. O interior do átomo serviu para o desenvolvimento de vários modelos que buscaram explicar sua composição em partículas menores, chamadas partículas subatômicas.

1. Qual é a ordem de grandeza dos átomos?

2. Como podemos explicar a mudança na estrutura de uma pedra de gelo quando ela derrete?

3. Explique com suas palavras o que é eletrólise.

4. A temperatura de ebulição da água aumenta ou diminui quando ela ocorre em locais de maior altitude?

5. A combustão é uma reação química que necessita do oxigênio para acontecer. O que ocorre com esse oxigênio depois da reação química?

6. Sobre as alternativas abaixo, marque em seu caderno **V** para verdadeiro e **F** para falso.

    a) Reação química é o mesmo que fenômeno químico, isto é, é um evento que altera a natureza do material. O material do estado inicial "desaparece" e, em seu lugar, surge pelo menos uma nova substância.

    b) Cada substância é representada por uma fórmula que indica a qualidade e a quantidade de átomos que a constituem.

    c) As partículas, formadas por grupos de átomos, são chamadas de moléculas. As moléculas podem ter dois, três, quatro e até milhares de átomos.

7. Dada a figura abaixo.

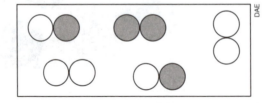

Qual é o número de:

a) moléculas diferentes representadas?

b) átomos diferentes representados?

96

8. Nas reações químicas abaixo, quais elementos permanecem constantes?

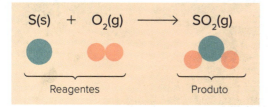

$SO_3(g) + H_2O(\ell) \longrightarrow H_2SO_4(aq)$
Trióxido de enxofre — Ácido sulfúrico

$HC\ell(aq) + NaOH(aq) \longrightarrow H_2O(\ell) + NaC\ell(aq)$

9. Na fórmula molecular C_4H_8O:

   a) Quantos átomos existem na molécula dessa substância?

10. Na reação:

$$KC\ell + AgNO_3 \rightarrow KNO_3 + AgC\ell$$

   a) Qual parte é o reagente e qual é o produto?
   b) O que se mantém constante nessa reação?

11. O quadro abaixo representa uma reação química: os dois primeiros quadros indicam os reagentes e o terceiro quadro, o produto. Reproduza o quadro no caderno e desenhe a molécula que falta no quadro do meio.

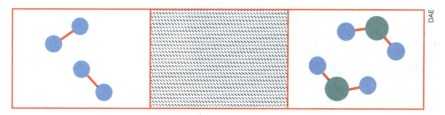

12. O que permitiu a Crookes propor que a luminosidade produzida no interior do tubo era causada por um raio que vinha do catodo?

13. Se um átomo tiver 10 elétrons, como eles se distribuem em torno do núcleo atômico?

14. Descreva a fotossíntese em termos de reações químicas.

15. Qual(is) evidência(s) levou(aram) Crookes a supor que a matéria tinha uma estrutura subatômica?

DICAS

ACESSE

Storyboard de discussão de reações químicas: <www.storyboardthat.com/pt/lesson-plans/rea%C3%A7%C3%B5es-qu%C3%ADmicas#anchor_chemical-reactions-discussion>.

ASSISTA

Aprofundando (episódio 6). *Cosmos: A Spacetime Odyssey*. Produção: National Geographic, aprox. 40 min.

LEIA

Alquimistas e químicos – o passado, o presente e o futuro, de José Atílio Vanin (Moderna).

97

↑ Observatório de radioastronomia Very Large Array, localizado na Planície de San Agustin, Novo México (EUA), 2015.

TEMA 4

Radiação eletromagnética

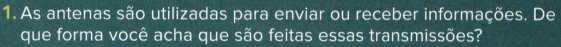

NESTE TEMA
VOCÊ VAI ESTUDAR:

- a natureza ondulatória da luz;
- a formação das ondas eletromagnéticas;
- o fenômeno da dispersão da luz;
- o espectro eletromagnético e a região visível;
- como as luzes formam novas cores;
- como o olho humano identifica as cores;
- a definição e a diferenciação de espectros contínuos e discretos;
- os espectros de emissão e absorção dos elementos químicos.

1. As antenas são utilizadas para enviar ou receber informações. De que forma você acha que são feitas essas transmissões?
2. Você já ouviu falar em ondas eletromagnéticas? Sabe qual é a importância delas para as atividades humanas?
3. Como você acha que a luz é gerada e se propaga? Ela tem alguma relação com as ondas eletromagnéticas?

CAPÍTULO 1

Radiação eletromagnética

Neste capítulo, você vai estudar o que são e como são formadas as ondas eletromagnéticas. Verá que a luz é uma onda eletromagnética e que existem outros tipos de radiação como essa. Entenderá também o fenômeno da blindagem eletrostática.

EXPLORANDO AS ONDAS INVISÍVEIS

Carlinhos tinha acabado de comprar um celular novo quando resolveu testar a qualidade dos vídeos feitos pela câmera. Para fazer o teste, resolveu filmar sua mãe, que estava na sala vendo televisão.

Carlinhos ligou a câmera e fez o enquadramento de sua mãe na tela do aparelho. Contudo, nesse exato momento ela pegou o controle remoto da televisão e aumentou o volume. Carlinhos notou algo inusitado: olhando pela tela do celular, pôde ver um facho de luz saindo da lâmpada do controle remoto em direção à televisão, semelhante a um farolete. Entretanto, quando observou a mesma cena a olho nu, isto é, sem o celular, não conseguiu enxergar a mesma luz. Mas o que poderia estar acontecendo?

Esse fato fez Carlinhos pensar que talvez o controle remoto emitisse algum tipo de luz que apenas certos aparelhos, como a televisão, podem "enxergar", possibilitando controlá-la a distância. Carlinhos ficou muito empolgado com essa descoberta, especialmente porque sua professora havia comentado que a luz é um tipo de onda. Ele mal podia esperar pelo dia seguinte para compartilhar a descoberta com a turma e a professora. Será que o controle emite uma onda? Se sim, será que a onda que o controle emite é diferente da luz do farolete?

Ilustrações: Claudia Marianno

Agora é sua vez.

1. Você já observou o fenômeno descrito por Carlinhos ou algo semelhante?
2. Você conhece outros tipos de onda que não podemos enxergar a olho nu?
3. Você conhece outros aparelhos que funcionam por meio da emissão e captação de ondas?

As ondas eletromagnéticas

Provavelmente você já usou um controle remoto para ligar o televisor ou aparelho de som, pois hoje em dia muitos aparelhos eletrônicos são comandados a distância. Mas como o comando acionado no controle remoto chega à televisão?

Para explorar essa questão, faça com três ou quatro colegas uma atividade de investigação. Inicialmente pensem em equipamentos que funcionam com controle remoto.

Quais funções o controle pode realizar?

Quais são as condições necessárias para eles funcionarem?

Depois façam no caderno um quadro como o a seguir e o preencham com o resultado da conversa coletiva.

Equipamentos	Funções do controle remoto	Condições de funcionamento	Outros

A narrativa da abertura mostrou que os controles remotos de televisão emitem uma luz que não conseguimos enxergar, mas que a câmera do celular consegue captar. Você pode fazer esse teste se tiver um controle remoto em casa e um telefone celular com câmera. Você verá que o visor do telefone conseguirá mostrar a luz que sai da extremidade do controle remoto enquanto ele é acionado.

Esse é apenas um dos casos em que a energia pode se propagar pelo ar. Veja esta outra situação: Quando uma pessoa fala, suas cordas vocais emitem sons que são percebidos por outra pessoa. As ondas sonoras são captadas pelas orelhas do ouvinte e interpretadas por seu cérebro.

De modo semelhante, o controle remoto emite ondas que se propagam pelo ar – são as ondas eletromagnéticas. O aparelho de televisão tem estruturas capazes de receber e interpretar as ondas sonoras e as ondas eletromagnéticas.

Assim como os controles remotos, outros tantos aparelhos funcionam com base na emissão de ondas eletromagnéticas.

O comprimento e a frequência de ondas

Uma onda é uma forma de propagação da energia. As ondas mais fáceis de serem percebidas são aquelas produzidas pela queda de uma pedra num lago de águas calmas, em um dia sem vento.

Na imagem ao lado, vemos círculos concêntricos que se propagam do ponto onde a pedra caiu em direção às margens. Nesse exemplo, uma onda é uma série de perturbações que se deslocam na superfície da água.

Um alto-falante tem uma função semelhante à da pedra que caiu no lago. Ele produz ondas sonoras que se propagam no ar. Essas ondas são mais difíceis de ver do que as ondas no lago, mas são semelhantes.

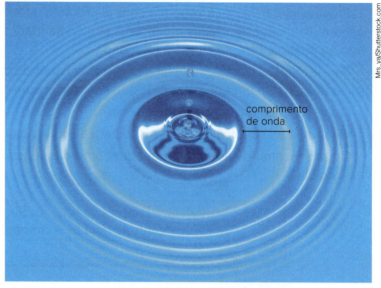

↑ Ondas produzidas na superfície da água. A indicação mostra o comprimento de onda de uma crista a outra da onda.

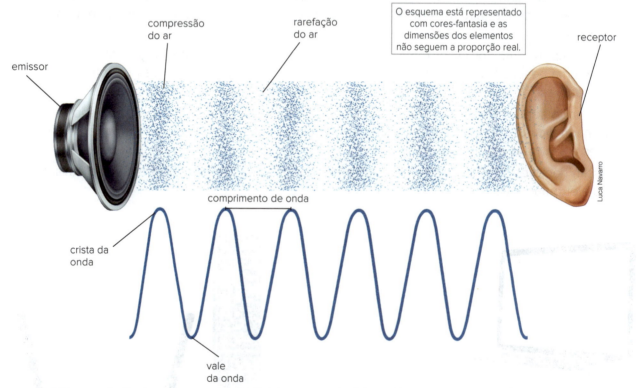

↑ Representação de ondas sonoras produzidas por um alto-falante. O comprimento de onda corresponde à distância entre duas regiões consecutivas de compressão do ar (crista da onda) ou duas regiões consecutivas de rarefação do ar (vale da onda). A frequência de onda diz respeito à quantidade de pulsos produzidos pelo emissor num segundo.

Numa onda podemos medir duas coisas:

- a distância entre duas perturbações sucessivas – que chamamos de **comprimento de onda**;
- o número de perturbações que chegam a determinado lugar numa unidade de tempo – que chamamos de **frequência de onda**.

Quando você estudou os sentidos humanos nesta coleção, foi dito que o ser humano é capaz de escutar sons entre 20 hertz e 20 000 hertz.

> Hertz (Hz) é a unidade de medida usada para medir a frequência das ondas, tanto sonoras quanto eletromagnéticas.
>
> O comprimento de onda é medido em metro, pois se trata de uma medida de distância.

↑ A capacidade dos sinais eletromagnéticos de se propagarem no vácuo possibilitou que as imagens da chegada do homem à Lua com a Apollo 11, em 1969, fossem transmitidas ao vivo para todo o mundo. Foi o maior espetáculo televisivo visto, até então, com 500 milhões de telespectadores em todo o mundo.

Também é possível mensurar a velocidade com que as ondas se propagam. Essa medida é feita em metros por segundo (m/s). No caso do som, a velocidade é de aproximadamente 340 m/s. Quanto às ondas eletromagnéticas, a velocidade é muito mais alta, cerca de 300 000 000 m/s. Além disso, as ondas eletromagnéticas podem se propagar no vácuo, enquanto as ondas sonoras precisam de um meio material para se propagar, como o ar a nosso redor.

As frequências e os comprimentos de onda vão de valores muito grandes, como no caso do comprimento das ondas de rádio – que pode ser maior do que um campo de futebol –, até muito pequenos, bem menores que o diâmetro de um fio de cabelo. Por conta disso, foram desenvolvidas escalas para evitar lidar com muitos zeros, sendo usual empregar os prefixos quilo (k), mega (M) ou giga (G) antes da unidade.

> 1 kHz = 1 000 Hz   1 MHz = 1 000 000 Hz   1 GHz = 1 000 000 000 Hz

Também foram criados prefixos para números muito pequenos, como micro (μ) e nano (n), e a unidade de medida angstrom (Å).

> 1 μm = 0,000001 m   1 nm = 0,000000001 m   1 Å = 0,0000000001 m

Em outras ocasiões é necessário usar a notação científica, que "economiza zeros" na escrita de uma grandeza mais extensa ou menos extensa. Desse modo, empregando notação científica os valores acima seriam:

Conversão de medidas		
1 kHz	1 000 Hz	$1 \cdot 10^3$ Hz
1 MHz	1 000 000 Hz	$1 \cdot 10^6$ Hz
1 GHz	1 000 000 000 Hz	$1 \cdot 10^9$ Hz
1 μm	0,000001 m	$1 \cdot 10^{-6}$ m
1 nm	0,000000001 m	$1 \cdot 10^{-9}$ m
1 Å	0,0000000001 m	$1 \cdot 10^{-10}$ m

Tipos de onda eletromagnética

De acordo com as características de comprimento e frequência, as ondas eletromagnéticas foram organizadas em sete grupos. As ondas que somos capazes de enxergar são ditas ondas eletromagnéticas visíveis, ou simplesmente luz.

O diagrama abaixo mostra todo o **espectro** de ondas eletromagnéticas. Ele indica como as ondas eletromagnéticas se dividem de acordo com a frequência (ou o comprimento de onda).

> **GLOSSÁRIO**
>
> **Espectro:** distribuição de certa grandeza física de acordo com sua magnitude ou intensidade.

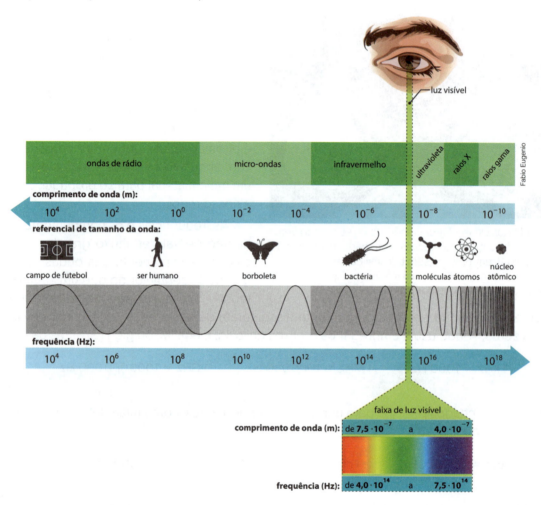

Descrição das ondas eletromagnéticas

Ondas de rádio: são utilizadas na transmissão de informações por emissoras de rádio e televisão, telefonia e internet móvel. Cada emissora ou instituição – a polícia, por exemplo – tem faixas exclusivas de transmissão. Por isso, conseguimos sintonizar uma estação de rádio, um canal de TV ou conversar ao celular sem interferências, desde que a transmissão e a recepção do sinal sejam adequadas.

As ondas de rádio também são emitidas por corpos celestes, e a área da Astronomia que estuda exclusivamente essas ondas é a Radioastronomia. A associação entre eletricidade e magnetismo também está presente nos astros, por isso é possível captar essas emissões aqui na Terra.

Micro-ondas: usadas em fornos de micro-ondas para cozinhar ou aquecer alimentos. Esses equipamentos operam com uma frequência entre 10^9 Hz e 10^{11} Hz. As micro-ondas interagem com os alimentos agitando as moléculas de água, o que resulta na elevação da temperatura. Além dos fornos, as micro-ondas são utilizadas em satélites e radares.

Radiação infravermelha: é produzida geralmente por corpos em temperaturas não muito quentes. Pode ser detectada por óculos e câmeras de visão noturna ou satélites meteorológicos. Também é usada nos controles remotos de diversos aparelhos elétricos e portões automáticos.

Luz ou radiação visível: é a faixa do espectro eletromagnético perceptível aos olhos humanos. É a fonte de ondas eletromagnéticas visíveis com que mais temos contato. As cores do arco-íris fazem parte do espectro visível.

↑ O calor liberado pelos corpos se propaga em radiação infravermelha. Câmeras especiais podem captar essas ondas. Cores que vão do vermelho intenso ao azul indicam a variação da temperatura.

Raios ou radiação ultravioleta: é abundantemente emitida pelo Sol. A exposição moderada ao Sol no início da manhã e no final da tarde é fundamental para a saúde, uma vez que a radiação UVA auxilia na síntese da vitamina D, que promove a absorção do cálcio, atua no sistema imunológico e na secreção de insulina. Contudo, no longo prazo, a exposição prolongada em certos horários do dia pode causar câncer de pele e danos na visão. A camada de ozônio absorve grande parte da radiação UV emitida – sem essa camada, a vida, como a conhecemos, não existiria na Terra.

 ATENÇÃO!

Nunca olhe diretamente para o Sol, seja a olho nu, seja usando binóculos ou telescópios. A luz solar direta nos olhos pode cegar.

Raios X: têm importante função na medicina. Radiografias e tomografias usam essa radiação para visualizar o interior do corpo humano, possibilitando diagnósticos de fraturas, pneumonia e tumores. Em baixas e controladas exposições, são usados em radioterapia (emissão de radiação contra tumores); porém, em exposições prolongadas e descontroladas, são cancerígenos.

Raios gama: são liberados em reações como a fissão nuclear, que ocorre nos reatores das usinas termonucleares e nas bombas atômicas. Podem danificar células vivas, originando tumores; porém, dosagens controladas e de rápida exposição podem ser usadas em radioterapia para o tratamento de cânceres e no diagnóstico de tumores em alguns órgãos do corpo, por meio de um processo chamado cintilografia.

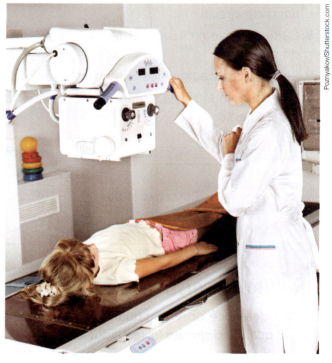

→ A radiografia é a técnica de imagem obtida pelo uso de raios X. A medicina atual é bastante orientada por informações dessa e de outras técnicas de imagem.

105

PENSAMENTO EM AÇÃO · EXPERIMENTO

Produzindo ondas eletromagnéticas

Nesta atividade, você vai produzir, transmitir e receber ondas eletromagnéticas de rádio com recursos simples.

Material:

- rádio com antena externa;
- pilha;
- fio condutor de eletricidade (que deverá ser partido em dois);
- fita adesiva;
- caderno de anotações;
- lápis ou caneta.

Procedimentos

1. Verifique se o rádio possui a função AM e FM.
2. Selecione a opção de recepção AM e ligue o rádio.
3. Movimente o seletor para sintonizá-lo entre duas estações e captar apenas a estática, isto é, ouvir apenas um chiado uniforme e sem perturbações.
4. Divida o fio condutor em dois usando um alicate.
5. Conecte uma das pontas dos fios a cada um dos polos da pilha. Utilize a fita adesiva para fixar a ponta dos fios aos polos da pilha.
6. Aproxime da antena do rádio somente um dos fios.
7. Encoste e desencoste a outra ponta do fio do outro polo da pilha, de modo que seja provocado um curto-circuito.
8. Cada vez que o circuito for fechado, você ouvirá um ruído sobressalente à estática constante do rádio.
9. Repita os procedimentos anteriores selecionando a opção de recepção FM do rádio.
10. Construa uma tabela, como o modelo abaixo, em seu caderno e anote as observações do experimento.

	recepção AM	recepção FM
Observações do experimento		

Reflita e registre

NO CADERNO

1. O que você observou quando um dos fios se aproximou da antena de rádio? E quando o circuito foi fechado?

A blindagem eletrostática

Michael Faraday (1791-1867), importante físico inglês, estudou as relações entre eletricidade e magnetismo. Faraday é considerado um dos mais brilhantes cientistas experimentais por causa de suas inúmeras experiências nessa área.

Ao estudar o comportamento de superfícies condutoras de eletricidade, Faraday observou um fenômeno interessante. Se um corpo fosse envolto por uma armação metálica, ele seria protegido de qualquer ação elétrica externa. Esse fenômeno foi chamado de blindagem eletrostática. Para essa experiência, Faraday construiu, em 1836, um aparato que ficou conhecido como gaiola de Faraday. Era realmente um tipo de gaiola metálica, e em seu interior foi colocado um detector de eletricidade chamado **eletroscópio**. Ao aplicar descarga elétrica na estrutura metálica, Faraday verificou que o eletroscópio não acusou eletricidade.

GLOSSÁRIO

Eletroscópio: aparelho utilizado para identificar se um corpo está eletrizado.

O passo seguinte do cientista foi acomodar uma cadeira de material isolante dentro de uma grande gaiola metálica e sentar-se nela enquanto uma descarga elétrica de alta tensão percorria a superfície da gaiola. Ele nada sofreu. Assim foi observada e comprovada a blindagem eletrostática.

Hoje em dia, o princípio da blindagem eletrostática é utilizado também para proteger aparelhos eletrônicos de ondas eletromagnéticas externas, o que poderia lhes causar mau funcionamento ou danos.

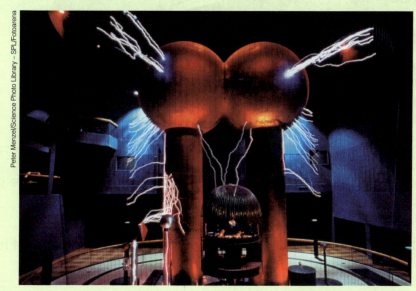

← Demonstração da gaiola de Faraday, que protege a pessoa dentro dela de uma descarga de 2,5 milhões de volts.

1. Imagine que, durante uma tempestade, um raio atinja um carro. De acordo com o texto acima, descreva o que aconteceria com os passageiros em seu interior.

2. Discuta a importância da experimentação de Faraday para o estudo da blindagem eletrostática.

107

PENSAMENTO EM AÇÃO : EXPERIMENTO

Telefone mudo

Nesta atividade, vamos investigar quais materiais podem impedir um celular de tocar ou um rádio de receber as informações enviadas pela emissora.

Material:

- dois telefones celulares;
- uma caixa de papelão com tampa;
- um saco plástico;
- um pano de prato;
- papel-alumínio.

Procedimentos

1. Selecione o volume máximo de um dos celulares, coloque o aparelho dentro da caixa de papelão e feche-a com a tampa.
2. Ligue para o número do telefone que está na caixa e escute se o aparelho toca ou não.
3. Repita esse procedimento embalando o telefone no saco de plástico, no pano de prato e no papel-alumínio.

Reflita e registre

1. Quais invólucros permitiram e quais inibiram o funcionamento do telefone?
2. Relembre o conteúdo referente à gaiola eletrostática. Relacione-o a este experimento e explique como aconteceu o fenômeno observado.
3. O que aconteceria se esse experimento fosse realizado com um rádio portátil?

ATIVIDADES

SISTEMATIZAR

1. Explique o funcionamento dos óculos de visão noturna com base na definição de radiação infravermelha.

2. Qual grandeza física diferencia as ondas eletromagnéticas? Reflita como essa grandeza física está relacionada com danos ao corpo humano.

3. Em um dia ensolarado é muito importante usar protetor solar e óculos escuros, pois esses itens protegem o organismo da radiação emitida pelo Sol. Que radiação é essa? Quais danos à saúde ela pode causar?

4. Quais das expressões completam corretamente a frase a seguir?

   Os ▨▨▨ são utilizados em exames médicos para analisar, por exemplo, se algum osso do paciente foi fraturado.
   a) raios gama
   b) raios X
   c) raios ultravioleta
   d) raios de luz visível
   e) raios infravermelhos

5. Qual é o significado científico da unidade de medida hertz? Dê exemplos de situações em que ela é utilizada.

6. Explique de maneira sucinta o funcionamento da gaiola de Faraday e dê um exemplo de como o princípio dela é utilizado em nosso cotidiano.

REFLETIR

1. A transmissão via internet revolucionou nosso modo de vida. Estamos cada vez mais conectados e as redes *wi-fi* utilizam ondas eletromagnéticas para distribuir sinais de internet por toda a casa.
   Com base nessas informações, faça o que se pede.
   a) Explique a função do roteador no processo descrito acima.
   b) Explique por que existem alguns cômodos onde o sinal de internet não chega ou fica fraco demais.

DESAFIO

1. Suponha que uma pessoa está falando ao celular e, ao entrar no elevador, a ligação cai. Usando seus conhecimentos sobre ondas eletromagnéticas e características de uma cabine de elevador, explique a interrupção da ligação.

2. As estações de rádio podem ser sintonizadas em AM e FM. Em grupo, faça uma pesquisa sobre o que significa cada tipo de transmissão e quais são as diferenças e semelhanças entre elas. Ao final, redija um texto resumindo as informações pesquisadas, compartilhe-o com seus colegas e discuta com a turma e o professor.

CAPÍTULO 2

Radiação visível: luz e cores

No capítulo anterior, você estudou o que são e como são formadas as ondas eletromagnéticas. Neste capítulo, você vai estudar com mais detalhes outra forma de onda eletromagnética, a luz. Também verá como a combinação de diferentes frequências de ondas forma as cores e como o olho humano as identifica.

 EXPLORANDO OS REFLEXOS DA LUZ

Isabela chegou cedo à escola naquele dia. Sendo assim, antes de ir para a sala de aula foi até a cantina tomar um suco. No caminho, quando passava pelo corredor, observou que na frente de uma vidraça havia sido pendurado um saco transparente com água. Há quem diga que esse truque tem o efeito de espantar as moscas. Contudo, não foi isso o que chamou a atenção dela.

O que deixou Isabela intrigada é que, na parede, estava refletida uma linda luz colorida. E ela notou que o efeito colorido se formava justamente depois que a luz branca do Sol atravessava o saco com água.

Ilustrações: Claudia Marianno

Vendo isto, ela logo lembrou das cores do arco-íris e percebeu que eram muito semelhantes àquelas projetadas na parede. Será que os dois fenômenos teriam alguma relação? Isabela ficou curiosa e decidiu que iria pesquisar melhor o assunto conversando com a professora de Ciências.

Agora é sua vez.

1. Como o arco-íris é formado?
2. Você já viu um prisma? Você diria que o saco plástico com água funcionou como um prisma na situação descrita?

A luz e as cores do mundo

Vamos estudar mais detalhadamente a região visível do espectro eletromagnético e sua interação com as superfícies para descobrir como surgem as cores na natureza.

A **luz visível** é formada pelas ondas eletromagnéticas com frequência entre $4 \cdot 10^{14}$ Hz e $7,5 \cdot 10^{14}$ Hz ou comprimento de onda entre $400 \cdot 10^{-9}$ m e $750 \cdot 10^{-9}$ m, pois a retina dos seres humanos é sensível às radiações dessa faixa de espectro eletromagnético. Os outros tipos de radiação não são captados pela visão humana.

Essa região visível estende-se da luz violeta, com a maior frequência e o menor comprimento de onda, até a vermelha, com a menor frequência e o maior comprimento de onda. Confira na tabela a seguir essas informações.

Luz	Comprimento de onda (10^{-9} m)	Frequência (10^{14} Hz)
violeta	400 a 450	6,7 a 7,5
anil	450 a 500	6,0 a 6,7
azul	500 a 530	5,7 a 6,0
verde	530 a 570	5,3 a 5,7
amarela	570 a 590	5,0 a 5,3
laranja	590 a 620	4,8 a 5,0
vermelha	620 a 750	4,0 a 4,8

Dispersão da luz

Talvez você já tenha percebido que, ao observar uma lâmpada através do tubo transparente hexagonal de uma caneta, posicionado bem próxima aos olhos, surge um misterioso colorido. Se você nunca fez isso, tente.

Como é que a luz branca pode se transformar em listras coloridas e ficar parecida com um pequenino arco-íris? A faixa colorida que você observou indica que a luz branca é formada pela composição de ondas luminosas de diferentes frequências associadas a diferentes cores. Durante a refração no interior do material, cada componente (frequência) da luz se propaga com uma sutil diferença de velocidade no meio e emerge com ângulos diferentes, o que nos possibilita observar a separação das cores. Esse fenômeno é chamado **dispersão da luz.**

→ Os raios luminosos da luz branca, de espectro contínuo, emitidos pelo filamento da lâmpada, sofrem dispersão ao atravessar o tubo transparente da caneta. Esses raios de luz branca têm diferentes frequências. A geometria da caneta é favorável para que ocorra o fenômeno da dispersão da luz.

Os objetos com a melhor capacidade de dispersão são os prismas feitos de vidro ou acrílico. Podemos observar que, ao atravessá-los, um feixe de luz branca se divide nas diferentes frequências do espectro visível: vermelho, laranja, amarelo, verde, azul, anil e violeta. Por isso, a **luz branca** também é chamada **policromática** (várias cores), e as luzes que a compõem são denominadas **monocromáticas** (uma cor).

A dispersão da luz pode acontecer em qualquer meio transparente, porém esse fenômeno é mais facilmente observado em determinadas condições. A geometria de um prisma, por exemplo, acentua a separação dos componentes da luz branca na forma de um leque.

→ Dispersão da luz branca por um prisma. A refração na segunda superfície do prisma acentua a abertura do leque colorido.

PENSAMENTO EM AÇÃO — EXPERIMENTO

Arco-íris caseiro

A proposta é utilizar materiais simples para produzir um arco-íris caseiro.

Material:
- vasilha de água (que pode ser uma bacia ou um aquário);
- lanterna;
- anteparo branco.

Procedimentos

1. Coloque o anteparo atrás da vasilha com água. Em seguida, aponte a lanterna ligada para a vasilha, como mostrado na foto ao lado.
2. Varie vagarosamente a inclinação da vasilha até conseguir projetar um espectro colorido no anteparo, que deve estar localizado em uma região de sombra.
3. A qualidade da imagem formada dependerá do posicionamento da vasilha e da intensidade da luz da lanterna, mas pelo menos será possível projetar sem dificuldade uma região avermelhada em cima e outras mais azuladas embaixo.

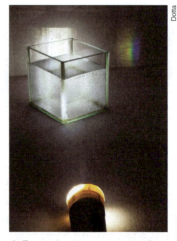

↑ Exemplo de montagem do experimento.

Reflita e registre

1. Quantas cores são possíveis distinguir no seu arco-íris?
2. De acordo com o que você estudou a respeito do comportamento da luz branca, descreva como foi possível obter o resultado verificado no experimento.

A cor de cada dia

Talvez você já tenha notado que a percepção das cores ao seu redor depende da luz que incide sobre os objetos. Fica fácil notar isso se você se lembrar de como são utilizados efeitos de iluminação para mudar as características dos elementos observados em vitrines, *shows* de música e nos teatros. Para trabalharmos um exemplo, veja as figuras a seguir e pense na relação entre a luz incidente e a cor da fruta.

↑ Melão iluminado por dois tipos de luz.

Não há nenhum truque nessas fotos. Para esses efeitos, foi modificada apenas a cor da luz que ilumina os melões. Em ambos os casos, a cor do melão é resultado de como a superfície recebe e reemite a luz que nela incide. Na foto da esquerda (A), temos o melão iluminado por luz branca; portanto, a fruta tem a aparência amarela. Na foto da direita (B), a luz incidente é azul; por isso, o melão está azulado.

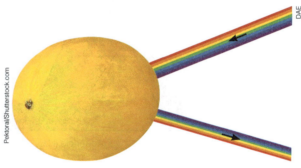

↑ Melão iluminado por luz policromática.

Quando o melão recebe a luz policromática, ele se comporta de maneira diferente em relação a cada frequência da luz: reflete em abundância as frequências equivalentes à região amarela do espectro visível e em pequena quantidade as demais, dado que a maior parte é absorvida. Assim, o que chega a nossos olhos é uma mistura de muita luz amarela com pouca luz de outras frequências. Por isso, temos a sensação de estar vendo uma fruta amarela. Esse fenômeno é denominado reflexão seletiva.

Na segunda imagem do melão, um filtro azul foi colocado na fonte de luz branca do estúdio fotográfico. O material absorveu a maior parte das frequências do espectro visível, com exceção daquelas referentes à região do azul que foram transmitidas. Quando essa luz praticamente monocromática incide sobre a fruta, boa parte é absorvida. Por isso, observamos uma imagem de coloração azulada mais pálida.

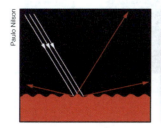 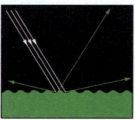 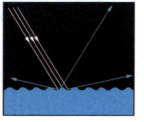

← Quando iluminada por luz branca, cada superfície absorve a maior parte das frequências que incide sobre ela, e a frequência que ela reflete predominantemente corresponde à cor que enxergamos.

Misturas de cores: a controvérsia entre cientistas e artistas

A mistura de azul com amarelo resulta em que cor? Se a pergunta fosse feita a um artista, a resposta seria verde. Caso a indagação fosse feita a um físico, ele diria ciano (popularmente chamado de "azul-piscina"). Como explicar esse desacordo entre pintores e cientistas sobre a mistura de cores?

Para entender como funciona a mistura de luzes, isto é, a combinação de luzes com diferentes frequências, é preciso discutir primeiramente como nossos olhos percebem as cores.

No fundo do bulbo ocular, existe a retina, uma região com milhões de sensores ópticos denominados cones e bastonetes. Essas células contêm substâncias químicas que, ao serem iluminadas, geram impulsos elétricos, que são levados para o cérebro por meio de uma série de fibras nervosas (nervo óptico). Ao chegarem ao cérebro, esses impulsos elétricos são interpretados como imagens.

Entretanto, como nossos olhos distinguem as cores de cada objeto? Por meio dos cerca de 6 milhões de cones presentes na retina humana.

Inicialmente pensou-se que cada um desses sensores ópticos era sensível a uma única cor, mas hoje os cientistas acreditam que existe um conjunto de três receptores com sensibilidade variável para as regiões de baixas, médias ou altas frequências do espectro visível. No gráfico a seguir é possível verificar que os picos de sensibilidade da retina são equivalentes às faixas próximas do vermelho, do verde e do azul.

Sensibilidade ocular às cores

Sensibilidade do cone — baixa frequência — média frequência — alta frequência
Frequência (Hz): $4{,}0 \cdot 10^{14}$ a $7{,}5 \cdot 10^{14}$

← Sensibilidade dos três tipos de cone. Observe que, para cada cone, a região de máximo ocorre próxima de diferentes cores, como o vermelho, o verde e o azul.

Observe também que, apesar da existência de alguns picos, a retina é sensível a todas as frequências do espectro visível, em maior ou menor grau. O estímulo combinado dos cones é o responsável por nossa percepção das diversas tonalidades da natureza. Portanto, podemos dizer que a cor é uma sensação produzida pela interação da luz com os receptores ópticos de nossos olhos.

Quando todos os cones da retina são estimulados simultaneamente, enxergamos o branco. Por isso, dizemos que a mistura de luzes produz uma composição de cores por adição.

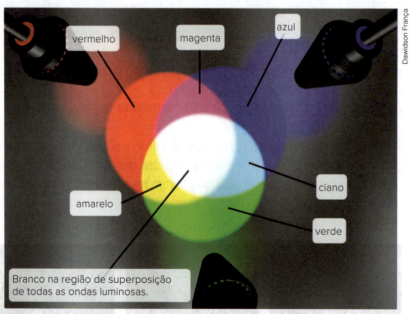

↑ Exemplo de composição de cores por adição.

As luzes com frequências correspondentes a **vermelho**, **verde** e **azul** são chamadas **cores aditivas primárias**, pois, quando fachos de mesma intensidade dessas três luzes são direcionados para um anteparo claro, percebemos o branco na região de superposição de todas as ondas luminosas. Nas regiões em que acontece a combinação de duas das três cores aditivas primárias, percebemos as cores complementares magenta, amarelo e ciano.

Mas o que ocorre quando misturamos tintas de cores diferentes?

A absorção e a reflexão seletiva da luz também podem explicar a mistura dos pigmentos coloridos existentes nas tintas. Ao combinarmos pigmentos, dizemos que foi produzida uma composição de cores por subtração, pois os pigmentos subtraem apenas certa gama de cores da luz branca incidente. Existem três pigmentos fundamentais, denominados **cores subtrativas primárias: amarelo**, **ciano** e **magenta**. Quando combinados dois a dois, esses pigmentos produzem vermelho, verde e azul; quando todos estão juntos, obtém-se o preto.

As cores do céu

A fina camada dos gases que envolve a Terra é composta principalmente de nitrogênio e oxigênio, que, juntos, representam 99% da atmosfera. Quando interagem com a luz solar, as moléculas de N_2 e O_2 oscilam e reemitem radiação visível para todas as direções, principalmente na frequência do violeta. Esse fenômeno é denominado **espalhamento da luz**. Depois do violeta, o azul é a radiação visível mais espalhada pela atmosfera, seguido por anil, verde, amarelo, laranja e vermelho.

Como os olhos humanos são pouco sensíveis ao violeta, as pessoas enxergam principalmente o espalhamento do azul – por isso temos a impressão de que o céu está tingido dessa cor.

Mas há momentos em que a coloração do céu muda. Nos períodos do nascente e poente do Sol, a luz solar incide na altura do horizonte, percorrendo uma distância maior na atmosfera, o que produz tons alaranjados no céu. Nesse caso, no início do caminho da luz, ocorre o espalhamento de violeta, azul, anil e verde, fazendo com que sobrem apenas as radiações amarela, laranja e vermelha para percorrer o restante do caminho até nossos olhos. Dessa forma, predomina uma mistura das cores mais próximas à região do vermelho.

Quando há nuvens pouco espessas no céu, o espetáculo é ainda mais colorido ao entardecer. Já no pico das altas montanhas, na altitude de voo dos aviões comerciais ou em regiões muito secas, o céu adquire um azul muito intenso durante o dia e laranja mais uniforme na aurora ou crepúsculo. Isso acontece porque, nessas situações, há ausência de umidade, poeira ou poluentes, que raramente se concentram em altitudes superiores a mil metros.

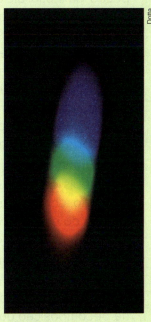

↑ Luz solar sendo dispersada pelas moléculas da atmosfera.

1. Como seria a aparência do céu se não houvesse atmosfera?

2. Como seria a aparência do céu ao longo do dia se a composição da atmosfera fosse outra? Levante hipóteses sobre como o gás dessa atmosfera agiria sobre a radiação solar e como seria a aparência do céu.

3. Nas metrópoles, o céu muitas vezes adquire um tom cinza. Com base no conteúdo estudado, você conseguiria desenvolver uma explicação para esse fenômeno?

AQUI TEM MAIS

A descoberta do infravermelho e do ultravioleta

Por que foram dados os nomes de **infravermelho** e **ultravioleta** a dois tipos de radiação eletromagnética se não vemos a cor deles?

No fim do século XVIII, durante seus estudos sobre a composição da luz branca do Sol, o astrônomo inglês **William Herschel** (1738-1822) mediu a temperatura correspondente a cada cor do espectro luminoso. Ele usou um prisma de cristal para dispersar a luz solar e posicionou cuidadosamente o termômetro de mercúrio em cada faixa de cor. Dessa forma, Herschel notou, acidentalmente, que próximo à região do vermelho ocorria a mais sensível elevação do nível do mercúrio, indicando a presença de calor mais intenso.

↑ Autor desconhecido. Newton estudando as cores produzidas por um prisma ao ser atravessado pela luz solar.

Depois de repetir esse experimento algumas vezes, para ter certeza da intrigante observação, concluiu que a medida mais alta não ocorria sobre o vermelho, mas ao lado dessa faixa do espectro visível, em uma região onde já não havia luz. Por encontrar-se antes do vermelho, essa radiação de calor foi denominada infravermelha.

Ao conhecer a descoberta de Herschel sobre o tipo de luz invisível antes da faixa do vermelho, o químico e físico alemão **Johann Ritter** (1776-1810) fez novos experimentos, buscando algo similar no outro extremo do espectro, a região do violeta. Analisou a velocidade de decomposição do cloreto de prata, uma substância utilizada na produção de papel fotográfico que fica escura quando exposta à luz. Ritter observou que, quanto mais próximo da região violeta do espectro visível, maior era a velocidade da reação. Ao investigar cuidadosamente essa parte específica do espectro solar, percebeu que a máxima eficiência acontecia em uma região invisível, logo depois da faixa do violeta. Por isso, radiação ultravioleta foi o nome escolhido.

1. Reúna-se com três colegas. Discutam as estratégias adotadas por Herschel e por Ritter para detectar as ondas infravermelha e ultravioleta.

    a) Vocês acreditam que eles chegaram a esses resultados por sorte? Ou se valeram de alguma estratégia?

    b) Como essa forma de fazer pesquisa é importante para os cientistas em geral?

ATIVIDADES

SISTEMATIZAR

1. O que se entende por dispersão da luz? Em que situações ela ocorre?

2. Escreva em seu caderno a alternativa correta acerca do que ocorre com a luz do Sol ao passar por um prisma de vidro.

   a) Decompõe-se em infinitas cores, que correspondem a diferentes frequências, desde o vermelho até o amarelo.

   b) Decompõe-se em infinitas cores, que correspondem a diferentes frequências, do vermelho ao violeta.

   c) Decompõe-se em seis cores: alaranjada, amarela, azul, anil, verde e violeta, que correspondem a diferentes frequências.

   d) Decompõe-se em três cores: azul, verde e vermelho, que correspondem a diferentes frequências.

3. Indique qual alternativa tem a sequência exata de palavras para preencher a frase a seguir.

   Para se formar um feixe de luz branca, basta utilizar três cores: ▒▒▒, ▒▒▒ e ▒▒▒.

   a) vermelho – verde – azul
   b) azul – amarelo – verde
   c) amarelo – vermelho – azul
   d) vermelho – amarelo – verde

4. Na música *Pais e filhos*, gravada em 1989 pela banda Legião Urbana, um dos versos faz a seguinte pergunta: "Me diz, por que que o céu é azul?". Responda-a utilizando os conceitos estudados neste capítulo.

5. Observe a imagem a seguir e explique se somente os gases nitrogênio e oxigênio influenciam na cor do céu.

← Vista geral da cidade de São Paulo em 17 de julho de 2018.

REFLETIR

1. Compare as fotografias a seguir, de uma maçã sob dois tipos de iluminação. Identifique em qual foi utilizada a luz natural e em qual foi utilizada a luz artificial. Depois, explique por que as imagens parecem diferentes.

↑ Maçã retratada com dois tipos de luz.

2. Explique o processo da visão desde o momento em que a luz chega ao olho humano até a formação da imagem no cérebro.

DESAFIO

1. Você já viu alguma sombra colorida? Será que é possível criar sombras coloridas? Em grupo, investigue esse problema utilizando fontes de luz de diversas cores. Façam um desenho, tirem fotos ou filmem o que observaram e apresentem os resultados à turma.

117

CAPÍTULO 3

Fontes de emissão de ondas eletromagnéticas

> No capítulo anterior, você estudou o fenômeno da luz e das cores. Neste capítulo, você vai estudar o que são espectros eletromagnéticos contínuos e discretos e ver o que são as micro-ondas e suas aplicações.

EXPLORANDO OS ESPECTROS

Maia estava entediada vendo televisão e, enquanto mudava os canais, interessou-se por um documentário de ciências. No documentário, falava-se que, no Sol, é possível encontrar elementos químicos como o hélio e o hidrogênio.

Maia ficou intrigada com essa informação. "Como é possível identificar o que há no Sol, estando ele tão distante da Terra?", ela se perguntou.

Quando acabou o documentário, Maia foi buscar mais dados sobre o assunto na internet. Ela descobriu que era possível saber que elemento químico existe em um astro por meio da análise da luz emitida por ele. A esse método, dava-se o nome de espectroscopia. Maia ficou tão empolgada com a ideia que construiu um espectroscópio caseiro para observar os objetos ao seu redor.

Ilustrações: Claudia Marianno

Agora é sua vez.

1. Qual será a relação entre elementos químicos e ondas eletromagnéticas? Levante uma hipótese sobre isso.

2. Como é possível saber quais elementos químicos compõem um planeta distante?

Das chamas aos filamentos

A maneira mais antiga de iluminar um ambiente é usando o fogo. O fogo ajudou nossos ancestrais a se proteger dos perigos da noite e afugentar predadores. Ainda hoje o fogo é um meio de iluminar o ambiente. Em algumas regiões, usa-se o lampião a gás ou a querosene para iluminação.

Uma coisa que você talvez não saiba é que a luz emitida pelo fogo, ou qualquer corpo incandescente, está diretamente relacionada à temperatura.

← Basta olhar o trabalho do ferreiro com esse pedaço de metal para saber que parte está mais quente e qual está mais fria.

Fontes de calor e suas cores

Se você já se sentou à beira de uma fogueira ou de um fogão a lenha aceso, deve saber que estar em um ambiente iluminado pelo fogo é muito diferente de estar numa sala iluminada por luz elétrica. A sensação gostosa e, muitas vezes, melancólica das chamas se deve ao padrão de cores que o fogo emite.

→ Muitas pessoas gostam de aproveitar a oportunidade de estar com amigos ao redor de uma fogueira.

A temperatura da madeira queimando é cerca de 1200 °C. Numa chama de álcool, a temperatura varia de 1200 °C a 1700 °C. A temperatura mais alta do álcool explica a coloração azul, que, no caso da fogueira, praticamente não existe.

Estimativa da temperatura de algumas fontes de calor	
Fonte de calor	Temperatura (°C)
vela	700-1400
a 15 cm da chama da vela	200
arco elétrico	4000
chama de álcool	1200-1700
chama de fósforo	1500
chama de gás	1000-1500
lâmpada	1700-2000
madeira queimando	1000-1400
oxiacetileno	2000-3000

Fonte: Paul Greenwood. *Tactical Firefighting*. Disponível em: <http://www.olerdola.org/documentos/cemac-kd-pg-2003.pdf>. Acesso em: 10 maio 2019.

↑ Fogo em álcool. Na parte A, o azul da chama indica que a temperatura é maior que na parte B, onde a chama está amarela.

No gráfico ao lado é possível ver como se comporta a coloração emitida por um corpo aquecido em função da temperatura. Observe que, à medida que a temperatura aumenta, a altura do pico da curva também se eleva, deslocando-se para a esquerda, em direção à cor azul. Isso indica temperaturas abaixo de 2000 K, que emitem muitas ondas eletromagnéticas abaixo da faixa do visível – ou seja, elas não iluminam muito.

Numa lâmpada incandescente, daquelas antigas, o filamento chega a 3000 K. A coloração mais homogênea se deve ao aumento da emissão de luzes de todas as cores. Mas veja pelo gráfico que uma parte enorme das ondas eletromagnéticas está abaixo do vermelho – o pico da curva de 3000 K está pouco abaixo do vermelho. Por isso, uma lâmpada incandescente é ruim para iluminar e produz muito calor.

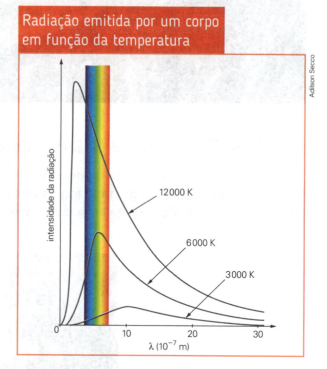

Assim, a tecnologia tem sido voltada para produzir lâmpadas que possam emitir ondas eletromagnéticas na faixa da luz.

← As lâmpadas incandescentes iluminam pouco e liberam muito calor.

Lâmpadas a gás e os LEDs

Você já notou que à noite nas grandes cidades são utilizadas diferentes fontes de luz? Podemos encontrar luminosos multicores (conhecidos como neons) em publicidade e adornos, lâmpadas amareladas ou azuladas na iluminação pública e faróis azuis de alguns carros. Outro aspecto que você já deve ter percebido é a coloração típica de determinadas lâmpadas. Algumas têm coloração amarelada e são muito usadas nas rodovias, principalmente em regiões sujeitas a neblina. Outras, mais utilizadas na iluminação dos centros das cidades, têm uma coloração mais azulada.

↑ Lâmpadas usadas em rodovias costumam emitir luz mais amarelada, enquanto a iluminação em centros urbanos costuma utilizar luzes azuladas.

As lâmpadas a gás são constituídas por um bulbo de vidro e em seu interior há um gás a baixa pressão. Esse gás no interior das lâmpadas pode conduzir corrente elétrica. Na grande maioria dos casos, a coloração da lâmpada é obtida em função do gás usado em seu interior.

← Esquema de lâmpada de gás mercúrio.

Nas fotos das lâmpadas de iluminação de vias públicas, na parte de cima desta página, a tonalidade da lâmpada amarelada (à esquerda) deve-se ao gás de sódio em seu interior, e a coloração da lâmpada à direita deve-se ao gás de mercúrio.

121

Os gases são um dos três tipos de estado físico da matéria. Nessa situação, os átomos estão muito distantes umas das outras e podem se mover com facilidade.

Entretanto, você poderia perguntar: Por que a luz emitida pela lâmpada de sódio é diferente daquela emitida pela de mercúrio?

Para responder a isso, deve-se considerar que os átomos do gás são as responsáveis pela emissão das ondas eletromagnéticas. Quando a lâmpada é ligada a uma rede elétrica, dois **eletrodos** em seu interior submetem o gás a uma tensão elétrica, obrigando seus átomos a se movimentarem e se chocarem uns contra os outros. Esses choques provocam a emissão de ondas eletromagnéticas.

Na imagem abaixo, mostramos o padrão de emissão de ondas luminosas de alguns gases.

> **GLOSSÁRIO**
>
> **Eletrodo:** parte metálica de um dispositivo ou de uma bateria em que são feitas as conexões no circuito. Também é conhecido como polo ou terminal.

As novas lâmpadas de LED são feitas à base de diodos. LED é sigla em inglês para *light emissor diode*, que significa "diodo emissor de luz".

O gráfico abaixo mostra o espectro de uma lâmpada de LED. É importante perceber que a emissão desse tipo de lâmpada está praticamente toda dentro da faixa de luz visível. Isso acontece porque o processo de emissão pode ser controlado por circuitos eletrônicos. Observe que o gráfico mostra especificamente um tipo de lâmpada com muita luz sendo emitida entre o amarelo e o vermelho.

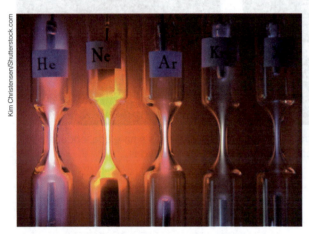

↑ Lâmpadas de gases diferentes. Da esquerda para a direita: hélio (He), neônio (Ne), argônio (Ar), criptônio (Kr) e xenônio (Xe).

Disponível em: <www.iar.unicamp.br/lab/luz/dicasemail/led/dica36.htm>. Acesso em: 27 maio 2019.

↑ As tradicionais lâmpadas de vapor de sódio, mercúrio ou vapor metálico causam danos ao meio ambiente por terem, como o próprio nome diz, metais pesados. Além disso, elas têm maior durabilidade. Em muitos locais públicos, elas vêm sendo substituídas por lâmpadas de LED. São Paulo (SP), 2017.

PENSAMENTO EM AÇÃO — EXPERIMENTO

Espectroscópio

Nesta atividade, você construirá um espectroscópio para analisar a luz emitida por diferentes fontes.

Material:

- 1 CD;
- tubo de papelão;
- fita adesiva;
- papel *color set* preto tamanho A4;
- fita isolante;
- cola;
- régua;
- tesoura e estilete;
- lápis de cor.
- diversas fontes de luz (vela, lâmpada incandescente, fluorescente, de vapor de sódio, luz negra, luz solar, entre outras);

Procedimentos

1. Use o papel *color set* para fazer o revestimento interno do tubo de papelão.
2. Utilizando o papel preto, faça duas tampas com abas para o tubo. Em uma delas, use um estilete para recortar uma fenda bem fina, com cerca de 2 cm × 1 mm. Na outra tampa, faça uma abertura no centro de 1 cm × 1 cm.

↑ Exemplos de como devem ser as aberturas na extremidade do espectroscópio.

3. Faça um corte no CD e, com o auxílio de um pedaço de fita adesiva, retire a película refletora.
4. Recorte um pedaço do CD (cerca de 2 cm × 2 cm) sem a película. Utilize preferencialmente as bordas, pois as linhas de gravação (que não enxergamos) são mais paralelas, produzindo uma imagem da luz difratada mais definida.
5. Usando a fita isolante apenas nas bordas, fixe o pedaço recortado do CD na tampa com a abertura quadrada.
6. As tampas e as abas devem ser feitas com *color set*.
7. Concluído o espectroscópio, analise o espectro emitido pelas diversas fontes de luz que você e os colegas pré-selecionaram.

Reflita e registre

1. Faça um desenho de cada espectro analisado.
2. Quais são as diferenças entre os espectros luminosos observados pelo espectroscópio? E quais são as semelhanças?

Como sabermos quais elementos existem em outros corpos celestes?

Para descobrir de quais elementos os corpos celestes são compostos, é comum utilizar técnicas de espectroscopia. A espectroscopia astronômica estuda a radiação eletromagnética emitida por estrelas e outros corpos celestes para determinar os elementos químicos que os compõem.

O físico alemão Joseph von Fraunhofer (1787-1826) foi o primeiro pesquisador a definir as bandas de emissão do Sol, relacionando-as com o espectro de emissão dos elementos contidos nesse astro.

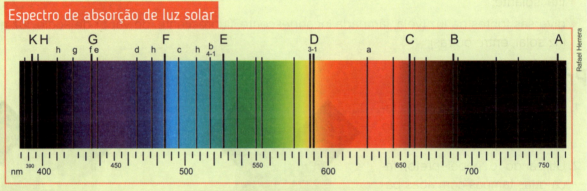

↑ Representação do espectro de emissão solar, com os comprimentos de onda representados em nanômetros (nm).
Fonte: <https://i2.wp.com/www.astropt.org/blog/wp-content/uploads/2011/08/Spectrum.jpg?w=1000>. Acesso em: 25 fev. 2019.

Cada linha escura representa um elemento presente no Sol e que emite radiação eletromagnética em comprimentos de onda específicos. No quadro ao lado são apresentados alguns elementos e cores do Sol.

Por meio da análise das linhas de emissão do espectro solar, é possível determinar do que o Sol é composto, pois cada elemento é expresso por uma faixa específica do espectro, o que pode ser medido com aparelhos de alta precisão.

Elementos presentes no Sol, sua cor e correspondência com cada comprimento de onda, representado pela letra grega lambda (λ) e medido em angstrom (Å), unidade de medida que equivale a 10^{-10} m.

Fonte: <http://astro.if.ufrgs.br/rad/espec/espec.htm>. Acesso em: 25 fev. 2019.

λ (Å)	Elemento	Cor
7594	oxigênio	vermelha
6867	oxigênio	vermelha
6563	hidrogênio, Hα	vermelha
5896	sódio	amarela
5890	sódio	amarela
5876	hélio	amarela
5270	ferro e cálcio	amarela
5184	magnésio	amarela
4861	hidrogênio, Hβ	verde
4308	ferro (e cálcio)	azul
3968	cálcio	azul
3934	cálcio	violeta

1. Suponha que, em uma observação astronômica, sejam identificados os corpos celestes **a**, **b** e **c**, que emitem os comprimentos de onda descritos a seguir. Quais elementos podem ser encontrados em cada um deles? Quais cores são absorvidas por cada um deles?
Os dados referentes aos comprimentos de onda detectados estão apresentados em angstrom.

a) 7594 Å, 6563 Å e 4861 Å.   b) 3934 Å e 4308 Å.   c) 6563 Å e 5876 Å.

ATIVIDADES

SISTEMATIZAR

1. Se você tivesse de explicar a um amigo o que é espectro de uma lâmpada, como você faria?

2. De que maneira Fraunhofer pôde identificar as substâncias presentes no Sol?

3. É possível detectar, em uma chama de gás, cores que vão do alaranjado passando pelo amarelo e que chegam ao azul. Qual a cor da parte mais quente da chama de um gás? Justifique sua resposta usando os conhecimentos sobre emissão de luz.

4. Observe o gráfico abaixo e responda às perguntas:

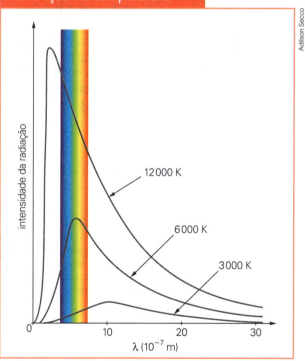

Radiação emitida por um corpo em função da temperatura

a) Qual é a relação da temperatura de um corpo com a intensidade máxima de radiação emitida?

b) Em qual temperatura os corpos emitem mais radiação na região da luz visível? Justifique sua resposta.

5. Uma fonte emissora na faixa dos raios X (pequeno comprimento de onda) tem temperatura alta ou baixa? E um emissor na faixa das ondas de rádio (grande comprimento de onda)? Justifique.

REFLETIR

1. Lâmpadas a gás se diferenciam entre si pelo tipo de gás utilizado na sua fabricação. Por que o gás determina o padrão da luz que ela emitirá?

2. O gráfico abaixo mostra o espectro de emissão de luz de uma lâmpada de LED.

Espectro de cores

Fonte: <www.iar.unicamp.br/lab/luz/dicasemail/led/dica36.htm>
Acesso em: 25 fev. 2019.

a) Qual é, aproximadamente, o valor do comprimento de onda de maior intensidade emitida por essa lâmpada de LED?

b) Esse comprimento de onda equivale a qual cor?

c) Você acredita que essa lâmpada seria adequada para realçar a cor violeta de um objeto? Justifique.

Dado: a frequêcia da cor violeta compreende a faixa de frequências entre $6,7 \cdot 10^{14}$ Hz e $7,5 \cdot 10^{14}$ Hz.

DESAFIO

1. Suponha que você precisa iluminar um aquário onde haverá peixes ornamentais e plantas aquáticas. Como o conhecimento sobre o espectro eletromagnético poderia ajudar na escolha da lâmpada mais adequada?

125

FIQUE POR DENTRO: Ondas eletromagnéticas

Durante o século XVIII, os cientistas descobriram que uma corrente elétrica variável gerava um campo magnético. Por outro lado, um campo magnético variável podia gerar eletricidade. Da unificação desses conceitos nasceu a ideia de campo eletromagnético, que foi o "pontapé inicial" para o surgimento do rádio, da TV, do telefone e de outras invenções que revolucionaram a vida das pessoas.

O CAMPO ELETROMAGNÉTICO

Foi descoberto graças aos estudos do cientista inglês James C. Maxwell, que abriu um novo campo de estudo com aplicações surpreendentes.

A ELETRICIDADE GERA UM CAMPO MAGNÉTICO
O físico dinamarquês Hans Christian Oersted (1777-1851) determinou que uma corrente elétrica cria um campo magnético.

UM CAMPO MAGNÉTICO GERA ELETRICIDADE
Conhecedor dos experimentos de Oersted, o cientista Michael Faraday (1791-1867) demonstrou que um campo magnético variável pode gerar corrente elétrica.

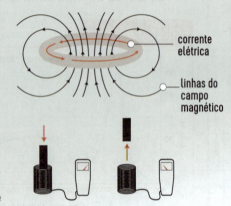

corrente elétrica

linhas do campo magnético

CAMPO ELETROMAGNÉTICO
O físico inglês James C. Maxwell (1831-1879), analisando os dois efeitos, determinou que uma corrente elétrica variável gera um campo elétrico variável, que por sua vez gera uma corrente elétrica variável, e assim sucessivamente. O resultado é um campo eletromagnético que se propaga indefinidamente pelo espaço como ondas transversais (ondas eletromagnéticas) que viajam na velocidade da luz. Essa é a base da comunicação sem fio.

HENRICH RUDOLF HERTZ
Foi um físico alemão nascido em 1851. Com base nas descobertas de James C. Maxwell, ele demonstrou a existência real das ondas eletromagnéticas e construiu um aparato para produzi-las. Em sua homenagem, a unidade de medida de frequência no sistema internacional de unidades recebeu o nome de Hertz (Hz).

ONDAS

O campo eletromagnético se propaga na forma de ondas, inclusive no vácuo. De acordo com seu tamanho, as ondas têm diferentes propriedades. Algumas podem até mesmo ser vistas: são as cores.

AS ONDAS
São transversais ao seu sentido de propagação. Elas não necessitam de um meio material para se propagar e o fazem na velocidade da luz (300 000 km/s).

COMPRIMENTO DE ONDA
É a distância entre duas cristas consecutivas.

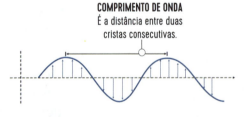

FREQUÊNCIA
Indica a quantidade de vezes que a onda se repete em determinado intervalo de tempo. As ondas de diferentes frequências têm comprimentos diversos.

Hertz (Hz)
É a unidade que se utiliza para medir a frequência. Um Hertz equivale ao ciclo de uma onda por segundo.

O ESPECTRO
É uma forma de classificar as ondas pelo seu comprimento. Cada tipo de onda tem um comprimento específico. Podemos visualizar algumas delas como cores.

Acima do comprimento de onda correspondente ao vermelho começa o campo do infravermelho. Os humanos não enxergam as ondas nessa faixa, apenas alguns animais conseguem fazê-lo.

espectro de luz visível aos seres humanos

Abaixo do comprimento da onda que corresponde à cor violeta, começa o campo do ultravioleta. Essas ondas podem ser vistas por alguns animais, como as abelhas, mas não pelos seres humanos.

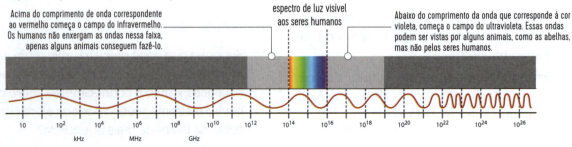

O INÍCIO DE UMA REVOLUÇÃO

Essas descobertas foram aplicadas em uma infinidade de novos produtos. Vejamos alguns deles.

O RÁDIO
Interpreta variações na amplitude e frequência das ondas. Essas variações contêm a informação que é transmitida.

ONDA PORTADORA
ONDA DE AM
Com uma onda portadora, modula-se a amplitude para transmitir os dados. A frequência se mantém constante.

ONDA PORTADORA
ONDA DE FM
Com uma onda portadora, modula-se a frequência. A amplitude se mantém constante. Ela possibilita transmissões com mais fidelidade, livres de perturbações atmosféricas.

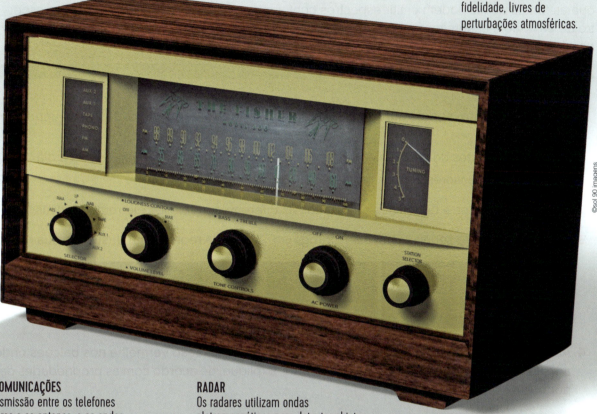

TELECOMUNICAÇÕES
A transmissão entre os telefones celulares e as antenas, e as ondas de TV e a comunicação por satélite se baseiam no fenômeno do eletromagnetismo.

RAIOS X
Descobertos no século XIX, revolucionaram os métodos diagnósticos no campo da saúde, possibilitando a visualização de tecidos do corpo do paciente de modo não invasivo.

RADAR
Os radares utilizam ondas eletromagnéticas para detectar objetos em movimento. As ondas são enviadas e seu reflexo ao se chocar com o objeto é então analisado.

DÍNAMO
Transforma a energia mecânica em elétrica graças a seus componentes eletromagnéticos. É o fundamento das turbinas dos grandes geradores de eletricidade.

TRANSFORMADOR
Possibilita aumentar ou diminuir a voltagem de uma corrente alternada. Sua invenção abriu caminho para o transporte de grande quantidade de eletricidade e a distribuição para as casas.

---

1. Qual é a importância do descobrimento das ondas eletromagnéticas na vida cotidiana das pessoas?

2. Qual é a faixa do espectro de luz visível pelo ser humano?

127

 **PANORAMA**

FAÇA AS ATIVIDADES A SEGUIR E REVEJA O QUE VOCÊ APRENDEU.

Neste tema, você estudou as ondas eletromagnéticas, entendendo a natureza ondulatória da luz. Você aprendeu que existem sete tipos de onda eletromagnética (raios x, raios gama, radiação ultravioleta, radiação visível, radiação infravermelha, micro-ondas e ondas de rádio), que se diferenciam umas das outras por suas frequências e comprimentos de onda. Viu também que a luz branca é composta de infinitas faixas de frequências do espectro eletromagnético e que a região visível (ou luz) é apenas um trecho do espectro. Além disso, aprendeu como o olho humano identifica as cores e como as cores interagem com superfícies coloridas. Você ainda estudou que as fontes de luz podem emitir espectros contínuos ou discretos e que os gases têm espectro de emissão e absorção, o que torna possível a identificação de elementos químicos por meio da espectroscopia.

1. A todo momento, somos atingidos por radiações eletromagnéticas das mais variadas frequências.
   a) Cite cinco fontes de ondas eletromagnéticas que estão presentes em seu dia a dia.
   b) Cite alguns sensores para as radiações eletromagnéticas.

2. Descreva os riscos e benefícios associados às diferentes radiações eletromagnéticas.

3. Observe a figura a seguir, relativa ao hidrogênio. O que ela representa? Justifique sua resposta.

4. Antigamente era muito comum os açougues usarem iluminação vermelha nos balcões onde se armazenava carne para exposição aos clientes. Explique, de acordo com as propriedades da luz, por que se fazia isso.

5. As cores são utilizadas tanto na arte quanto na iluminação de ambientes. No entanto, quando se trata de associar cores e gerar novas tonalidades, a situação é um pouco diferente. Indique qual cor é formada se misturarmos azul e amarelo, nos casos de:
   a) luz;
   b) pigmento.

6. Sabe-se que as micro-ondas têm comprimentos de onda que variam de 1 mm até 1 m. Se a velocidade da luz no vácuo é $3 \cdot 10^8$ m/s, qual é a faixa de frequências das micro-ondas? Expresse sua resposta em GHz.

7. De acordo com o que foi estudado a respeito de ondas eletromagnéticas, formule uma explicação para a necessidade de desligar celulares e *tablets* durante voos de avião.

8. Escreva no caderno a alternativa que completa a sentença a seguir.

   ▒▒▒ é o nome dado ao fenômeno em que a luz branca se divide em ▒▒▒ cores, do vermelho ao violeta. Esse fenômeno é comumente observado no ▒▒▒.
   a) reflexão – infinitas – espelho
   b) dispersão – infinitas – arco-íris
   c) absorção – sete – ar
   d) dispersão – sete – arco-íris

9. Em uma análise de espectroscopia, descobriu-se que certa amostra continha dois tipos de elementos oxigênio: o tipo 1, do qual foram captadas ondas de 759,4 nm e o tipo 2, do qual foram captadas ondas de 686,7 nm. Considerando que as ondas emitidas viajam na velocidade da luz, ou seja, $3 \cdot 10^8$ m/s, para qual dos tipos de oxigênio a onda captada possuía maior frequência?

10. Sabendo que a velocidade da luz é $3 \cdot 10^8$ m/s, transcreva a tabela em seu caderno e complete-a com as informações que faltam.

Luz	Comprimento de onda (10^{-9} m)	Frequência (10^{14} Hz)
violeta		6,7 a 7,5
anil	450 a 500	
azul	500 a 530	5,7 a 6,0
verde		5,3 a 5,7
amarela	570 a 590	5,0 a 5,3
laranja	590 a 620	
vermelha	620 a 750	4,0 a 4,8

11. Imagine uma situação em que você esteja fazendo uma viagem de carro no interior. Em determinado momento, seu carro para de funcionar, exatamente em um local de campo aberto, com apenas uma árvore perto. Neste momento, uma tempestade se aproxima com muitos raios. Qual seria a atitude mais adequada para se proteger dos raios? Justifique sua resposta.

12. O Sol é uma poderosa fonte de ondas eletromagnéticas, emitindo-a em várias frequências. As frequências mais baixas são relativas às ondas semelhantes àquelas produzidas por corpos a temperaturas não muito quentes, também utilizadas em controles remotos. As ondas em uma faixa de frequência intermediária são aquelas que conseguimos enxergar. Já as ondas de alta frequência são produzidas abundantemente, sendo essenciais para nossa saúde, mas prejudiciais em uma longa exposição. Transcreva em seu caderno a alternativa que traz os tipos de radiação que o texto menciona, na respectiva ordem.

a) Luz, infravermelha e ultravioleta.

b) Ultravioleta, infravermelha e luz.

c) Luz, ultravioleta e infravermelha.

d) Infravermelha, luz e ultravioleta.

DICAS

▶ ASSISTA

Escondido na Luz (episódio 5). *Cosmos: uma odisseia no espaço*, 43 min. O episódio aborda, entre outros assuntos, o estudo da óptica, de Alhazen a Isaac Newton, passando por Ptolomeu, além de temas como a dispersão da luz, William Herschel e a descoberta do espectro infravermelho, e a descrição do espectro de absorção e emissão de Fraunhofer.

📖 LEIA

Uma breve história de quase tudo, de Bill Bryson (Companhia das Letras).
O autor explora diversos temas da Ciência com linguagem simples, agradável e divertida. Trata-se de um livro de divulgação científica que discute, por exemplo, a descoberta acidental das radiações cósmicas.

◉ VISITE

Escola da Ciência – Física: Rua Vinte e Três de Maio, 39 – Parque Moscoso, Vitória (ES). Esse espaço cultural propõe a popularização da Física por meio de vários experimentos que abordam conceitos ligados a mecânica, óptica e eletromagnetismo. Para mais informações, acesse: <www.vitoria.es.gov.br/cidade/centro-de-ciencias-fisica>.

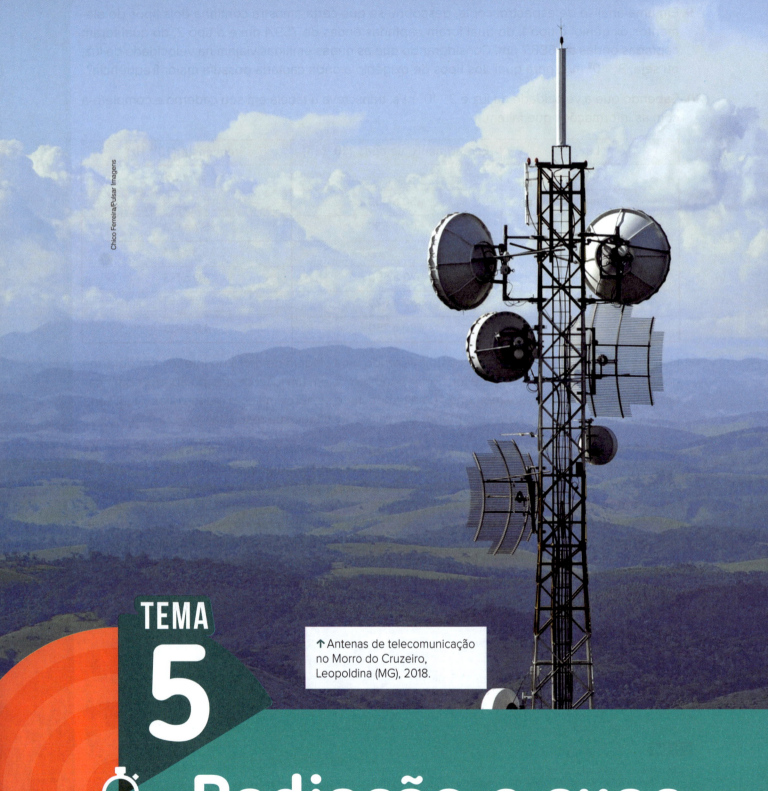

↑ Antenas de telecomunicação no Morro do Cruzeiro, Leopoldina (MG), 2018.

TEMA 5
Radiação e suas aplicações

NESTE TEMA
VOCÊ VAI ESTUDAR:

- emissão, transmissão, recepção e codificação de informações por meio das ondas eletromagnéticas;
- modulação em AM e FM;
- radiações e medicina nuclear;
- radioatividade;
- as técnicas de obtenção de imagens do interior do corpo humano;
- decaimentos radioativos;
- interação da radiação na matéria;
- elementos radioativos e aplicações na medicina;
- o *laser* e suas aplicações.

1. Em sua cidade ou nas proximidades há antenas como as mostradas na imagem? Qual é a função delas?

2. Você sabe que tipo de informação pode ser transmitida por essas antenas?

3. Que vantagens para a humanidade esse tipo de tecnologia trouxe?

CAPÍTULO

Ondas e transmissão de informação

Neste capítulo, você vai estudar a emissão, transmissão e recepção de informações por meio das ondas eletromagnéticas. Também vai saber mais do sistema de codificação da informação, como o usado nos celulares, na televisão e nas comunicações via satélite.

 EXPLORANDO **A SINTONIA DAS EMISSORAS DE RÁDIO**

Manuela foi à casa de seu avô Osvaldo e resolveu mexer no antigo rádio que ele tanto gosta. Ao tentar sintonizar sua rádio favorita, nem sabia como funcionava aquele botão que precisava ser girado para sintonizar as estações.

Quando encontrou a estação que procurava, comparou com o aplicativo da mesma estação que tinha baixado no celular. Então, curiosa, ela resolveu perguntar ao avô se o rádio estava conectado ao *wi-fi* da casa. O avô riu e disse que o rádio era mais velho que a própria garota, e que na época em que ele comprara o aparelho a internet era de uso restrito.

Manuela ficou desconsertada e a conversa seguiu, com o avô explicando que ele gostava de escutar as rádios durante a noite. Às vezes o rádio até sintonizava duas estações juntas.

Era um outro mundo, muito diferente dos aplicativos que Manuela usava para escutar suas emissoras preferidas.

Osvaldo também ficou curioso com o aplicativo da emissora de rádio instalado no celular da neta, que reproduzia as músicas da mesma forma que no velho rádio.

Agora é sua vez.

1. Manuela conseguiu sintonizar sua estação de rádio favorita próximo ao número 101,0 MHz, indicado no painel do aparelho de rádio. Pouco depois, Manuela escutou a vinheta da rádio que anunciava: "Rádio 101 FM, a melhor rádio da cidade". Você também sabe dizer o número em MHz que identifica uma rádio de que gosta? Qual é a unidade desse número e o que ele significa?

2. Na sua avaliação, o que acontece ao ajustar o botão de sintonia do rádio (frequência da estação transmissora de rádio)?

Nas ondas da comunicação

O uso de ondas eletromagnéticas nas telecomunicações é fundamental nos dias de hoje; praticamente todo o sistema moderno de comunicação está baseado nelas. O único recurso não eletromagnético usado até hoje, disponível para comunicação a longas distâncias, é o correio.

A vantagem do uso das ondas de rádio para a comunicação deve-se à grande velocidade de propagação, diversas bandas de transmissão disponíveis, baixa perda de intensidade dos sinais entre a fonte emissora e o receptor, e difração para obstáculos de diversos tamanhos, dado que seu comprimento de onda varia de poucos centímetros a muitos quilômetros.

As ondas de rádio são usadas nas comunicações de rádio, de televisão, na internet, na comunicação via satélite. Elas são uma pequena parte do espectro de ondas eletromagnéticas. Cada porção desse espectro é usado para um propósito específico. Isso evita que uma emissão interfira em outra. Abaixo, apresentamos uma tabela com as faixas de frequência e seus usos.

Espectro das ondas de rádio			
Onda de rádio	Frequência	Comprimento de onda	Alguns usos
ELF - Extremely Low Frequency (frequência extremamente baixa)	3 Hz a 30 Hz	10^5 km a 10^4 km	transmissão de informações muito simplificadas, como telégrafo
SLF - Super Low Frequency (frequência superbaixa)	30 Hz a 300 Hz	10^4 km a 10^3 km	comunicação militar
ULF - Ultra Low Frequency (frequência ultrabaixa)	300 Hz a 3 kHz	10^3 km a 10^2 km	comunicação militar
VLF - Very Low Frequency (frequência muito baixa)	3 kHz a 30 kHz	100 km a 10 km	comunicação entre submarinos
LF - Low Frequency (baixa frequência)	30 kHz a 300 kHz	10 km a 1 km	comunicação entre submarinos e transmissão de informações meteorológicas
MF - Medium Frequency (média frequência)	300 kHz a 3 MHz	1 km a 100 m	radiodifusão (na banda AM)
HF - High Frequency (alta frequência)	3 MHz a 30 MHz	100 m a 10 m	radioamadorismo, comunicação entre aviões e navios
VHF - Very High Frequency (frequência muito alta)	30 MHz a 300 MHz	10 m a 1 m	radiodifusão (na banda FM), transmissão de sinal de televisão e comunicação entre polícia, bombeiro, resgate
UHF - Ultra High Frequency (frequência ultra-alta)	300 MHz a 3 GHz	1 m a 10 cm	transmissão de sinal de televisão
SHF - Super High Frequency (frequência superalta)	3 GHz a 30 GHz	10 cm a 1 cm	satélites, radares, internet sem fio, telefonia móvel, *bluetooth*
EHF - Extremely High Frequency (frequência extremamente alta)	30 GHz a 300 GHz	1 cm a 1 mm	*Scanner* de segurança, radar automotivo, sensoriamento remoto

STAEBLER, Patrick. Human exposure to electromagnetic fields: from extremely low frequency (ELF) to radiofrequency. John Wiley & Sons, 2017. P. 31.

Transmissão de som

Como uma informação consegue ser transmitida pelas ondas eletromagnéticas? Por exemplo, como as notícias lidas num estúdio de rádio é convertida em ondas eletromagnéticas? Ou ainda, como a imagem e o som de uma emissora de televisão são transmitidos juntos? Todos os meios de comunicação por ondas de rádio são semelhantes? Vamos investigar essas questões começando pelas transmissões de rádio.

Apesar da popularização da internet como principal meio de comunicação, para muitas pessoas no Brasil e em vários outros países o rádio ainda é o meio de maior difusão de informações e entretenimento. Tudo começa no estúdio da emissora, onde os locutores gravam a programação por meio de um microfone.

O microfone é basicamente uma pequena membrana chamada diafragma, que pode vibrar quando os sons chegam até ela. A vibração do diafragma desse aparelho é convertida em sinais elétricos, que variam com a mesma frequência e a mesma amplitude da onda sonora de entrada.

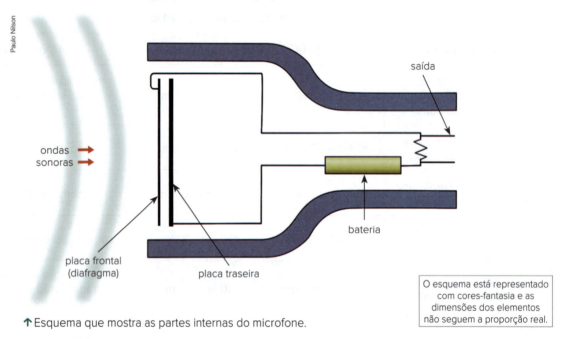

↑ Esquema que mostra as partes internas do microfone.

O esquema está representado com cores-fantasia e as dimensões dos elementos não seguem a proporção real.

Em seguida, em um processo chamado modulação, os sinais são codificados para a transmissão em FM (frequência modulada) ou em AM (amplitude modulada); depois são transmitidos pela antena da emissora por meio de onda eletromagnética portadora. Cada emissora de rádio tem sua própria onda eletromagnética portadora, identificada por uma frequência específica.

Rádio hipotética

- FM 96.8 MHz (São Paulo)
- FM 91.3 MHz (Rio de Janeiro)
- FM 89.7 MHz (Belo Horizonte)
- FM 94.5 MHz (Brasília)
- FM 97.3 MHz (Curitiba)
- FM 98.2 MHz (Salvador)
- FM 99.8 MHz (Porto Alegre)

Mas o que é a modulação?

Uma onda eletromagnética modulada significa que teve suas características originais alteradas. Essa alteração se dá por meio da adição de uma outra onda que contém a informação a ser transmitida.

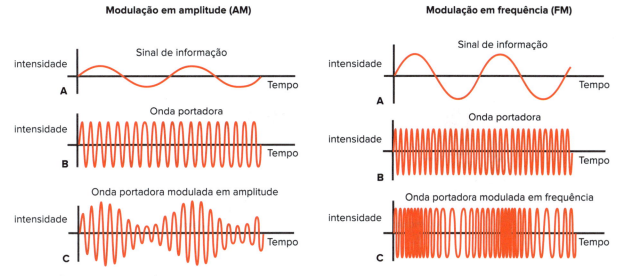

↑ Modulação das ondas de rádio.

No caso de uma modulação em AM (onda com amplitude modulada), adiciona-se à onda portadora informações que se deseja transmitir, modificando-se a amplitude da onda portadora.

↑ Onda portadora + onda com informação = onda modulada em amplitude (AM).

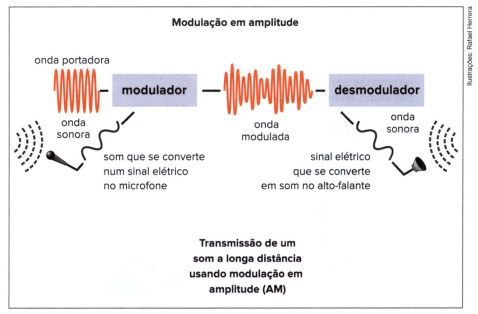

↑ Processo de transmissão de uma onda sonora por modulação em amplitude (AM).

Já no caso da emissão em FM (onda modulada em frequência), há uma variação da frequência da onda portadora com as características daquela que vai carregar a informação.

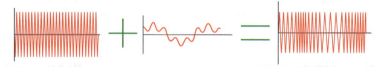

↑ Onda portadora + onda com informação = onda modulada em frequência (FM).

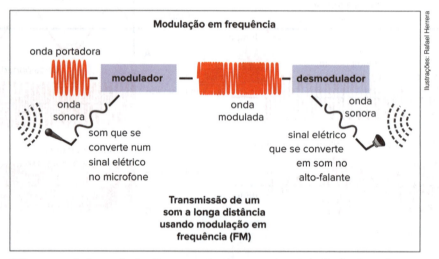

↑ Processo de transmissão de uma onda sonora por modulação em frequência.

Ao serem recebidas pela antena do aparelho receptor, essas ondas eletromagnéticas são convertidas em pulsos elétricos que fazem vibrar os alto-falantes do rádio e produzem ondas sonoras com as mesmas características daquelas produzidas pelo locutor no estúdio. Considerando que a maioria dos programas de rádio são produzidos ao vivo ou têm horários preestabelecidos para transmissão, você pode ter uma ideia de como todo esse processo é rápido, parecendo até mesmo instantâneo.

Nas transmissões das emissoras de televisão, feitas pela antena, há um processo semelhante; porém, além do som, a imagem é codificada na onda eletromagnética portadora, responsável pelo transporte das informações.

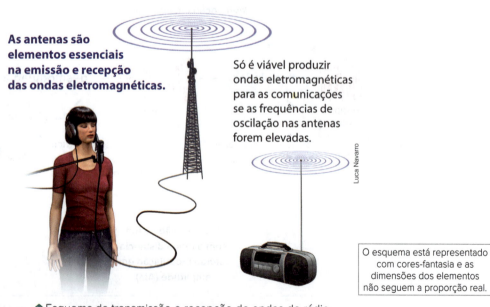

↑ Esquema de transmissão e recepção de ondas de rádio.

136

Frequências

Estações de rádio com frequências muito próximas no dial podem, em algumas situações, acabar tomando o lugar de outra. Isso acontece em função de interferências ou mesmo em função da redução da potência do sinal no local em que estiver. Sinais mais intensos de radiofrequência que estejam próximos da frequência de outra emissora podem afetar a recepção do rádio, causando problemas de áudio e recepção. Então, podemos dizer que não é preciso que as ondas de rádio estejam na mesma frequência para que aconteça uma interferência no sinal.

Quando o sinal recebido pelo rádio é muito fraco, ele acaba falhando ou, muitas vezes, outra estação com antena mais próxima emitindo em frequência parecida pode tomar o lugar dela.

Por causa da curvatura da Terra, outro fator relacionado à qualidade e ao alcance da transmissão é a interação das ondas de rádio com as camadas superiores da atmosfera. Ondas eletromagnéticas com frequências da ordem de 10 kHz a 10 MHz são refletidas pela ionosfera, por isso podem ser recebidas a distâncias consideráveis da fonte emissora. Aquelas com ordem de grandeza superior a 100 MHz são absorvidas pela ionosfera ou são perdidas no espaço, o que limita as regiões de recepção.

Para amenizar a perda de qualidade e estender o alcance da transmissão, os satélites de telecomunicações são importantes aliados, recebendo o sinal da estação transmissora e reenviando diretamente para os receptores.

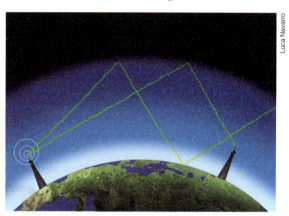

↑ Representação da reflexão de ondas de rádio pela ionosfera.

Representação simplificada em cores-fantasia e tamanhos sem escala.

 **CIÊNCIA, TECNOLOGIA E SOCIEDADE**

Dos radares para as cozinhas de todo o mundo

As micro-ondas têm uma série de aplicações. Uma delas é no funcionamento dos radares usados para detectar aviões e auxiliar no tráfego aéreo. Pode parecer estranho, mas o engenheiro Percy Spencer que trabalhava em uma fábrica produzindo magnétons para radares, foi quem descobriu a aplicação das micro-ondas no cozimento de alimentos.

Embora a história não seja confirmada, diz-se que Percy saía do trabalho quando passou próximo de um radar (em testes) e percebeu que uma barra de chocolate, que estava em seu bolso, havia derretido. Logo, relacionou o ocorrido com a emissão de ondas pelo radar.

A empresa Raytheon registrou a patente desse equipamento em 1945. Dois anos depois foi construído o primeiro e enorme forno de micro-ondas, com 1,70 m de altura e pesando 340 kg.

1. Reúnam-se em grupos e juntos pesquisem como as micro-ondas podem ser usadas num radar para detectar a posição de aviões e para cozinhar alimentos.

Transmissão de imagens

Se a voz humana foi a base da transmissão de informação pelo rádio, a televisão teve como base a imagem acompanhada de voz. Hoje, pode parecer simples a transmissão de imagens. Para aqueles que nasceram no século XXI, assistir a vídeos nos celulares é coisa comum. Mas basta conversar com alguém mais velho para entender como a conquista da transmissão de imagens foi complicada.

Projetar imagens é algo que ocorre na sociedade há tempos. Mas transmitir imagens de um ponto para outro da Terra é algo muito mais recente. A televisão eletrônica foi demonstrada com sucesso pela primeira vez em outubro de 1925, pelo inventor inglês John Logie Baird.

Para transmitir uma imagem, o processo tem por base o que explicamos sobre a transmissão do som pelas ondas de rádio. Na televisão, são as mesmas ondas eletromagnéticas que transmitem a imagem e o som. Mas o difícil foi transformar a imagem em uma informação que fosse transmitida numa onda e, depois, recuperá-la numa televisão para que as pessoas pudessem vê-la.

O processo básico está representado na figura abaixo. A imagem de um objeto é captada numa câmera, sendo focalizado por um conjunto de lentes, como acontece numa máquina fotográfica. A imagem é, então, projetada sobre uma tela fotossensível (sensível à luz), semelhante ao que existe no interior das câmeras digitais.

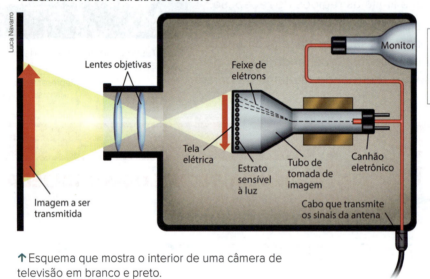

↑ Esquema que mostra o interior de uma câmera de televisão em branco e preto.

O esquema está representado com cores-fantasia e as dimensões dos elementos não seguem a proporção real.

Inicialmente, essa tela era parte de um tubo dentro do qual havia um feixe de elétrons que fazia uma varredura na imagem. Uma varredura é feita quando o feixe aponta para um dos cantos da imagem a fim de percorrê-la por completo, num ziguezague.

No sistema atual, a tela sensível memoriza a informação, que é passada numa ordem que segue o ziguezague. Isto é, ela faz a varredura da imagem, diferenciando o tipo de iluminação — mais forte ou mais fraco, no caso de transmissão preto e branco, ou nas três cores primárias (azul, verde e vermelho), para a transmissão colorida. Veja que a imagem foi, então, transformada numa informação (sinal) que pode ser modulado numa onda portadora.

Daqui em diante, o princípio de transmissão da informação/sinal é o mesmo do rádio, em que uma antena envia a onda modulada.

No caso da transmissão da televisão, a informação é enviada em **UHF** *(Ultra High Frequency)* ou **VHF** *(Very High Frequency)*.

GLOSSÁRIO

UHF/VHF: UHF é um sistema de frequência ultra alta, que funciona em uma faixa que vai de 300 MHz até 3 GHz. Já VHF é um sistema de frequência muito alta nas faixas de radiofrequência, entre 30 MHz e 300 MHz.

A recuperação da imagem acontece de maneira invertida à captação. O sinal chega na antena da televisão, que decodifica o sinal, ou seja, extrai informação para reconstruir a imagem.

Nos aparelhos antigos, de tubos, um feixe de elétrons percorria a tela da televisão, do mesmo modo que a imagem foi varrida. Nas telas atuais, de cristal líquido (LCD) ou LED, a informação extraída da onda pelo receptor da televisão faz as partes da tela emitirem as cores primárias na mesma proporção em que estavam na câmera que capturou a imagem.

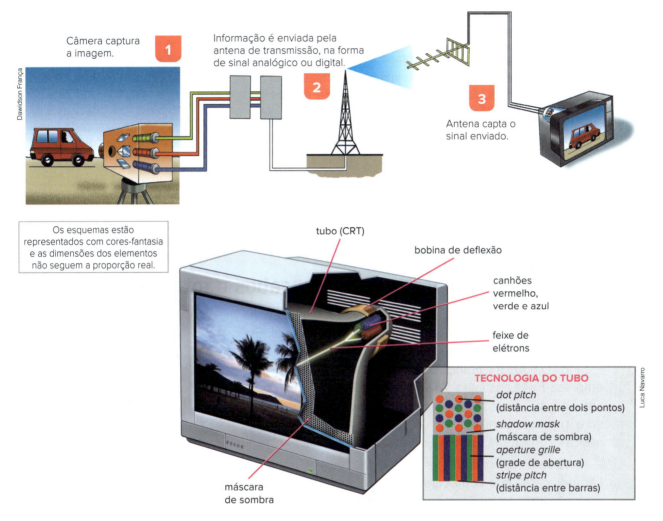

↑ Esquema que mostra a transmissão de sinal de televisão.

Sinal digital

Na transmissão digital, a informação da imagem é transformada em códigos numéricos.

Existem várias maneiras de codificar a informação, mas todas se resumem a enviar códigos por meio das ondas eletromagnéticas para depois serem decifrados. A informática baseia-se na ideia de usar o código binário 0 ou 1. Cada informação chama-se *bit* e carrega apenas a informação 0 ou 1.

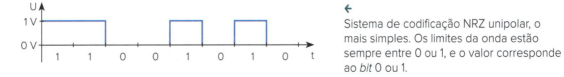

← Sistema de codificação NRZ unipolar, o mais simples. Os limites da onda estão sempre entre 0 ou 1, e o valor corresponde ao *bit* 0 ou 1.

O *bit* pode ser enviado por meio da modulação da onda eletromagnética portadora.

139

 **CURIOSO É...**

Resolução das telas

A imagem numa tela de computador ou de televisão é formada por pontos que recebem informação. Esses pontos são chamados de *pixel (picture elements)*. Nos sistemas digitais, cada cor é produzida por um código.

No sistema mais básico, a informação é enviada com 1 *bit* e pode conter duas informações. Uma tela com resolução de 1 *bit* é monocromática, pois cada *pixel* só pode receber duas informações 0 ou 1 no código binário, geralmente preto ou branco.

Um sistema de 4 *bits* por *pixel* pode informar 24 cores ou 16 possibilidades de combinação dos 4 bits. O sistema de cores que oferece toda a informação que nossos olhos conseguem distinguir é o de 24 *bits* (*true color*). Nesse sistema, cada uma das três cores básicas é codificada usando 8 *bits*. Então teríamos 8 *bits* para codificar o azul, 8 *bits* para codificar o verde e 8 *bits* para codificar o vermelho. Assim, cada *pixel* recebe 24 bits, que equivalem a 16 777 216 códigos com informação. Isso significa milhões de cores possíveis de serem produzidas em cada *pixel*.

 **AQUI TEM MAIS**

Redes de informação: satélites, cabos e internet

Há 60 anos iniciava-se a transmissão de informação via satélite, que daria início à era da comunicação global. Em 1962, as primeiras imagens foram transmitidas entre os Estados Unidos e a França por meio do satélite Telstar 1, da empresa Bell Labs (atual AT&T). Os satélites serviam como antenas de transmissão de informação localizadas no espaço e, por isso, podiam fazer com que as ondas eletromagnéticas portadoras fossem enviadas a longas distâncias.

Aos satélites somaram-se os diversos tipos de transmissão por cabo, que começaram a se desenvolver desde a época do telégrafo. De maneira resumida, as informações podem ser transmitidas de duas formas: por cabos (*by wire*) ou pelo espaço (*wireless*). A base do envio da informação é a mesma: ondas eletromagnéticas que se propagam no interior de fios ou diretamente pelo espaço transportando informações codificadas na forma de amplitude ou frequência.

↑ Primeira transmissão de televisão via satélite.

Hoje todos os meios de transmissão de informação estão integrados e, por isso, é possível assistir à televisão pelo celular ou escutar uma estação de rádio pelo computador. Não é exagero dizer que, hoje, a principal fonte de informação é a internet.

1. Esboce um desenho que mostre a integração entre os vários sistemas de transmissão e recepção. Usando esse desenho, explique como uma emissora de rádio pode ser ouvida pelo computador.

2. Pesquise o número de satélites de comunicação existentes hoje e que permitem integrar pessoas de todas as partes do mundo.

ATIVIDADES

SISTEMATIZAR

1. Quais são as principais vantagens de se utilizar as ondas de rádio como um dos meios de comunicação mais importantes?

2. Cite três exemplos de utilização das ondas de rádio a partir das diversas bandas de transmissão, ou seja, do seu espectro.

3. Qual é a principal diferença entre o sinal de ondas de rádio FM e AM?

4. Para uma estação de rádio conseguir aumentar o alcance de transmissão, ela depende de que fatores?

5. Qual é o papel da ionosfera (camada da atmosfera localizada, aproximadamente, entre 80 km e 800 km) na recepção do sinal de rádio?

6. Como ocorre a transmissão digital de um sinal de imagem?

REFLETIR

1. Como os satélites de telecomunicações poderiam facilitar uma ligação de celular feita de São Paulo para o Nordeste do país ou mesmo para o Japão?

2. As ondas de rádio na faixa AM funcionam entre 500 kHz e 1600 kHz de frequência. Já as frequências FM operam na faixa de 88 MHz a 108 MHz de frequência. Nesse caso, que fatores podem influenciar o alcance das rádios que operam na faixa AM, de modo que ele seja superior ao das rádios que operam com frequências FM?

3. Por que quanto mais nos afastamos da antena emissora de uma onda de rádio FM, menor costuma ser a qualidade da recepção do sinal?

4. Explique com suas palavras como ocorre o processo de transformar uma imagem em uma informação de modo que pudesse ser transmitida numa onda e, posteriormente, ser vista pelas pessoas.

DESAFIO

1. Vamos supor que uma emissora de rádio deseja se instalar numa determinada região e que o objetivo principal dela é ser ouvida nas cidades A e B (veja a imagem). O engenheiro que vai instalar a antena de transmissão deve escolher o lugar de modo a atender essas cidades usando transmissores com a menor potência. Reúna-se com três colegas e avalie qual seria o melhor lugar para a instalação da antena. Justifique por que o lugar escolhido é o mais apropriado. Elabore também argumentos que mostrem que em outros lugares a eficiência não seria a mesma.

↑ Esquema que mostra a disposição das cidades.

CAPÍTULO 2

Radioatividade e diagnósticos por imagem

Neste capítulo, você vai estudar sobre a radioatividade, os processos e os princípios envolvidos nos exames por imagem, por exemplo, radiografia, cintilografia, tomografia e ultrassonografia.

EXPLORANDO OS RAIOS X

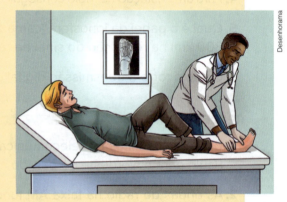

Durante uma partida de futebol na casa de Marisa, Ney sofreu um acidente numa disputa de bola. Ele teve uma torção no tornozelo e passou a sentir muita dor. Imediatamente a partida foi interrompida, e Ney levado a um pronto-socorro para ser examinado pelo ortopedista.

Chegando lá, ele foi submetido a um exame radiológico. Não sabia se havia sido mesmo uma torção, uma fratura ou coisa pior... Enquanto aguardava o resultado do exame, o médico solicitou que tomasse um analgésico. Ao chegar o resultado, já com o alívio da dor, o médico tranquilizou Ney dizendo que a lesão não era grave e que havia ocorrido apenas uma leve torção. O jovem ficou aliviado e pensou – "Como aquele equipamento é capaz de tirar uma fotografia do meu osso? Como o médico consegue enxergar aquela coisa preta meio borrada?".

Ney saiu do pronto-socorro com uma estranha sensação. Por um lado, chateado por ter de permanecer com o pé imóvel, por outro, curioso para saber como aquele equipamento permitia enxergar os ossos e gerar imagens em preto e branco para o diagnóstico.

Agora é sua vez.

1. Você já realizou algum exame de raios X? Já tirou a radiografia de um dente? Que procedimentos o técnico adotou na realização desse exame? Qual foi o resultado do diagnóstico de seu médico ou dentista?

2. Como você acredita que era feito o diagnóstico de uma lesão como a de Ney na época em que não existiam aparelhos de raios X? Que procedimentos eram realizados?

3. Você já deve ter ouvido falar, seja em filmes, internet ou noticiários da televisão, termos como:

| radioatividade | energia nuclear | plutônio | urânio | raios X |
| raios alfa | raios beta | raios gama | fissão nuclear | fusão nuclear |

Quais desses termos você identifica como sendo perigosos? Por quê? Como acredita que eles podem ser utilizados de forma benéfica para as pessoas?

Os avanços nos tratamentos e na medicina diagnóstica

Você consegue imaginar como seria nossa vida se, ao fraturar ou quebrar uma perna, não fosse possível fazer um exame por imagens, como os raios X, ou, quem sabe, uma ressonância magnética? Ou ainda, como avaliar se é necessário o tratamento de canal em um dente? Como diagnosticar tumores, infecções, problemas neurológicos, como a esclerose ou Alzheimer, entre outras doenças degenerativas, sem ter de recorrer a uma cirurgia para ver o interior do nosso corpo?

Nos dias de hoje, com o desenvolvimento tecnológico, é possível fazer uso de várias técnicas não invasivas no tratamento e diagnóstico dessas doenças. Técnicas que muitas vezes não necessitam perfurar ou invadir o corpo do paciente evitando complicações e garantindo o bem-estar das pessoas.

Durante muito tempo, pouco podia ser feito para avaliar problemas internos do corpo humano que não fosse por meio de cirurgia. Mas isso nem sempre era possível. A descoberta dos raios X no final do século XIX e das radiações foram uma grande contribuição à medicina. Já estudamos os raios X no Tema 4 deste volume e as radiações nucleares no volume 8. Mostramos que as radiações podiam produzir energia elétrica nas usinas nucleares, mas que também podiam causar problemas de saúde caso fugissem do controle.

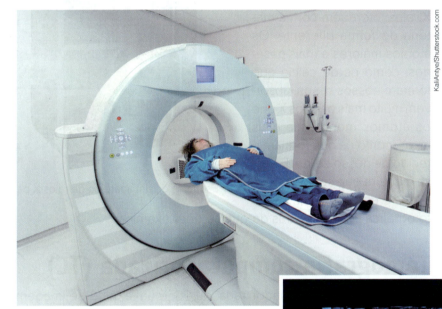

O que ainda não tínhamos abordado era a possibilidade de fazer diagnósticos e tratamentos usando essas radiações. A utilização delas é frequente nos tratamentos do câncer e de outras doenças degenerativas. A área chamada **medicina nuclear** é a responsável pelo controle e uso da **radiação** tanto para o tratamento como para o diagnóstico por imagens.

Antes de tratar desses assuntos, é importante deixar claro que chamaremos de radiação tanto as **ondas eletromagnéticas**, estudadas no capítulo anterior e que eram produzidas pelos corpos aquecidos, lâmpadas e nos tubos de raios catódicos, como as radiações emitidas em reações que envolvem o núcleo dos átomos. Muitas vezes você vai encontrar textos em que aparecem de maneira indiscriminada os termos **radiações eletromagnéticas** e **radiações nucleares**.

→ Acima, paciente fazendo exame de tomografia computadorizada. Ao lado, imagens da mandíbula de um paciente, obtidas pelo mesmo tipo de exame.

143

As técnicas de criação de imagens do interior do corpo humano

Os raios X

Os raios X são radiações de mesma natureza da luz, ou seja, são ondas eletromagnéticas, mas com características próprias, com frequência e intensidade determinada. Normalmente, os raios X são produzidos quando um feixe de elétrons, acelerados por uma alta tensão, é lançado contra um alvo de metal.

Uma vez emitido os raios X, eles interagem com a matéria de forma diferente. Os átomos maiores e mais pesados, como os de cálcio que formam nossos ossos, absorvem muito mais os raios X que os átomos menores e mais leves, como os que formam o tecido de nosso corpo. É dessa maneira que se vê regiões claras e escuras numa chapa fotográfica colocada atrás do que se quer examinar.

Os esquemas estão representados com cores-fantasia e as dimensões dos elementos não seguem a proporção real.

↑ Esquema de um aparelho de raios X para produção de imagens.

Tomografia computadorizada (TC)

A tomografia computadorizada, ou TC, é um exame de imagem que utiliza os raios X para gerar imagens do corpo. Tal como a cintilografia, os sinais são enviados e processados por um computador. Essas imagens podem ser dos ossos, de órgãos ou de tecidos. Nesse caso, um escâner produz e registra a radiação à medida que o anel de raios X gira em torno do paciente, tirando fotos altamente detalhadas que podem, posteriormente, ser exibidas em imagens de três dimensões.

De um lado do escâner está um tubo de raios X e, do lado oposto, está um detector de raios X. Assim, a TC pode fornecer imagens detalhadas de órgãos específicos não visíveis em radiografias simples. Esse exame é geralmente mais solicitado quando se quer diagnosticar a maioria das estruturas do cérebro, da cabeça, do pescoço, do tórax e do abdômen.

Essas imagens fornecem detalhes mais minuciosos sobre a densidade e o local das anomalias que as simples radiografias, de modo que os médicos possam localizar com precisão estruturas e anomalias de órgãos e tecidos.

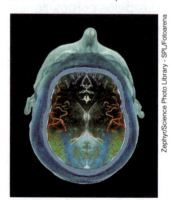

↑ Imagem de uma TC do cérebro.

CONSTRUIR UM MUNDO MELHOR

A radioatividade

Muitos materiais e equipamentos comuns em nosso cotidiano têm como base a radioatividade. Desde algumas tintas fosforescentes até os mais sofisticados aparelhos de exames laboratoriais e as pastilhas de urânio que movem as usinas nucleares de produção de energia.

A descoberta da radioatividade e o desenvolvimento de tecnologias aplicadas para a utilização desse fenômeno promoveu grandes benefícios para a sociedade. No entanto, a radioatividade pode causar danos ao organismo dos seres vivos. Conhecer os riscos provocados pela radiação é importante e contribui para o uso consciente desses materiais.

↑ Símbolo da radioatividade, internacionalmente reconhecido.

O que fazer

Elaborar um vídeo de sensibilização, a ser disponibilizado na internet, sobre o impacto da radioatividade na sociedade.

Com quem fazer

A atividade deve ser realizada pelos alunos, organizados em grupos para elaboração e produção do vídeo.

Como fazer

Organizem-se em grupos e discutam como distribuir as tarefas do projeto entre os grupos. É importante que todos cooperem, auxiliando o grupo que apresentar mais dificuldade.

Pesquisem informações sobre os elementos radioativos encontrados na natureza, os tipos de radiação, os usos da radiação na sociedade, como na medicina, na ciência, na produção de energia etc. Para isso, distribuam os temas a serem pesquisados entre os grupos.

É importante que as informações coletadas ao longo da pesquisa também apresentem os acidentes radioativos, seus danos e impactos à sociedade e como ocorreram.

Reúnam-se a fim de discutirem as informações. Nesse momento, é importante que selecionem as mais relevantes em relação ao tema do vídeo a ser produzido. Elenquem os pontos positivos e negativos da radiação e seus impactos na sociedade.

Com base na discussão e nos pontos levantados, elaborem um roteiro para o vídeo. Atentem-se para a importância de sensibilizar por meio do vídeo sobre a importância da radiação, dos seus usos, os riscos da radiação para o organismo, medidas preventivas e curiosidades, além de outros pontos que julgarem importantes.

Organizem-se para que cada grupo fique responsável por uma tarefa da produção do vídeo, como gravação e edição.

Apresentando o que foi feito

A divulgação dos vídeos poderá ser feita em redes sociais, no *blog* da escola ou enviada por *e-mail* a fim de chegar a um maior número possível de pessoas. Se possível, façam uma exibição do vídeo para a comunidade escolar e do entorno da escola, pessoas de sua convivência e responsáveis, em um dia programado junto à direção da escola.

Radioatividade

Neste exato momento, todos nós estamos sendo atravessados por radiações de todos os tipos. Elas são emitidas pelo Sol, mas também por outras fontes à nossa volta. Entre todas aquelas que emitem radiação, temos interesse em um grupo: os átomos radioativos.

Átomos de um mesmo elemento químico pode ter número de massa (A) diferente, embora o número atômico seja sempre o mesmo. No caso do hidrogênio (Z = 1), o número de massa (A) pode ser 1, 2 ou 3.

O urânio encontrado na natureza apresenta 3 isótopos, o U-234 (com A = 234), o U-235 (com A = 235, que é utilizado em reatores de usinas nucleares) e o U-238 (com A = 238). Todos esses elementos químicos têm Z = 92.

Uma característica importante dos isótopos é que alguns são instáveis. Os isótopos são átomos instáveis e, para que atinjam o estado estável, emitem partículas de seu núcleo (nêutrons ou prótons). Essa desintegração é denominada decaimento, visto que acontece para tornar o núcleo menor.

Um isótopo radioativo é chamado de radioisótopo. É importante considerar que os radioisótopos, ao decaírem, emitem vários tipos de radiação. Entre elas temos a radiação gama, que é uma onda eletromagnética de alta frequência com diversas aplicações na medicina.

núcleo do átomo de urânio-238

núcleo do átomo de urânio-235

92 prótons
146 nêutrons

92 prótons
143 nêutrons

↑ Isótopos do urânio U-238 e U-235.

As cores, as distâncias e as dimensões utilizadas na ilustração não são as observadas na realidade.

Meia-vida de uma substância radioativa

Uma substância radioativa, obtida natural ou artificialmente, pode se desintegrar ou decair espontaneamente, reduzindo-se à sua metade com uma rapidez característica para cada isótopo radioativo.

A fim de acompanhar a duração ou a vida desse isótopo radioativo até desaparecer, foi necessário estabelecer uma forma de comparação. O termo meia-vida significa, portanto, o tempo necessário para a atividade de um isótopo radioativo ser reduzida à metade da atividade inicial.

Para cada meia-vida que passa, a atividade radioativa vai sendo reduzida à metade da anterior, até atingir um valor insignificante, em que não é mais possível distingui-la das radiações do meio ambiente.

Na tabela ao lado, apresentamos a meia-vida de alguns isótopos radioativos.

Meia-vida dos radioisótopos	
radioisótopo	meia-vida
oxigênio-13	$8,6 \cdot 10^{-3}$ s
carbono-15	2,4 s
tecnécio-99	$2,13 \cdot 10^5$
xenônio-135	9 h
fósforo-32	14,3 dias
enxofre-35	87 dias
cobalto-60	5,26 anos
trítio (hidrogênio-3)	12,3 anos
estrôncio-90	28,1 anos
césio-137	30,23 anos
radio-226	$1,6 \cdot 10^3$ ano
plutônio-239	$2,44 \cdot 10^4$ anos
urânio-235	$7,1 \cdot 10^8$ anos

Fontes: <http://www.scienceteacherprogram.org/chemistry/stevens03.html> e <https://education.jlab.org/itselemental/>. Acessos em: 31 maio 2019.

Traçadores radioativos

O deslocamento de um radioisótopo pode ser acompanhado, e seu percurso ou "caminho" pode ser "traçado" identificado como uma espécie de "mapa do local". Quando são utilizados com essa finalidade, esses radioisótopos são chamados de traçadores, que também são muito utilizados na medicina nuclear, tanto para construir imagens do corpo e diagnosticar doenças quanto em terapias.

A cintilografia é uma das técnicas usadas para investigar a localização de tumores, avaliar células com câncer e investigar infecções, entre outros usos. Para obter essas imagens, são utilizadas substâncias radioativas, chamadas radiofármacos ou radiotraçadores. Essa substância é administrada pelo paciente por via oral ou diretamente na veia. Isso dependerá do órgão a ser investigado.

Cada tipo de radiofármaco é direcionado para determinado órgão do corpo humano. Uma vez alojada nos tecidos-alvo, essa substância emite raios gama, decaindo, os quais são detectados por meio de um detector, produzindo emissão de luz (cintilação). Essa luz é convertida em sinais elétricos que são traduzidos em uma imagem digitalizada.

Um exemplo interessante é o exame de radiodiagnóstico da tireoide. Para que ele funcione é necessário que a tireoide absorva certa quantidade de iodo, que emite radiação. Esse exame é indicado em certos casos de hipertireoidismo ou câncer da tireoide.

Para a realização do exame é utilizado o elemento radioativo iodo-131, que é absorvido pela tireoide. O iodo-131 emite partículas beta, radiação gama e tem meia-vida de oito dias. Um detector de radiação é colocado na frente do pescoço do paciente para verificar se o iodo foi muito ou pouco absorvido em relação a um padrão considerado normal e como ele se distribui na glândula. Essa mesma técnica pode ser usada para mapear o funcionamento do fígado e do pulmão.

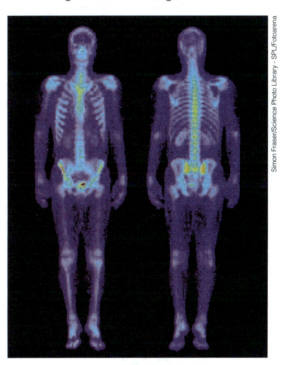

↑ Imagem de exame de cintilografia de corpo inteiro.

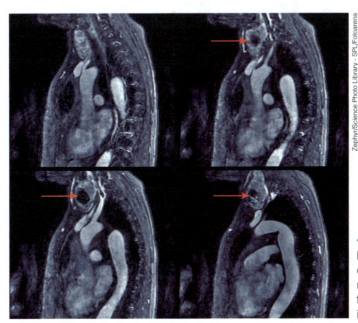

←
Exemplo de radiodiagnóstico da tireoide com iodo-131. A área mais brilhante indica maior concentração do radioisótopo na tireoide do paciente, e a mancha escura, indicada pela seta, um tumor.

AQUI TEM MAIS

Imagem por Ressonância Magnética (IRM)

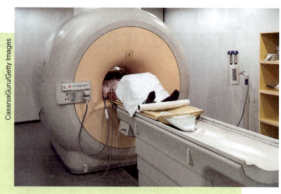
↑ Exame de ressonância magnética.

Esse é um exame que possibilita formar uma imagem sem igual do interior do corpo humano. O nível de detalhes que podemos ver é impressionante quando comparado com qualquer outro tipo de exame de imagem. A ressonância magnética é o método mais indicado para o diagnóstico de muitos tipos de traumas e doenças devido à sua propriedade de personalizar o exame de acordo com o problema médico específico. Ao modificar alguns parâmetros dos exames, o aparelho pode fazer com que tecidos do corpo apareçam de maneiras diferentes. E isso é muito útil para que o radiologista (que vai fazer a leitura do exame) determine se algo visto é normal ou não.

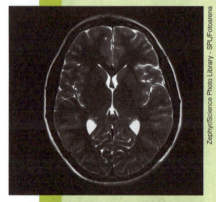
↑ Nível de detalhe de um exame de ressonância magnética.

O principal componente do aparelho de ressonância é um dispositivo chamado magneto. Ele é capaz de produzir um grande campo magnético, ou seja, é equivalente a um poderosíssimo ímã capaz de atrair objetos de metal com uma incrível força. Dessa forma, não se pode entrar com nenhum objeto de metal nesse aparelho, porque ele seria atraído com uma força tão grande que poderia ocorrer um grave acidente.

Mas o que acontece com nosso corpo quando ele é colocado sob a ação do magneto que está na máquina de ressonância?

Quando o paciente é colocado no interior do magneto da máquina e fica sob ação de seu campo magnético, os núcleos dos átomos de hidrogênio tendem a se orientar de acordo com a direção do campo magnético da máquina. Mas nem todos os núcleos dos átomos de hidrogênio vão se orientar de forma idêntica.

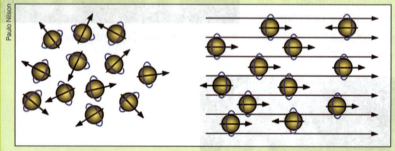

← Os prótons de hidrogênio se alinham com o campo magnético em um dos dois sentidos. Apesar de a maior parte se anular, haverá uma resultante diferente de zero suficiente para produzir uma imagem com uma definição espetacular.

O aparelho direciona, então, pulsos magnéticos (um tipo de liga e desliga) para a área a ser examinada de maneira que os núcleos de átomos de hidrogênio da região que não haviam sido alinhados absorvam a energia magnética. Quando a máquina é desligada, o núcleo do hidrogênio retorna a seu alinhamento natural e emite o excesso de energia armazenada. Essa energia é então captada e convertida em imagens de alta definição.

1. A ressonância magnética é um exame parecido com a tomografia computadorizada ou com o exame de raios X? Qual é o principal fator que os diferenciam?

2. Entre os vários tipos de exame por imagem, por que a ressonância é tão importante? Há alguma contraindicação para a realização desse exame? Justifique.

PENSAMENTO EM AÇÃO — ENTREVISTA

Você já fez um exame de diagnóstico por imagem? Uma radiografia em função de uma lesão óssea, ou uma ressonância magnética em função de algo mais grave, ou uma tomografia computadorizada ou mesmo uma ultrassonografia, entre outros exames desse tipo?

Em todos esses diagnósticos por imagem há procedimentos e normas a serem seguidas antes, durante e depois do exame. Mas você já se questionou por que esses procedimentos são necessários?

Esta atividade tem essa função: compreender alguns dos motivos e características de certos procedimentos que envolvem esses exames.

Material:
- caderno e caneta para anotações ou *tablet*.

Procedimento

1. Em pequenos grupos, sob orientação do professor, organizem uma entrevista com um técnico em radiologia, um médico especialista ou qualquer outro profissional responsável por realizar exames de imagens, como radiografia, ultrassonografia, ressonância magnética, cintilografia, e tomografia computadorizada, PET-TC, entre outros.

Sugerimos que, entre outras, vocês elaborem questões como as seguintes.
- Quais são a finalidade do exame e as possíveis anomalias a serem diagnosticadas?
- Quais procedimentos são necessários para a realização dos exames?
- Como os dispositivos e/ou equipamentos de segurança utilizados protegem o paciente? Quais eventuais cuidados devem ser tomados?
- Entre os tipos de exames realizados, quais têm maior demanda e o que geralmente buscam avaliar?
- É verdade que a radiologia pode dar câncer? Você conhece algum colega que teve ou desenvolveu câncer em função desse tipo de atividade profissional? (Apenas para técnicos em radiologia.)
- Como são avaliadas e interpretadas as imagens geradas no exame? Como você detecta e sabe diagnosticar uma eventual anomalia apresentada?
- Como é dada a notícia de um exame com resultados mais agravantes e com maior risco de morte? Há algum preparo ou técnica?

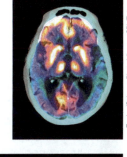
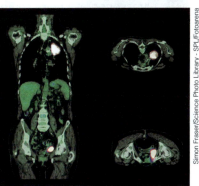

↑ Acima, imagem da cabeça de um paciente gerada pelo exame de tomografia por emissão de pósitron (PET, do inglês *Positron Emission Tomography*). Abaixo, imagem do tronco de um paciente gerada por meio do mesmo tipo de exame.

Reflita e registre

1. Concluída a entrevista (que deve ser gravada), selecionem as principais informações e organizem uma breve apresentação para o restante da turma utilizando *datashow*, cartazes ou mesmo outros recursos disponíveis.

AQUI TEM MAIS

Ultrassonografia

O exame de ultrassonografia é um método de diagnóstico por imagem não invasivo que não utiliza nenhum tipo de radiação. A base do exame é o uso de ondas sonoras de baixa frequência. Você não escuta, mas o aparelho de ultrassom emite ondas sonoras, como um radar. A ultrassonografia, assim como a radiografia, a tomografia computadorizada e a ressonância magnética, é capaz de detectar problemas ou lesões nos órgãos, de acordo com o tamanho e a textura das estruturas dos órgãos a serem diagnosticados.

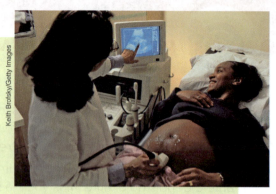

↑ Exame de ultrassonografia.

Na ultrassonografia, as frequências utilizadas pelo aparelho de ultrassom variam entre 1 MHz e 10 MHz e a velocidade de propagação dessas ondas nos tecidos humanos é cerca de 1 540 m/s.

No exame de ultrassonografia, um pulso de ultrassom é emitido por meio de cristal capaz de provocar uma onda mecânica (sonora). Dessa forma, o pulso de ultrassom enviado por meio do corpo é parcialmente refletido nas diferentes partes dele e detectado de volta pelo mesmo aparelho, que transforma a onda sonora em um pulso elétrico, que, por sua vez, gera a imagem a ser visualizada em um monitor de vídeo.

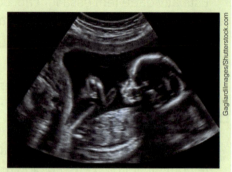

↑ Imagem de um feto formada pelo ultrassom.

A ultrassonografia é indicada e bastante eficaz no diagnóstico de doenças em tecidos moles as quais não aparecem de forma nítida nas radiografias, como certas tendinites, entre outras lesões. A ultrassonografia pode ser feita por diversos motivos, sendo os mais comuns o acompanhamento pré-natal em gestantes e a verificação da integridade do feto. Ele é indicado ainda para processos de tumor, inflamações, formações de pedras na vesícula ou nos rins, lesões, estreitamento de vasos sanguíneos para determinados órgãos etc.

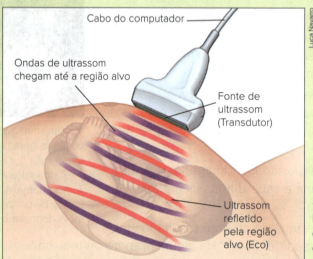

← Representação esquemática do processo de ultrassonografia do útero de uma grávida.

1. Comparando a forma de produzir um diagnóstico por ultrassom e por raios X, apresente os aspectos positivos e negativos de cada uma das técnicas, focalizando a qualidade da imagem e a segurança na intervenção no corpo humano.

ATIVIDADES

SISTEMATIZAR

1. O que é uma radiação?

2. O que são isótopos? Dê dois exemplos.

3. Afinal, o que é uma radiografia?

4. O que quer dizer decaimento radioativo? Como ele pode ocorrer?

5. O que significa o termo meia-vida? Quando se diz que o elemento césio-137 tem meia-vida de cerca de 30 anos, o que esse valor significa?

6. O que são "traçadores" radioativos? Como eles podem ser utilizados pela medicina nuclear para diagnosticar e tratar doenças?

7. Por que os traçadores radioativos quando ingeridos ou injetados não causam danos ao corpo?

8. Por que ao olharmos uma radiografia identificamos regiões claras e escuras na chapa fotográfica colocada atrás da parte do corpo que se quer examinar?

9. Como são produzidas as imagens na cintilografia? Por que esse exame é mais específico do que a radiografia?

10. Como é gerada a imagem no exame de ultrassonografia?

REFLETIR

1. Considerando os diagnósticos por imagem decorrentes dos exames de radiografia, cintilografia, tomografia computadorizada e ultrassonografia, descreva em cada um deles os seguintes aspectos:

    a) como é formada a imagem a ser avaliada pelo médico;

    b) em que situações o exame é indicado;

    c) quais são as possíveis contraindicações para sua realização.

2. Um paciente vai ao consultório médico devido a uma lesão muscular. Num primeiro diagnóstico, o médico desconfia tratar-se de uma inflamação muscular. Qual dos exames é o mais indicado para o médico prescrever: exame de raios X, de ultrassonografia ou de tomografia computadorizada?

DESAFIO

1. Um colega se recusou a se submeter ao exame de tireoide alegando que se contaminaria com radiação porque, para fazê-lo, teria de injetar uma substância radioativa. Que justificativa você daria para que seu colega fizesse o exame e ficasse tranquilo com relação à substância radioativa?

2. Em grupo, faça uma pesquisa e descubra, aproximadamente, qual é o tempo médio que as substâncias radioativas usadas em exames médicos podem permanecer no corpo humano.

CAPÍTULO 3
Aplicações da radiação na medicina

Neste capítulo, você vai estudar: as aplicações da radiação no tratamento de algumas doenças e em outras áreas, como a agricultura; os processos de contaminação radioativa e os cuidados a serem tomados; e o princípio na produção dos *lasers* e suas aplicações.

EXPLORANDO A MEDICINA NUCLEAR

Após fazer alguns exames, tio João foi diagnosticado com tumor maligno em uma região do tórax. Por isso, o médico indicou que ele fizesse um tratamento com radioterapia.

Isidoro, seu jovem sobrinho, não tinha a menor ideia do que se tratava esse método. Não sabia emitir opinião, nem o problema do tio, nem o tratamento indicado.

Querendo compreender melhor o diagnóstico e os procedimentos médicos indicados para seu tio, Isidoro resolveu investigar o que é a radioterapia.

Ele ficou surpreso em saber como as radiações podem ser tão úteis e benéficas para o tratamento de tumores e de outras doenças, pois pensava que radiação era algo apenas perigoso e aterrorizante.

Essas descobertas ajudaram Isidoro a se acalmar e a ficar mais confiante na cura do tio João.

Agora é sua vez.

1. Você conhece algum exame que use radiação? Qual?
2. Você já ouviu falar em radioterapia? Do que se trata?
3. Quando e por que é indicado um tratamento radioterápico?

152

Elementos radioativos e suas aplicações na medicina nuclear

A forma mais conhecida de aplicação da energia nuclear é nos reatores nucleares das usinas para produzir energia elétrica. Entretanto, são pouco divulgados os grandes benefícios da energia nuclear nos diversos campos da atividade humana.

Nas últimas décadas, a energia das radiações vem sendo cada vez mais utilizada, principalmente na medicina, na indústria – sobretudo na farmacêutica –, na agricultura e na engenharia.

Como abordamos, a emissão das radiações, por meio dos isótopos radioativos dos elementos, pode tanto atravessar a matéria quanto ser absorvida por ela. E é essa propriedade que propicia sua utilização para várias aplicações. O poder de penetração das radiações possibilita identificar a presença de um radioisótopo em determinado local.

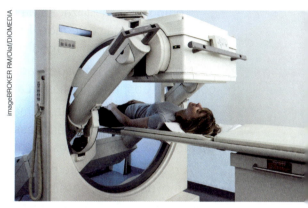

↑ Mulher fazendo exame de cintilografia da tireoide.

Assim, microrganismos nocivos ou mesmo células com tumor podem absorver essas radiações, possibilitando que sejam localizados e, consequentemente, eliminados.

Nesse tipo de tratamento, a ingestão de substâncias radioativas, como o iodo-131, não causa danos ao corpo humano. Isso ocorre porque os radioisótopos utilizados decaem rapidamente, em minutos ou horas, para níveis de radiação muito menores que até mesmo os raios X, sendo eliminados na urina ou pelo próprio corpo.

Irradiação × contaminação

Quando você vai à praia e se expõe à luz solar, você está exposto a uma radiação. Podemos dizer que essa luz solar é uma radiação emitida pelo Sol. Neste caso, você foi irradiado pelo Sol. De maneira geral, irradiação é a exposição de algo a algum tipo de radiação.

Já uma contaminação, que pode ou não ser proveniente de uma fonte radioativa, ocorre pela presença indesejável de um material em um local inapropriado. Nesse sentido, podemos dizer que o esgoto lançado num rio o contamina. Isso também poderia ocorrer com o descarte, num ferro-velho, de um aparelho radiológico contendo césio radioativo, como realmente ocorreu em Goiânia em 13 de setembro de 1987. O césio radioativo contaminou o local e muitas pessoas que o manipularam.

Logo, irradiar não significa, na maioria dos casos, contaminar. Todavia, desde que um material radioativo contamine determinado local, ele passa a irradiar esse local. Por isso, podemos concluir que quase nunca uma irradiação contamina um local, mas um local contaminado por elementos radiativos passa a irradiar.

Em alguns exames médicos, consome-se uma substância radioativa para servir de marcador. É algo semelhante ao "contraste" usado para melhorar a imagem obtida de certos órgãos quando tiramos uma radiografia, como no caso do iodo-131, um material radioativo, utilizado nos exames de tireoide. Entretanto, apesar de sua radioatividade, a partir do momento que o organismo o expele não há mais irradiação no local.

Vale ressaltar ainda, que outras fontes de irradiação utilizadas na medicina que emitem, por exemplo, radiação alfa, beta ou gama, não deixam os objetos ou o próprio corpo humano radioativo. Isso só acontece em reatores utilizados nas usinas nucleares ou em aceleradores de partículas.

Emissões radioativas e a interação com o corpo humano

Como vimos, a utilização da radiação nuclear possibilitou inúmeros benefícios e avanços nos diversos setores da sociedade. Podemos citar a energia nuclear como importante fonte de geração de energia elétrica, além da medicina nuclear.

No entanto, as emissões radioativas podem ser perigosas para os seres vivos. Há algumas radiações que, ao interagirem com a matéria, conseguem modificar sua estrutura e seu funcionamento.

As radiações alfa, beta, gama e os raios X são chamadas de radiações ionizantes, ou seja, quando interagem com a matéria, esses raios são capazes de produzir íons, isto é, modificam a estrutura do átomo. Pode haver desde a morte da célula até mutações genéticas, como o câncer.

A radiação ionizante pode afetar o DNA das células e danificá-lo. Nesse caso, o próprio mecanismo da célula possibilita reparar o DNA danificado. Desse modo, ao identificá-lo, ela se autodestrói. Assim, as células que se dividem mais rapidamente têm menos tempo para que o mecanismo de "correção da célula" detecte e arrume o DNA danificado antes que ela se multiplique.

Por isso é muito mais provável que elas se autodestruam quando bombardeadas pela radiação nuclear. É por esse motivo que o câncer pode ser tratado com o uso de radiação, pois é um tipo de descontrole do DNA das células que as leva a se reproduzirem de modo muito intenso.

Em alguns tipos de câncer com tumores mais profundos utiliza-se radiação de alta intensidade, como os raios X, que são dirigidos ao tumor. Entretanto, a irradiação atinge outras células saudáveis. Se elas não se multiplicarem rapidamente, seu DNA danificado pode ser corrigido pelo próprio corpo. Contudo, se multiplicarem rapidamente, podem acabar afetadas pelas células com problemas.

Vale ressaltar que as células do cabelo, do estômago, do intestino, da pele e do sangue também se multiplicam rapidamente, sendo mais fortemente afetadas pela radiação ionizante. É por isso que pessoas em tratamento com radioterápicos costumam sofrer perda de cabelos e ter muita náusea.

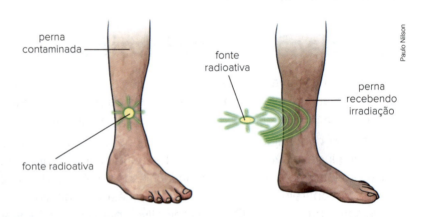

CURIOSO É...

Penetração da radiação na matéria

Para avaliarmos o poder de penetração da radiação na matéria é necessário analisar sua energia. Quanto mais energia tiver a radiação, maior será seu alcance. Entretanto, diferentes radiações, ainda que com a mesma energia, podem penetrar a matéria com alcances diferentes.

Os raios gama possuem grande poder de penetração, ainda maiores que os raios X. Eles podem atravessar milhares de metros de ar, até cerca de 25 cm de madeira ou 15 cm de aço. Os raios gama são detidos por placas de chumbo com mais de 5 cm de espessura ou por espessas paredes de concreto. Se essa radiação atingir o corpo humano vai atravessá-lo causando danos irreparáveis.

Mulheres na Ciência – a física Marie Curie

O francês Pierre Curie e a polonesa Marie Curie, graças à pesquisa científica que desenvolveram no laboratório da Escola Industrial de Física e Química da França, explicaram a radioatividade, palavra proposta por Marie Curie como uma propriedade atômica. Pela ionização do ar, eles determinaram a intensidade de radiação de elementos radioativos. Assim, examinaram todos os elementos químicos conhecidos na época, descobrindo que outros elementos, além do urânio, emitiam radiação espontânea. No dia 12 de abril de 1889, comunicaram, na Academia de Ciências de Paris, que o tório apresenta características semelhantes ao urânio.

Em julho de 1898, descobriram mais um elemento, que, em homenagem à pátria de Marie Curie, foi batizado de polônio (Po), um átomo radioativo cerca de 400 vezes mais ativo que o urânio. Em dezembro desse mesmo ano, descobriram o rádio (Ra), também mais radioativo que o urânio. Outra descoberta importante dos Curie foi que uma substância radioativa desaparece espontaneamente, reduzindo-se à metade, sempre no mesmo intervalo de tempo.

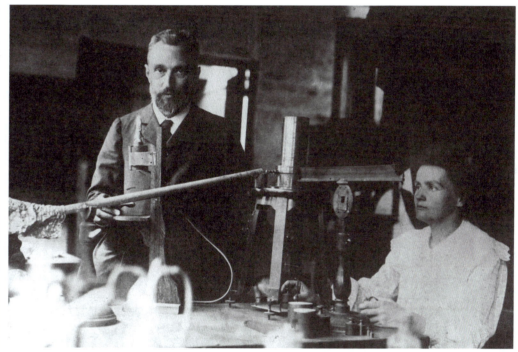

← O casal Pierre Curie (1859-1906) e Marie Curie (1867-1934).

1. Numa época em que a Ciência era dominada essencialmente pelos homens, Marie Curie conseguiu fazer algo impensável no meio científico e na história. Ela é a primeira mulher no mundo a ganhar um Prêmio Nobel por sua contribuição para a descoberta da radioatividade e de novos elementos químicos, em conjunto com seu marido (fato ocorrido em 1903), constituindo toda uma nova ideia de átomo como fruto da radioatividade.

    a) Faça uma pesquisa e descreva brevemente quais eram as principais questões e desafios que envolviam a radioatividade na época e que motivaram as pesquisas e estudos do casal Curie.

    b) Pesquise também quais foram as implicações, os impactos e os desdobramentos dos trabalhos do casal Curie sobre a radioatividade tanto para a Ciência como para a sociedade de forma geral. Compartilhe com seus colegas as informações pesquisadas.

Laser

Uma simples ponteira a *laser*, que nos dias de hoje é facilmente encontrada e adquirida, está entre as inovações tecnológicas mais importantes da segunda metade do século XX. Inventado na década de 1960, o *laser* teve sua aplicação ampliada para as mais diversas áreas tecnológicas e de pesquisa. A sigla *laser* (*light amplification by stimulated emission of radiation*) significa, em português, luz amplificada pela emissão estimulada de radiação. Essa nomenclatura foi dada porque a radiação emitida no processo é resultado de um fenômeno denominado emissão estimulada e o princípio de funcionamento é embasado nas leis fundamentais da interação da radiação com a matéria.

No processo de autoestimulação, a luz emitida sempre reflete (reflexão parcial) e volta para dentro da cavidade óptica. Assim, o feixe produzido por um *laser* é **coerente** (toda luz tem a mesma frequência), **estreito** (ele é concentrado e direcional) e **intenso**. Como a luz têm a mesma frequência, o feixe de luz a *laser* é **monocromático**. A tabela a seguir apresenta tipos de *laser*.

Tipo de *laser*	Meio ativo	Comprimento de onda de operação
Gasoso	hélio-neônio (He-Ne)	0,63 µm, 1,15 µm
	gás carbônico (CO_2)	10,6 µm
	argônio (Ar)	0,488 µm, 0,514 µm
	nitrogênio (N)	0,337 µm
	álcool	-
Sólido	rubi (Al_2O_3-Cr_2O_3)	0,694 µmw
	neodímio-YAG	1,06 µm
	érbio-YAG	2,94 µm
	Neodímio-YAG - dobrado	0,532 µm
	hólmio-YAG	2,10 µm
	arseneto de gálio (Ga-As)	0,6 µm, 1 µm
Líquido	corantes	todo o espectro

Fonte: Vanderlei Salvador Bagnato. *Ciência Hoje*. O magnífico *laser*. Disponível em: <http://cienciahoje.org.br/artigo/o-magnifico-laser/>. Acesso em: 17 maio 2019.

CURIOSO É...

[...] Atualmente, em muitos estabelecimentos comerciais, é comum a leitura de código de barras utilizando sistemas ópticos que empregam um feixe de *laser* varrendo os produtos. O leitor de código de barras emprega uma sucessão de reflexões que têm duração diferente, em função da variação de espessura das barras do código estampado no produto. Isso permite associar, com essa sequência, um código numérico para o produto.

Ao ler o código, o computador automaticamente associa o produto ao preço. E faz imediatamente a correlação da saída do produto com a variação do estoque [...].

O leitor de código de barras por vias ópticas é um dos maiores avanços para a automação do comércio. [...]

Vanderlei Salvador Bagnato. *Ciência Hoje*. O magnífico *laser*.
Disponível em: <http://cienciahoje.org.br/artigo/o-magnifico-laser/>. Acesso em: 17 maio 2019.

ATIVIDADES

SISTEMATIZAR

1. De que depende determinada radiação para penetrar com maior ou menor profundidade na matéria?

2. Por que pessoas que fazem tratamento radioterápico costumam sofrer perda de cabelos e ter náuseas ao longo do tratamento?

3. Comente ou explique a seguinte frase: "Irradiação não contamina, mas contaminação irradia".

REFLETIR

1. O que é uma radiação ionizante? Por que ela pode ser perigosa para a saúde?

2. Toda substância radioativa é perigosa para o organismo humano? De forma geral, de que depende uma substância radioativa para representar riscos à saúde do corpo humano?

3. Um piloto de cargas aéreas negou-se a transportar determinado material médico alegando ser perigoso e que poderia colocar a aeronave e a tripulação em risco em virtude de estar escrito na embalagem da carga: "Material esterilizado por irradiação". Neste caso, como você avalia a atitude do piloto em se negar a transportar a carga? Justifique.

DESAFIO

1. Reúna-se com colegas em grupo e escolham um dos temas abaixo para fazer uma pesquisa.
    I) Gamagrafia na indústria.
    II) Datação por carbono-14.

    Após escolherem, procurem responder às seguintes questões:
    a) Qual é a finalidade desses processos? O que eles possibilitam?
    b) Como se dá o seu funcionamento?

2. Observe a imagem ao lado. Ela mostra uma paciente fazendo um exame chamado angiografia de radionuclídeos de equilíbrio. Nesse exame uma pequena quantidade de contraste radioativo é injetado na corrente sanguínea do paciente, depois, uma câmera especial que detecta a radiação faz um filme do sangue passando pelo coração do paciente. Desse modo é possível avaliar como está o bombeamento do sangue pelo coração. Este é apenas um tipo de exame entre vários que utilizam radioisótopos para detecção de imagens.

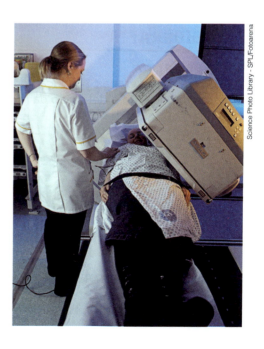

Em grupo, façam uma pesquisa levantando dois tipos de radioisótopos utilizados em exames de imagem. Procurem informações como: nome do radioisótopo, meia-vida, exames em que é utilizado, como é eliminado do corpo e quanto tempo demora para que ocorra a eliminação.

FIQUE POR DENTRO

Raios X

Os raios X são uma ferramenta fundamental para a medicina há mais de um século. Eles possibilitam o diagnóstico de numerosas moléstias e danos no corpo humano.

O DESCOBRIDOR

Wilhelm Roentgen foi um cientista alemão que, em 1895, investigando os raios de luz que geram elétrons, em uma tela fluorescente, descobriu que eles eram capazes de atravessar materiais sólidos (como o corpo humano) e seguir iluminando a mesma tela.

O ESPECTRO

A energia eletromagnética consiste em ondas que têm comprimento e frequência de propagação específicos, em um intervalo constante chamado espectro eletromagnético.

O procedimento é o de uma fotografia normal, só que usando os raios X como luz de exposição. Na maneira mais comum, os raios X imprimem a imagem em filme. Também podem ser utilizadas telas fluorescentes ou digitais.

A RADIOGRAFIA

COMO SE APLICA

Ocorre em três etapas: produção dos raios, passagem através do corpo do paciente e detecção da radiação.

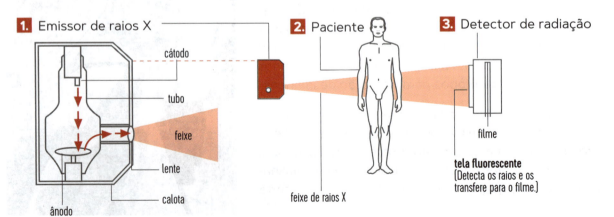

Sol 90 Images

PODER DE PENETRAÇÃO

De acordo com a intensidade com que se emitem os fótons, os raios X são capazes de atravessar praticamente todos os materiais, dependendo de sua espessura.

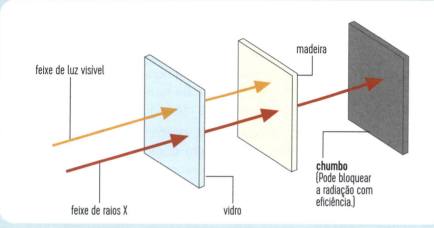

RISCOS
A utilização de doses excessivas pode causar danos ao DNA (material genético) do paciente, podendo gerar graves prejuízos à saúde dele. Por isso, as doses às quais as pessoas podem ser expostas são cuidadosamente controladas.

CONTRASTE
Injeta-se um contraste na corrente sanguínea do paciente, pela veia, e sua dispersão pode ser então observada.

ARTERIOGRAFIA
Pode-se observar tecidos como músculos, órgãos e vasos sanguíneos, entre outros, introduzindo-se neles líquidos (contrastes) que possibilitem que os raios X sejam absorvidos e possam, então, ser impressos no filme.

RADIOGRAFIA
Imagem da estrutura interna do corpo que depende de como as diferentes partes deixam passar os raios através dos diferentes tecidos.

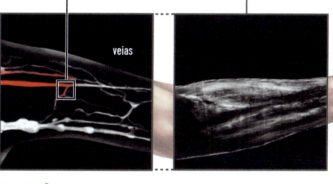
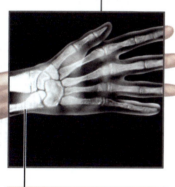

VISUALIZAÇÃO
Além da impressão da imagem em filme, existem sistemas digitais de vídeo para ver a imagem em tempo real, como na tomografia.

Os ossos, devido à sua densidade, aparecem claramente nas radiografias, sem a necessidade do uso de contraste.

1. Por que os ossos não precisam de contraste para aparecer nos filmes ou telas de exames de raios X e outras partes do corpo, como músculos e veias, precisam?

2. Sabendo que os raios X podem danificar o DNA de uma pessoa, de que material você faria uma roupa para proteger pacientes, acompanhantes e profissionais da saúde da exposição aos raios X no momento de fazer um exame radiológico? Por quê?

PANORAMA

FAÇA AS ATIVIDADES A SEGUIR E REVEJA O QUE VOCÊ APRENDEU.

NO CADERNO

Vimos como ondas eletromagnéticas são capazes de carregar e transmitir informações. Abordamos os aspectos que envolvem sintonizar uma rádio e as vantagens de utilizar as ondas de rádio para a comunicação. Estudamos como uma informação é convertida em ondas eletromagnéticas, que, por sua vez, são reconvertidas em som ou, ainda, como a imagem e o som de uma emissora de televisão são transmitidos simultaneamente.

Estudamos também os principais processos físicos envolvidos nos mais importantes diagnósticos por imagem, que fazem parte da medicina nuclear, como os isótopos radioativos, radioatividade e decaimento radioativo, a interação da radiação na matéria, as emissões e elementos radioativos envolvendo o corpo humano e a meia-vida de substâncias radioativas.

Vimos ainda as principais características, processos e técnicas relacionadas aos principais exames de diagnóstico e terapias por imagem, como os raios X, a ultrassonografia, a tomografia computadorizada, a ressonância magnética, a cintilografia, entre outros; além do funcionamento e aplicações do *laser* nos diversos segmentos.

1. As figuras abaixo mostram uma onda portadora de alta frequência e o sinal de áudio com informação a ser modulada. As outras duas ondas, I e II, são resultantes da modulação entre a onda portadora e o sinal de áudio. Em cada uma delas, a modulação resultante foi em AM ou FM?

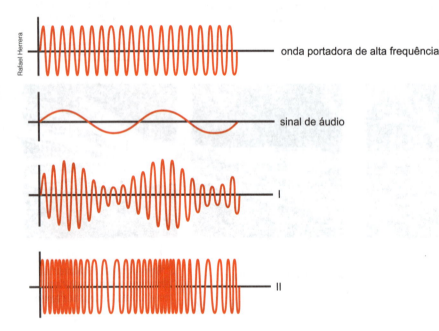

2. O que determina o maior alcance do sinal das rádios AM em relação às rádios FM?

3. O que determina o fato de as rádios FM terem menor alcance do sinal e melhor qualidade musical?

4. É comum, quando estamos distantes da antena emissora de uma rádio, o sinal falhar ou a qualidade do sinal não ficar adequada para ouvirmos a informação. Neste caso, quais grandezas físicas estão envolvidas nesse fenômeno? Como essas grandezas se relacionam para explicar o fenômeno?

5. Que cientista recebeu um prêmio Nobel por seus estudos com radioatividade?

6. Com base na tabela abaixo, responda às questões.

Radioisótopo	Meia-vida
urânio-235	$7{,}1 \cdot 10^8$ anos
actínio-227	$21 \cdot 772$ anos
frâncio-223	22 minutos
tálio-207	4,77 minutos
bismuto-211	2,14 minutos
polônio-211	0,52 segundo
polônio-215	$1{,}78 \cdot 10^{-3}$ segundo
astato-215	10^{-4} segundo

Fonte: <https://education.jlab.org/itselemental/>. Acesso em: 1 abr. 2019.

a) Quando se diz que o elemento urânio-235 tem meia-vida de $7{,}1 \cdot 10^8$ anos, o que esse valor significa?

b) O que é um traçador radioativo ou um radiofármaco? Se fosse necessário utilizar um radioisótopo da tabela acima para preparar um radiofármaco para a realização de um exame por imagem, quais poderiam ser os mais indicados? Justifique.

7. Associe a coluna I, que lista os diferentes tipos de diagnóstico por imagem, com as respectivas características e/ou peculiaridades desses exames na coluna II.

Coluna I
(RX) raios X
(CINT) cintilografia
(TC) tomografia computadorizada
(ULTRA) ultrassonografia

Coluna II

☐ Utiliza radiofármacos ou traçadores radioativos para investigar infecções, células com câncer, tumores, entre outras anomalias.

☐ Não se origina de processos de decaimento radioativo.

☐ Um escâner produz e registra os raios X tirando fotos altamente detalhadas que podem ser vistas em 3D.

☐ Utiliza radiofármacos ou traçadores radioativos. A luz emitida pelo radiofármaco é convertida em sinais elétricos que se transformam numa imagem digitalizada.

☐ Um pulso é enviado e refletido para ser transformado em imagem.

8. Por que a utilização do *laser* se tornou tão fundamental nas diversas áreas científicas e tecnológicas? Cite exemplos de sua utilização.

DICAS

📖 LEIA

Radiação – Efeitos, riscos e benefícios. de Emico Okuno (Harbra).

📍 VISITE

Museu de Ciências Nucleares (Departamento de Energia Nuclear – UFPE). Avenida Prof. Luiz Freire, 1000 – Recife (PE).

Instituto de Pesquisas Energéticas e Nucleares. Para agendar visitas, acesse: <www.ipen.br/portal_por/portal/interna.php?secao_id=374>.

↑ Cavalo-marinho-pigmeu. Mar das Filipinas, Oceano Pacífico.

TEMA 6
Hereditariedade e evolução biológica

NESTE TEMA
VOCÊ VAI ESTUDAR:

- teorias evolucionistas;
- seleção natural;
- importância dos fósseis;
- hereditariedade;
- origem dos seres humanos.

1. O cavalo-marinho-pigmeu é uma espécie que tem a propriedade de se camuflar entre alguns corais. Qual é a vantagem dessa estratégia?

2. É correto afirmar que esse animal está bem-adaptado a esse ambiente?

3. Imagine uma situação hipotética: o cavalo-marinho-pigmeu cruza com uma espécie diferente, que não pode se camuflar. Se desse cruzamento nascerem filhotes, há certeza de que eles terão a mesma propriedade do animal da imagem?

CAPÍTULO 1
Evolução biológica

Neste capítulo, você vai conhecer os conceitos de evolução, adaptação e seleção natural e identificar as diferentes teorias que explicam a evolução dos seres vivos. Além disso, vai compreender a importância dos fósseis no estudo da história dos seres vivos no planeta.

EXPLORANDO A EVOLUÇÃO BIOLÓGICA

OLÁ! EU SOU A RITA.

Rita e sua família foram fazer um piquenique no parque. O dia estava ensolarado e havia muitas aves cantando. Antes do piquenique, ela foi andar entre as árvores e observar, com o binóculo do pai, as aves que tanto cantavam.

Rita viu aves diferentes: algumas verdes, com bicos tortos; umas, com a barriga laranja e bicos retos; e outras, pequenas, com bicos muito alongados. Quando voltou, contou aos pais o que viu:

— Vi três tipos de ave, e cada uma tinha um bico diferente! – disse Rita.

— Deve ser porque são de espécies diferentes – explicou seu pai.

Depois dessa conversa, enquanto comia, ela ficou pensando: "Por que será que os bicos das espécies de aves são tão diferentes uns dos outros?".

Ilustrações: Natalia Forcat

Agora é sua vez.

1. Além das aves que Rita viu, você se lembra de alguma que tenha um bico com formato diferente?

2. Em sua opinião, por que os bicos das aves têm diferentes formatos?

164

A origem da vida na Terra

As condições ambientais de nosso planeta nem sempre foram iguais às atuais. Desde sua formação, há cerca de 4,5 bilhões de anos, ainda na forma de uma esfera **incandescente** que girava ao redor do Sol, até se resfriar e se solidificar, formando a crosta terrestre, a Terra sofreu muitas modificações. O vapor de água da atmosfera primitiva passou para a forma líquida, formando oceanos cercados por rochas e poeira. A atividade vulcânica era intensa. A atmosfera primitiva não tinha a composição atual de gases; relâmpagos e queda de meteoritos eram constantes. A radiação solar que atingia a superfície da Terra era muito intensa e com alta incidência de raios ultravioleta, já que naquela época não havia a **camada de ozônio** para filtrá-los.

> **GLOSSÁRIO**
>
> **Camada de ozônio:** camada que envolve o planeta Terra, formada pelo gás ozônio. Ela filtra os raios ultravioleta emitidos pelo Sol. Esses raios são prejudiciais à maioria dos seres vivos.
>
> **Incandescente:** em chamas ou em brasa. No caso da Terra, as rochas estavam na forma líquida ou pastosa devido às altas temperaturas.

A proporção entre as dimensões dos elementos representados e as cores usadas não são as reais.

← Representação da Terra primitiva.

Descobertas de fósseis de bactérias na Austrália e na África do Sul indicam que os primeiros seres vivos surgiram nas águas mornas dos oceanos primitivos há cerca de 3,4 bilhões de anos. Eram seres unicelulares e bem simples. Ao morrer, depositavam-se com o sedimento dos mares, formando estruturas em camadas, chamadas **estromatólitos**. Os pesquisadores puderam analisar essas bactérias antigas por meio dessas estruturas. Acredita-se que a vida evoluiu desses seres, ou seja, deles originaram-se todas as formas de vida que existem atualmente ou já existiram no planeta. O processo de mudanças pelo qual passam os seres vivos ao longo do tempo, desde os primeiros seres unicelulares, incluindo a origem de novas espécies, é chamado de **evolução** pelos cientistas.

→ Estromatólitos na Austrália.

O fixismo

Quando se procura entender a diversidade de seres vivos existentes na Terra, a primeira pergunta que surge é: Qual é a origem desses indivíduos? As respostas iniciais a essa questão foram fundamentadas em bases religiosas. A concepção de que Deus criou a Terra com tudo o que o ser humano precisa para viver e procriar, de que ocorreu um grande dilúvio que a destruiu, mas as espécies foram preservadas na Arca de Noé, defendida por várias tendências cristãs, serviu como forma de entender as diversas espécies de seres vivos como se fossem fixas e imutáveis no decorrer do tempo. Essa corrente de pensamento constituía o **fixismo** (**criacionismo**), ou seja, de acordo com ela, os seres vivos existentes atualmente seriam aqueles criados por vontade divina e salvos no evento do referido dilúvio.

↑ A descoberta do primeiro fóssil de mosassauro, nos anos 1700, despertou dúvidas em relação à teoria fixista. Afinal, se essa espécie gigantesca também fora salva no dilúvio, onde estaria esse animal atualmente?

A explicação científica para a diversidade das espécies começa a ganhar corpo com estudos, nos séculos XVII e XVIII, que mostraram que a Terra era muito mais velha do que as crenças e os textos religiosos propunham. Em vez de há milhares de anos, as pesquisas científicas mostraram que a Terra existia há milhões de anos; restos e vestígios de seres vivos que não existiam mais lançaram dúvida sobre a imutabilidade das espécies biológicas.

Durante o século XVIII, ocorreram várias descobertas de fósseis de animais gigantescos, como o mosassauro da foto, um lagarto marinho que podia chegar a 9 metros. Isso gerou uma grande dúvida: Onde estariam eles, se todos os animais haviam sido criados de uma só vez e todos haviam sido salvos na Arca de Noé? Foi então que começaram a surgir teorias de que eram espécies extintas.

Apesar do avanço das pesquisas científicas e das perguntas que foram respondidas, o fixismo predominou no mundo ocidental até meados do século XIX. A partir desse período, ganharam força outras teorias, que sustentavam que os seres vivos evoluíam de alguma forma. Um legado dessa fase das pesquisas científicas foi mostrar que algumas espécies poderiam ter existido e sido extintas ou que talvez tenham se modificado e se transformado no que conhecemos hoje.

↑ Reconstituição de um filhote de mamute, animal pré-histórico extinto, que surgiu há cerca de 5 milhões de anos e vivia em regiões de clima temperado.

↑ Fotografia de um elefante indiano atual. Apresenta semelhança com o mamute, mas com diferenças significativas.

O evolucionismo

A ideia segundo a qual as espécies se modificam ao longo do tempo, chamada **evolucionismo**, somente passou a ser manifestada por alguns cientistas a partir do século XIX. O evolucionismo defende que toda a vida que conhecemos hoje é o resultado do processo de evolução de espécies anteriores que foram se modificando ao longo do tempo. Para explicar como esse processo ocorre, os cientistas propuseram um outro conceito fundamental: a **adaptação**.

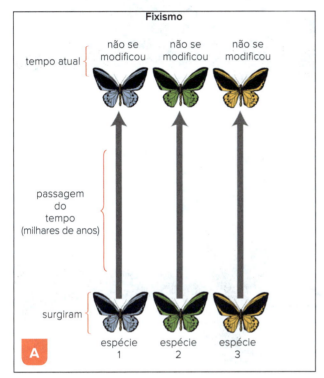 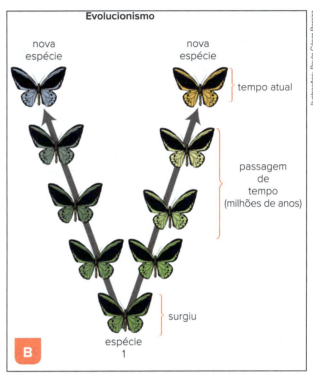

↑ Demonstração simplificada comparativa de linhas gerais das teorias fixista e evolucionista. Quadro A: Ilustração que representa a concepção do fixismo. Quadro B: Ilustração que representa a concepção do evolucionismo.

O conceito de adaptação

Uma espécie adaptada apresenta características (formato do corpo, hábitos alimentares, comportamento etc.) que favorecem sua sobrevivência e reprodução no ambiente em que vive.

Ser adaptado não significa que o organismo tem maior força física, e sim condições que o tornam mais apto à vida em determinado ambiente. Em outro ambiente, ou quando ocorrem grandes mudanças ambientais, esse ser pode não se mostrar adaptado a essas novas características ambientais. As mesmas características que até então eram vantajosas podem revelar-se inúteis ou até mesmo prejudiciais para sua sobrevivência. Se nenhum indivíduo sobreviver e deixar descendentes nesse ambiente modificado, a espécie será extinta, ainda que apenas localmente.

Os musaranhos soricídeos têm a propriedade de reduzir o tamanho corporal em até 17% durante o inverno. Essa habilidade diminui o gasto energético para manter os tecidos do seu corpo, representando uma adaptação dessa espécie, que auxilia na sobrevivência durante variações ambientais.

→ O musaranho-pigmeu é o menor mamífero do mundo, medindo, da cabeça à ponta da cauda, cerca de 40 milímetros e pesando aproximadamente 2,5 gramas.

Observe a seguir dois exemplos de seres adaptados ao ambiente em que vivem.

↑ O formato do corpo dos golfinhos é hidrodinâmico, o que lhes confere uma movimentação eficiente na água.

↑ Jacarandá-do-cerrado.

As plantas do Cerrado apresentam adaptações que lhes possibilitam viver nesse ambiente, como raízes desenvolvidas que captam água em profundidade no solo; folhas com estruturas que minimizam a perda de água para a atmosfera; caules espessos recobertos por tecido vegetal (cortiça) que impede que o fogo atinja os tecidos vivos internos.

→ Os cactos têm adaptações que evitam a perda de água em ambientes desérticos, entre elas folhas no formato de espinhos, que diminuem a perda de água pela transpiração.

É importante destacar que, segundo a moderna teoria evolucionista, os seres vivos não podem "criar" adaptações e modificar seu corpo conforme a necessidade; essas adaptações levam milhares de anos para ocorrer.

Características adquiridas, como cicatrizes ou perda de membros, não são passadas aos descendentes. Apenas as **características genéticas** podem ser transmitidas à geração seguinte, ou seja, as características determinadas pelos **genes** do indivíduo e não por fatores ambientais.

Mas, para chegar a essa teoria, muitos debates foram feitos, ao longo de muitas décadas, em torno do que deveria ser entendido por **evolução**.

POSSO PERGUNTAR?
Um animal mais adaptado a um ambiente é mais evoluído do que os demais?

O lamarckismo

Em meio a uma sociedade na qual predominava a corrente fixista, o francês Jean-Baptiste Lamarck propôs uma teoria para explicar o processo de evolução por meio da adaptação. Sua teoria, conhecida hoje por lamarckismo, foi proposta em 1809.

↑ Jean-Baptiste Lamarck (1744-1829).

168

Ela se baseava na ideia do "uso e desuso" dos órgãos ou partes do corpo, ou seja: um órgão que não é usado pelo ser vivo perde sua função e, portanto, atrofia-se e tende a desaparecer, enquanto outro, usado constantemente, desenvolve-se. Para Lamarck, a necessidade de adaptação levaria o ser vivo a se modificar para sobreviver. Até aí, a teoria de Lamarck não enfrentava muita resistência, pois a luta pela sobrevivência era uma ideia bem aceita tanto por cientistas como por religiosos, por exemplo. Entretanto, Lamarck acreditava que essa característica, adquirida na busca da sobrevivência, era transmitida aos descendentes. O caso mais conhecido da teoria proposta por Lamarck é referente ao longo pescoço das girafas. Veja como o lamarckismo explicava esse fato:

- A girafa busca brotos de árvores para se alimentar. Quando os brotos mais baixos se reduzem, ela precisa alcançar os brotos mais altos e estica o pescoço para isso. Fazendo assim, seu pescoço vai lentamente se alongando.
- De tanto ser obrigada a esticar o pescoço para comer brotos de árvores, foi "adquirindo" um enorme pescoço. Essa característica foi passada para as gerações seguintes, fazendo com que, depois de um tempo, todas as girafas tivessem pescoço longo.

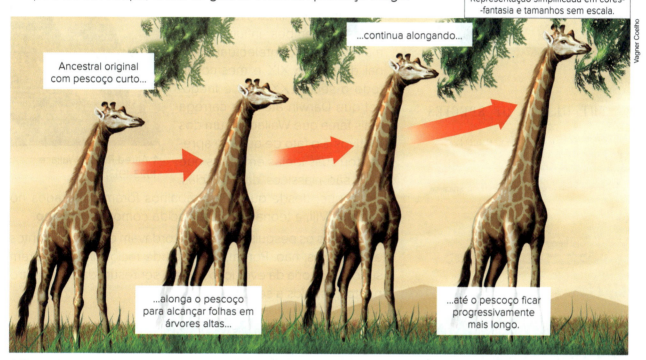

↑ Segundo o lamarckismo, as girafas teriam adquirido um longo pescoço porque seus ancestrais se esticavam para obter alimento.

A teoria de Lamarck, embora não tenha sido a primeira teoria evolucionista a ser proposta, foi pioneira ao apresentar esse conceito de uma maneira organizada e com argumentos estruturados. Ele propunha a existência de duas forças que moldariam o processo evolutivo exemplificado no caso da girafa. As forças seriam:

- Todos os seres vivos começam como organismos simples e progridem ao longo do tempo, tornando-se mais complexos e perfeitos.
- Os seres vivos passam por mudanças corpóreas para se adaptar ao ambiente em que vivem.

Sendo assim, de acordo com Lamarck, outras características evolutivas poderiam ocorrer em situações parecidas com o exemplo da girafa.

Dessa forma, a conclusão extraída da teoria evolucionista de Lamarck seria a de que as características adquiridas para se adaptar ao ambiente seriam transmitidas à prole.

A seleção natural

↑ Charles Robert Darwin (1809-1882).

Se você acompanhou bem a descrição da teoria de Lamarck, deve ter percebido que o objetivo dos cientistas naquela época era encontrar alternativas à ideia do fixismo e mostrar que os seres vivos se desenvolviam por meio de algum processo evolutivo. Lamarck deu os primeiros passos nessa direção ao propor uma teoria que explicava a diversidade de seres vivos complexos provenientes de seres vivos mais simples. Porém, a teoria dele indicava, como uma das forças evolutivas, que as adaptações adquiridas durante a vida do ser poderiam ser repassadas para os descendentes.

Outros estudiosos que vieram depois de Lamarck acrescentaram novas ideias ao evolucionismo. Entre eles, dois cientistas se destacam: Charles Darwin e Alfred Wallace. As ideias de ambos influenciaram muito o mundo intelectual do final do século XIX e mesmo de todo o século XX, mas é inegável que Darwin até hoje carrega mais fama que Wallace, e um dos motivos é o fato de que ele apresentou suas ideias em obras que hoje são clássicos das ciências.

↑ Alfred Russel Wallace (1823-1913).

Tanto que, desde que seus trabalhos foram publicados no século XVIII, a teoria ficou conhecida como **darwinismo**.

Ambos os pesquisadores concordavam em alguns pontos e em outros, não. Porém, as bases de raciocínio que deram suporte à teoria da evolução podem ser resumidas em quatro pontos, listados a seguir.

←

Página de abertura de uma das versões da obra *A origem das espécies por meio da seleção natural ou A preservação de raças favorecidas na luta pela vida*, livro de Darwin cuja primeira versão foi publicada em 1859 e que se tornou imediatamente um clássico. Nele, Darwin descreve em detalhes sua teoria da evolução. O título pelo qual o livro ficou conhecido é *A origem das espécies*.

- Os seres vivos têm uma capacidade de reprodução superior às possibilidades oferecidas pelo ambiente de mantê-los vivos. Isso acontece, em geral, devido à limitação de alimentos disponíveis, o que faz com que apenas alguns indivíduos cheguem à idade de procriar.
- Os indivíduos de uma mesma espécie competem pelas necessidades alimentares, lutando de maneira contínua pela sobrevivência.
- Em todo grupo de seres vivos, há variações hereditárias, e essas variações podem ser transmitidas aos descendentes (tipo e cor de pele, tamanho etc.). Algumas variações são mais favoráveis do que outras para a sobrevivência em determinado ambiente.
- Os indivíduos cujas variações são mais favoráveis têm maior probabilidade de sobreviver e de se reproduzir, transmitindo essas variações a seus descendentes. Assim, as sucessivas gerações se tornam cada vez mais adaptadas ao ambiente.

Por trás dessas quatro ideias descritas, há uma forma de pensar a evolução dos seres vivos que poderia ser resumida assim:

> A natureza seleciona, ou seja, favorece quem tem mais chances de sobreviver, deixar descendentes e, assim, garantir a continuidade da espécie mais adaptada.

Esta é a base do conceito de **seleção natural**: os organismos com características que os tornam adaptados a determinado ambiente têm mais chances de chegar à fase adulta e deixar descendentes. Dessa forma, essas características estarão presentes nas novas gerações e tendem a ser preservadas na espécie. Já as características desvantajosas à vida em determinado ambiente tendem a ser eliminadas com a morte dos seres que as apresentam.

Seleção natural e sucesso adaptativo

Vejamos um exemplo para deixar mais claro como a seleção natural opera. Na abertura deste tema, mostramos uma imagem do cavalo-marinho-pigmeu ou cavalo-marinho bargibanti (*Hippocampus bargibanti*). É uma espécie que vive no oeste do Oceano Pacífico central e é conhecida por se parecer muito com seu hospedeiro, o coral gorgonian. O cavalo-marinho-pigmeu pode se apresentar em três cores, semelhantes aos corais onde vive: pode ter coloração cinza ou púrpura, com tubérculos vermelhos ou rosa, muito semelhante ao coral gorgonian *Muricella plectana* (veja imagem abaixo à esquerda) ou amarelo com tubérculos laranja, semelhante ao coral gorgonian *Muricella paraplectana* (imagem abaixo a direita).

↑ Cavalos-marinhos bargibanti em duas colorações, próximos dos corais onde buscam abrigo.

A propriedade atual de camuflagem no ambiente confere a esses indivíduos mais chances de escapar dos predadores. Durante milhares de anos, o ambiente (corais coloridos) selecionou os mais adaptados (animais de cor semelhante) e por isso com mais chances de sobreviver e deixar descendentes.

Agora, imagine o que ocorreria se um tipo de coral ou outro se extinguisse e não houvesse outros com coloração semelhante. Nesse caso, a eficiência desses indivíduos em se camuflar estaria comprometida e eles se tornariam alvos mais fáceis para os predadores. Talvez a espécie até se extinguisse.

CIÊNCIA, TECNOLOGIA E SOCIEDADE

A viagem de Darwin

Uma viagem foi crucial para Charles Darwin observar o ambiente, coletar dados e amadurecer suas ideias. Aos 22 anos de idade, não querendo seguir a carreira de médico, como seu pai, ele resolveu embarcar na aventura que mudaria sua vida e a maneira pela qual a ciência pensava a evolução das espécies. No navio HMS Beagle, ele circum-navegou o planeta de 1832 a 1836. Nessa viagem de exploração científica, foi admitido como naturalista, com a função de pesquisar a geologia, os animais e as plantas.

Em seu percurso, ele passou pelo Brasil e escreveu interessantes relatos sobre a natureza e os costumes da época (o escravismo, por exemplo, deixou-o profundamente chocado).

Seus estudos renderam matéria-prima para a elaboração de *A origem das espécies* (1859), em que defende a teoria da seleção natural.

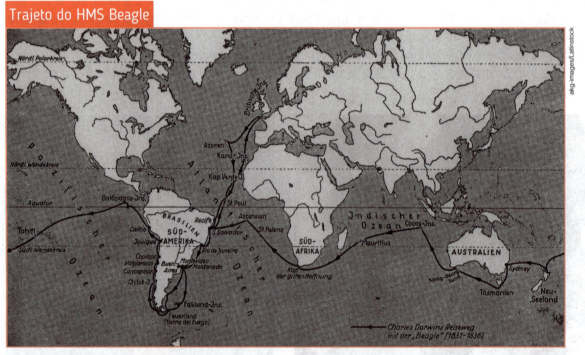

↑ Mapa (em alemão) que mostra a rota de Darwin a bordo do HMS Beagle. Ela começa na Inglaterra, cruza o Oceano Atlântico, passa pelo Brasil e por outros países da América Latina; em seguida, atravessa o Oceano Pacífico fazendo outras paradas antes de retornar à Inglaterra.

As Ilhas Galápagos e os bicos das aves

Em sua viagem no HMS Beagle, Darwin pôde conhecer e estudar diversos tipos de animais. Uma das perguntas que ele se fez ao pensar sobre o que viu foi: "Como novas espécies se formam?". Ele considerou essa pergunta o "mistério dos mistérios", talvez porque, por meio dos fósseis, os cientistas já haviam constatado que as espécies podiam ser extintas, mas não havia ainda razão alguma que indicasse como novas espécies se formavam.

Existem várias explicações para esse processo, que os cientistas chamam de **especiação**. Todos eles concordam que, no caso das ilhas, o isolamento geográfico acaba sendo o principal fator.

As Ilhas Galápagos ficaram conhecidas no mundo inteiro porque muitas de suas espécies foram estudadas por Darwin durante a viagem. Essas ilhas no Pacífico estão bem distantes do continente e são pouco influenciadas por outros ambientes.

Nesse conjunto de ilhas, vivem muitas espécies de tentilhões. A explicação aceita para a origem de todas essas espécies é que, há milhões de anos, algumas linhagens de aves continentais da América do Sul chegaram a essas ilhas voando ou flutuando em objetos na água. Dentre elas, uma espécie foi capaz de colonizar o novo ambiente e se dispersar por todas as ilhas. A atuação de pressões naturais, como limitação de recursos e competição, sobre essa espécie ancestral guiou a seleção natural e resultou, então, na origem das espécies de tentilhões atuais da ilha.

> **GLOSSÁRIO**
>
> **Especiação:** processo de formação de duas ou mais espécies novas de seres vivos com base em uma espécie preexistente.

Como esses grupos de tentilhões estavam separados em ilhas com diferentes características e, portanto, as populações viveram durante muitas gerações isoladas geograficamente, em cada ambiente diferentes características hereditárias foram mais vantajosas, por exemplo, o tamanho e o formato do bico, diretamente relacionados ao tipo de alimento.

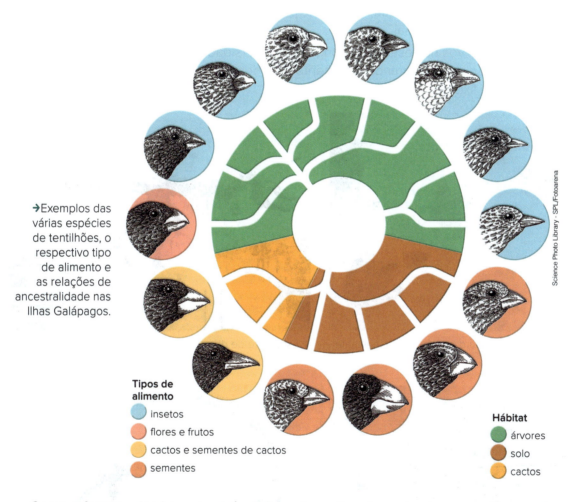

→ Exemplos das várias espécies de tentilhões, o respectivo tipo de alimento e as relações de ancestralidade nas Ilhas Galápagos.

Tipos de alimento
- insetos
- flores e frutos
- cactos e sementes de cactos
- sementes

Hábitat
- árvores
- solo
- cactos

Como o formato dos bicos também influencia no tipo de canto e como as fêmeas de aves escolhem os parceiros pelo canto deles, estudos recentes indicam que a especiação nos tentilhões das Ilhas Galápagos também pode estar relacionada à diversificação nos cantos.

1. Grandes expedições eram comuns antigamente e acontecem até hoje. Qual é a importância dessas viagens para o conhecimento científico?

Registros do passado

Os cientistas usam diferentes recursos e métodos para desvendar os "capítulos" da história da vida na Terra, entre eles a simulação das condições ambientais primitivas em laboratório, estudos comparativos de materiais genéticos e registros fósseis.

Os fósseis correspondem a restos, marcas, vestígios ou evidências da existência e/ou atividade de seres vivos no planeta, conservados em rochas e outros materiais, como gelo e âmbar, um tipo de resina. São raros os fósseis de seres vivos inteiros. Geralmente, são preservadas as partes duras, como ossos, dentes, conchas e carapaças, embora pegadas, fezes, pólen etc. também possam ser fossilizados.

Além de fósseis de ossos, que possibilitam a reconstituição de corpos dos animais do passado, outros tipos de vestígio também fornecem informações preciosas. Por exemplo, um conjunto de pegadas pode ser usado por cientistas, que, medindo a distância entre elas e sua profundidade, calculam o comprimento, o peso e a velocidade do animal. Fósseis de excrementos (chamados de coprólitos) são amassados até se tornar um pó bem fino, que, analisado, pode dar pistas sobre o hábito alimentar desse animal.

Os fósseis foram decisivos nos estudos da origem da diversidade dos seres vivos e deram o primeiro grande argumento para desenvolver teorias contrárias ao fixismo.

POSSO PERGUNTAR?

Como os cientistas conseguem desvendar o parentesco entre os fósseis encontrados e os animais existentes hoje?

↑ Pegadas fósseis de dinossauro ornitópode (semelhante a pássaro).

↑ Esqueleto de dinossauro.

↑ Fóssil de planta.

↑ Fóssil de inseto preservado na resina chamada âmbar.

ATIVIDADES

SISTEMATIZAR

1. Com suas palavras, descreva as condições ambientais da Terra logo após sua formação, há cerca de 4,5 bilhões de anos.

2. As espécies de seres vivos vêm sofrendo mudanças desde a origem da vida no planeta. Que nome recebe esse processo?

3. "As toupeiras existentes atualmente têm olhos atrofiados porque suas ancestrais, que viviam sob o solo, não necessitavam de visão. O pouco uso dos olhos teria feito com que eles atrofiassem, e isso seria transmitido de geração em geração." Essa explicação – equivocada – está de acordo com as ideias de Lamarck. A qual princípio evolutivo desse autor ela se refere?

4. Observe a imagem a seguir. O que ela representa? Qual é sua importância para a ciência e para os estudos sobre evolução das espécies?

REFLETIR

1. Leia o texto a seguir e faça o que se pede:

Aquecimento já provoca mudança em gene animal.

Algumas espécies animais estão se modificando geneticamente para se adaptar às rápidas mudanças climáticas no espaço de apenas algumas gerações, afirmam cientistas [...]"

Steve Connor. Aquecimento já provoca mudança em gene animal. *Folha de S.Paulo*. 9 maio 2006. Disponível em: <https://www1.folha.uol.com.br/fsp/ciencia/fe0906200601.htm>. Acesso em: 2 abr. 2019.

A qual teoria evolutiva o texto se refere? Justifique comparando as teorias.

DESAFIO

1. Com base na imagem ao lado, desenvolva duas hipóteses para a cor verde do grilo, indicando em qual teoria evolucionista ela se enquadra.

→ Grilo verde.

CAPÍTULO 2
Hereditariedade e material genético

No capítulo anterior, você estudou as teorias a respeito da evolução dos seres vivos. Neste capítulo, você vai estudar as leis que regem a transmissão dos caracteres hereditários.

 EXPLORANDO A HEREDITARIEDADE

Era a primeira aula de Ciências do 9º ano. Erika estava muito confiante de que aprenderia bastante.

Ela folheou o livro e observou que havia muitos assuntos diferentes e que todos pareciam muito interessantes. "Quero aprender tudo isso muito bem", a garota pensou.

Após se apresentar aos alunos e solicitar a eles que também se apresentassem, a professora explicou o programa do curso e pediu-lhes ideias sobre a melhor forma de organizar a participação de todos na aula.

Em seguida, leram o primeiro texto do ano, cujo tema era hereditariedade. Os alunos ficaram animados, pois o texto informava como uma pessoa herda as características do pai e da mãe — por exemplo, a cor dos olhos e o tipo de cabelo — e como é definido o sexo dos bebês.

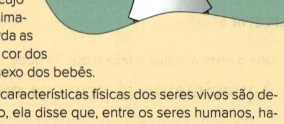

Saulo Nunes Marques

A professora então explicou que muitas das características físicas dos seres vivos são determinadas pelos genes. Para dar outro exemplo, ela disse que, entre os seres humanos, havia pessoas com o lóbulo da orelha solto e outras com o lóbulo da orelha preso, característica também determinada geneticamente. Nesse momento, Erika ficou preocupada:

— Professora, meu pai e minha mãe têm o lóbulo da orelha solto! Como o lóbulo da minha orelha pode ser preso? Gente, será que eu sou adotada?

A professora sorriu, achando graça da inquietação de Erika, e concluiu:

— Calma! Antes de você chamá-los hoje à noite para uma conversa séria, saiba que é perfeitamente possível você ter nascido com o lóbulo da orelha preso. Casais em que ambos têm o lóbulo solto podem ter filhos com o lóbulo preso. É isso o que a genética vai nos mostrar. Vamos aprender probabilidades como essa?

Agora é sua vez.

1. Você já ouviu falar nas leis da hereditariedade? A que elas se referem?
2. Como se explica o lóbulo preso da orelha da Erika?

As bases da hereditariedade

Você já se perguntou por que tem algumas características físicas tão parecidas com as de seu pai ou de sua mãe? Em casos assim, popularmente se diz que uma pessoa "puxou" as características da outra. Esse fenômeno sempre intrigou os cientistas. Eles já sabiam que os genitores passavam suas características à prole e que muitas pessoas até usavam isso, no dia a dia, para fazer cruzamentos e obter a melhor cria de um animal ou a melhor semente de uma planta.

Os estudiosos sempre ficaram intrigados com o fato de os seres vivos transmitirem características a seus descendentes.

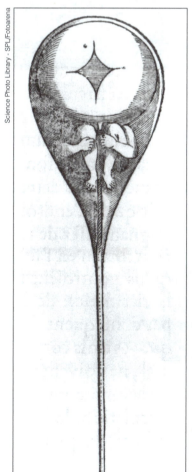

As tentativas de explicação para o fenômeno começaram há muito tempo. Desde Aristóteles (384 a.C.-322 a.C.), já se discutia como os animais geravam outros animais. Esse filósofo acreditava que, nos ovos das aves, por exemplo, já havia um "princípio" que gerava o filhote.

No século XVII, discussões sobre como se formava o embrião resultaram, pelo menos, em duas explicações: na primeira, os órgãos embrionários seriam formados a cada geração e, na segunda, eles já estariam contidos, em miniatura, nos ovos.

A ilustração ao lado representa o que os defensores da segunda opinião afirmavam: dentro do espermatozoide (ou do ovócito) já havia um "homúnculo", um ser em miniatura.

Com base nos conhecimentos sobre células e com o aprimoramento dos instrumentos de aumento, como os microscópios, essa ideia foi derrubada. Admitiu-se, na segunda metade do século XIX, que a transmissão de entidades materiais só poderia ocorrer por meio dos gametas, já que eles são a única ligação física entre as gerações.

Representação produzida em 1694, atribuída ao matemático holandês Nicolas Hartsoeker (1656-1725), que mostra homúnculo dentro de um espermatozoide.

Mendel e as leis da hereditariedade

O monge Gregor Johann Mendel (1822-1884) nasceu na República Tcheca, onde passou toda a vida. Ele começou a se dedicar aos estudos com ervilhas em 1856, no mosteiro agostiniano onde vivia. Fez cruzamentos entre variedades dessa planta, os quais o levaram a compreender parte das leis naturais que regem a transmissão das características hereditárias. Para isso ele elaborou experimentos sistematizados e usou bastante a Matemática.

Embora os resultados de suas pesquisas não tenham repercutido muito na época, em 1900 outros pesquisadores obtiveram resultados semelhantes aos que ele alcançou, com base em estudos independentes. Essas novas evidências comprovaram as conclusões de Mendel, e seu trabalho foi redescoberto. Por isso, ele é considerado "o pai da Genética". A **Genética** é o ramo da Ciência que estuda os mecanismos de hereditariedade, ou seja, a transmissão, de uma geração a outra, de características de uma espécie.

Os experimentos feitos por Mendel

Em sua pesquisa, Mendel fez uma série de cruzamentos com ervilhas, plantas facilmente cultivadas, com ciclo de vida curto e características bem definidas, como a cor das sementes, que pode ser verde ou amarela.

Os cruzamentos

Para fazer seus experimentos, Mendel separou os pés de ervilha entre os de semente amarela e os de semente verde. Ele observou que as plantas de ervilhas verdes, quando cruzadas entre si, sempre produziam ervilhas verdes, o que também ocorria com as amarelas. Em decorrência disso, ele chamou ambas as plantas de linhagens "puras".

Como as flores de ervilha são hermafroditas, ou seja, têm os dois sexos, para evitar que se autofecundassem, ele retirou as anteras (parte masculina) das flores, tornando-as apenas femininas.

Em seguida, Mendel pegou o pólen (que contém os gametas masculinos) das flores de uma planta de ervilha com sementes verdes e colocou-o sobre o estigma (parte do aparelho reprodutor feminino) das flores de ervilha com sementes amarelas, e vice-versa. Em outras palavras, ele fez uma **fecundação cruzada** entre plantas de linhagens puras.

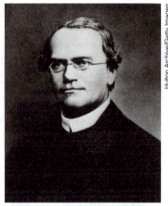

↑ Gregor Johann Mendel publicou os resultados de seus primeiros trabalhos em 1866, mas, na época, eles receberam pouca atenção.

A proporção entre as dimensões dos elementos representados, bem como as cores usadas, não são as reais.

← Esquema que mostra o procedimento seguido por Mendel para fazer a polinização das flores de ervilha.

Do cruzamento de plantas verdes "puras" com plantas amarelas "puras", nasceram apenas ervilhas de sementes amarelas.

Mendel plantou essas sementes do primeiro cruzamento e, quando as plantas floresceram, deixou que se autofecundassem, ou seja, que a parte masculina fecundasse a parte feminina da mesma flor. O resultado desse segundo cruzamento foi o surgimento de vagens tanto com sementes verdes quanto com sementes amarelas, mas na proporção de três amarelas para uma verde.

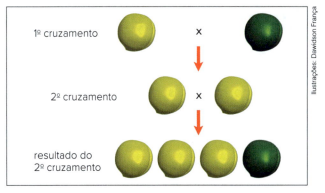

↑ Resultado do segundo cruzamento efetuado por Mendel.

As conclusões de Mendel

Mendel elaborou a hipótese de que as duas plantas, quando cruzadas, forneciam fatores para gerar um novo ser. Ao constatar que ervilhas de cor amarela tinham características que predominavam sobre as de cor verde, concluiu que haveria fatores dominantes nas ervilhas amarelas e fatores recessivos (que não se manifestam) nas ervilhas verdes.

Indivíduos que têm os dois fatores do mesmo tipo foram chamados **homozigotos**, uma vez que, na produção de gametas, sempre serão doadores do mesmo tipo de fator. Já os indivíduos portadores de dois fatores diferentes foram chamados de **heterozigotos** (ou híbridos). Eles podem produzir gametas tanto com o fator recessivo quanto com o dominante.

Quando a ervilha amarela pura é cruzada com a ervilha verde pura, os descendentes são heterozigotos – ou seja, portadores de ambos os fatores (amarelo e verde) – mas que apresentam ervilhas necessariamente amarelas por causa do fator dominante.

Em relação às plantas resultantes do segundo cruzamento, Mendel verificou que a proporção de indivíduos era sempre de três dominantes para um recessivo. Concluiu, então, que havia tanto plantas homozigotas quanto heterozigotas e que o fator para cor de semente verde (recessivo) só se manifestava em indivíduos homozigotos, ou seja, com os dois fatores para essa característica.

Atualmente os fatores dominantes são representados por letra maiúscula (letra **A**, por exemplo). Já os fatores recessivos são representados por letra minúscula (letra **a**, por exemplo).

Veja o esquema ao lado.

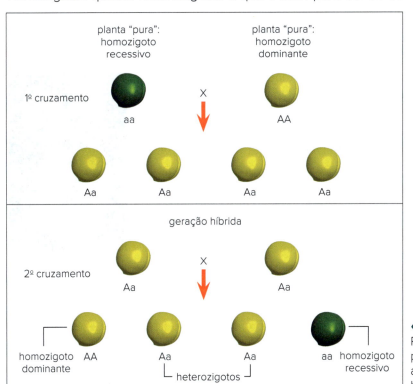

← Resultados obtidos por Mendel na primeira e na segunda gerações, mas agora com indicação de caracteres homozigóticos e heterozigóticos.

179

Alguns conceitos de genética

A redescoberta dos trabalhos de Mendel pelos cientistas evolucionistas no início do século XX deu origem a diversas questões fundamentais para complementar tanto os trabalhos de Mendel como a teoria da evolução de Darwin e Wallace. Por exemplo: Onde se localizam nas células os fatores que determinam a hereditariedade? Como descrever o processo biológico responsável pela segregação dos fatores na formação dos gametas, como demonstrado estatisticamente por Mendel?

Outro aspecto importante nessa discussão sobre a hereditariedade é que nem todas as características passadas entre as gerações podem ser explicadas pelas leis de Mendel. Isso indicava que havia necessidade tanto de estudar melhor os mecanismos do processo de segregação já conhecidos como de ampliar o entendimento deles.

A proporção entre as dimensões dos elementos representados, bem como as cores usadas, não são as reais.

↑ Esquema simplificado mostrando que o material genético de uma pessoa está nos cromossomos.

Fonte: Robert Winston. *A revolução da evolução: de Darwin ao DNA*. São Paulo: Caramelo. p. 42.

A esta altura, você já deve estar convencido de que, no caso dos seres humanos e de outros seres vivos que se reproduzem de forma sexuada, os filhos herdam características tanto da mãe quanto do pai. O novo indivíduo se desenvolve a partir de uma célula chamada **zigoto**, que recebe as características hereditárias por meio de estruturas denominadas **cromossomos**, presentes tanto no ovócito como no espermatozoide.

As células eucarióticas contêm em seu núcleo a cromatina, formada por moléculas de DNA (do inglês: **ácido desoxirribonucleico**). No núcleo, o DNA pode estar mais ou menos espiralizado, associando-se a proteínas. Cada molécula de DNA compõe um cromossomo. As características hereditárias são determinadas pelos **genes** presentes nas moléculas de DNA. Os genes, por sua vez, são segmentos de DNA que determinam principalmente a produção de proteínas específicas, as enzimas, atuantes em diferentes funções do organismo.

Hoje sabemos que aquilo que Mendel chamou de fatores (as unidades fundamentais transmitidas de geração a geração) são os **alelos dos genes**.

No esquema ao lado é possível visualizar um cromossomo formado por uma molécula de DNA em seu grau máximo de espiralização, localizado no núcleo da célula eucariótica.

As células procarióticas também têm cromossomos, mas estes não se organizam em um núcleo envolvido por membrana. Um único cromossomo fica solto no citoplasma. Os genes presentes no DNA do cromossomo dos organismos procariontes, como as bactérias, são também os responsáveis pelas características passadas aos descendentes, garantindo a continuidade da espécie.

↑ Fotografia de um cromossomo humano, produzida por microscópio eletrônico. Aumento de aproximado de 11 000 vezes.

AQUI TEM MAIS

A descoberta do DNA e o projeto genoma

O século XX foi caracterizado por um grande progresso na biologia, assim como os séculos anteriores haviam produzido um conjunto de explicações sobre a matéria inanimada, como a natureza do átomo, a química e o eletromagnetismo.

O curso da história da Medicina nos últimos anos foi, indubitavelmente, estarrecedor: ninguém poderia sequer imaginar o que aconteceria no milênio que passou. E estamos agora, certamente, em mais um desses momentos em que, por mais que se imagine, muito difícil é prever como evoluirá a medicina e a que velocidade.

A estrutura tridimensional da molécula de DNA – a dupla hélice – foi descoberta em 1953, por Francis Crick, James Watson e Maurice Wilkins, quando trabalhavam em Cambridge, no Reino Unido. Eles construíram modelos de cartolina e arame para entender e descrever o DNA, e o resultado foi publicado em duas páginas da revista *Nature*, em 25 de abril de 1953, há pouco mais de 50 anos. O texto de 900 palavras era acompanhado de um esboço simples da famosa dupla hélice e atraiu pouca atenção da comunidade científica. O estudo só ganhou destaque em 1957, quando cientistas demonstraram que o DNA se autorreplica, como os dois autores haviam previsto. O prêmio Nobel lhes foi outorgado em 1962. Sem dúvida, como em outras descobertas, tributo deve ser feito a alguns predecessores como Gregor Mendel, cujas pesquisas sobre hereditariedade ficaram esquecidas por mais de 30 anos, até serem redescobertas em 1900, assim como Charles Darwin e sua teoria da evolução de 1858.

A descoberta de Crick (falecido em julho de 2004), Watson e Wilkins abriu uma nova era para a ciência e, desde então, vem causando uma verdadeira revolução na investigação científica ligada às ciências da vida. Ainda estamos longe de antever suas consequências na totalidade, mas sem dúvida foi um marco na história da Medicina do século passado.

[...]

A descoberta da dupla hélice do DNA, que abriu caminho para a moderna biologia molecular, aponta para horizontes ainda mais fantásticos – e cada vez mais próximos – como, por exemplo, o de medicamentos personalizados de acordo com o código genético de cada um. Pelo menos teoricamente seria possível, e mais simples, obter-se medicamentos mais eficazes e com melhor perfil toxicológico.

Além disso, os modernos meios de comunicação fazem com que um cientista trabalhando em qualquer parte do mundo com um computador e uma conexão de internet possa se cadastrar e ter acesso a vastos bancos de genes e predizer quais sequências de aminoácidos e função de proteínas esses genes codificam. E tudo isso gratuitamente, garantindo um modelo de cooperação, confiança e altruísmo internacional. Espera-se apenas que todo esse conhecimento e liberdade sejam utilizados para o bem dos seres humanos e da sociedade como um todo.

A descoberta do DNA e o projeto genoma. *Revista da Associação Médica Brasileira*, São Paulo, v. 51, n. 1, jan./fev. 2005. Disponível em: <http://dx.doi.org/10.1590/S0104-42302005000100001>. Acesso em: 4 abr. 2019.

1. Por que o texto associa a descoberta da estrutura do DNA aos trabalhos de Mendel e de Darwin?
2. Segundo o texto, quais são as contribuições da descoberta da dupla hélice do DNA? Você saberia citar outras contribuições não listadas no texto?
3. Por que os computadores ligados à internet são importantes para a continuação das pesquisas sobre o genoma humano?

A formação dos gametas

O número de cromossomos das células varia entre as espécies de seres vivos. Nas células **somáticas** encontra-se o número de cromossomos da espécie.

O termo **ploidia** refere-se ao número característico de cromossomos de uma espécie. As palavras **haplo** e **diplo** são de origem grega: a primeira significa "simples" e a segunda diz respeito "àquilo que é duplo". As células que contêm apenas um conjunto de cromossomos característicos da espécie são chamadas de **haploides**; já aquelas com dois conjuntos são denominadas **diploides**.

Uma célula somática humana é diploide, ou seja, tem dois conjuntos de 23 cromossomos, totalizando 46. As células diploides são representadas pelo símbolo **2n**. Já as células sexuais, os gametas, são haploides, pois apresentam apenas um conjunto de cromossomos característicos da espécie, e são representadas pelo símbolo **n**.

Na reprodução sexuada, as células sexuais haploides se combinam para gerar uma célula diploide. Assim, a união do espermatozoide e do ovócito (haploides) resulta no zigoto (diploide), e o novo indivíduo é formado pela combinação de cromossomos do pai e da mãe. Na espécie humana, o número de 46 cromossomos é obtido da junção de 23 do pai com 23 da mãe.

O processo de produção de gametas chama-se **gametogênese** (*gênese* significa "origem"). Os gametas são produzidos nas gônadas – ovários e testículos – pelo tipo de divisão celular conhecido como **meiose**. Nessa divisão, uma célula diploide origina quatro células haploides.

> **GLOSSÁRIO**
>
> **Somático:** que forma o corpo. Nesse caso, todas as células do corpo, menos os gametas, que têm apenas um conjunto de cromossomos.

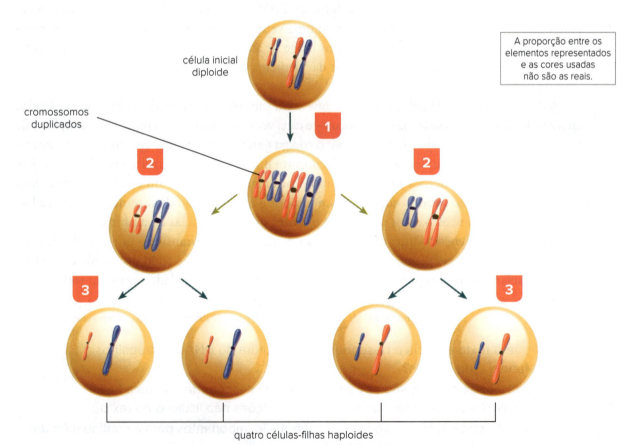

A proporção entre os elementos representados e as cores usadas não são as reais.

↑ Esquema simplificado da meiose de uma célula com dois pares de cromossomos. As etapas da meiose estão indicadas com números: 1. duplicação dos cromossomos; 2. primeira divisão da meiose; 3. segunda divisão da meiose.

Os gametas humanos e a determinação do sexo

Como vimos, os cromossomos humanos organizam-se em pares ligados – com exceção dos cromossomos que definem o sexo. Os cromossomos variam muito em tamanho e forma e isso depende do número de genes que eles carregam.

O cariótipo é um tipo de mapa que organiza os cromossomos de acordo com o tamanho. O cariótipo humano é constituído de 23 pares de cromossomos, totalizando 46. Desses cromossomos, 44 são chamados de **autossomos (A)**, e os outros dois são os **cromossomos sexuais (X ou Y)**.

O sexo genético é determinado pela combinação dos dois cromossomos sexuais. Quem é do sexo masculino carrega células com 44 A + XY e quem é do sexo feminino, 44 A + XX.

Como vimos, os gametas são haploides (n) e, portanto, tanto o ovócito quanto o espermatozoide humano têm 23 cromossomos cada. Como os indivíduos do sexo genético feminino têm dois cromossomos X, todos os seus ovócitos terão 22 cromossomos autossômicos mais o cromossomo sexual X. Já os indivíduos do sexo genético masculino têm um cromossomo sexual X e um Y. Produzem dois tipos de espermatozoide: aquele que carrega 22 cromossomos autossômicos mais o cromossomo X e o que é portador de 22 cromossomos autossômicos mais o cromossomo Y.

Dessa forma, é o espermatozoide que determina o sexo genético do zigoto no momento da fecundação. Se o ovócito for fecundado por um espermatozoide portador do cromossomo X, o zigoto dará origem a um bebê do sexo feminino (44 A + XX). Se o espermatozoide que fecundar o ovócito carregar o Y, o bebê será do sexo masculino (44 A + XY).

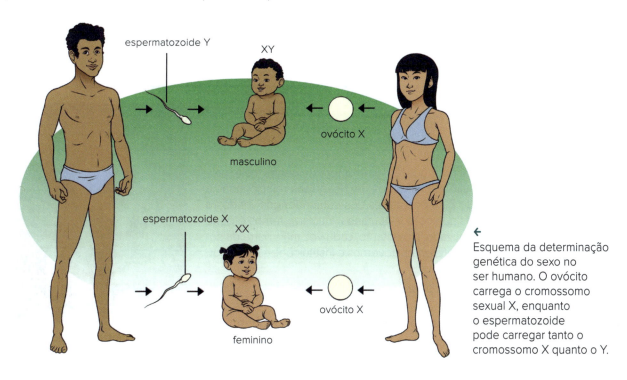

Esquema da determinação genética do sexo no ser humano. O ovócito carrega o cromossomo sexual X, enquanto o espermatozoide pode carregar tanto o cromossomo X quanto o Y.

Os cromossomos contêm o código por meio do qual é possível reproduzir qualquer parte do organismo. Toda vez que uma célula se multiplica, os cromossomos são repassados para as novas células. Os cromossomos fazem uma cópia exata de si mesmos e, então, dividem-se para fazer parte da nova célula.

Ficou mais fácil entender a diversidade da vida na Terra quando se descobriu que os seres vivos tinham quantidades diferentes de cromossomos e que o material genético desses cromossomos também variava de indivíduo para indivíduo.

Hoje, entender os seres vivos passa por entender seu código genético. Essa área da ciência é relativamente nova e ainda há muito a ser pesquisado.

Genótipo e fenótipo

Cada gene contém uma parte da sequência do DNA com instruções ou códigos que orientam a formação de novas células. São os genes que regem o modo de produção das células de nosso corpo. Eles determinam boa parte do que será um ser vivo.

O **genótipo** é o conjunto de genes do organismo. No caso do nosso corpo, são entre 20 mil e 25 mil genes nos 46 cromossomos. Nossa aparência, tom de voz, digitais, parte da propensão para doenças, por exemplo, são determinados pelas informações contidas nesses genes.

Cada um de nós é do jeito que é por causa da herança genética recebida dos pais, os quais, por sua vez receberam dos pais deles. Muitas vezes, temos características de um avô ou bisavô que não se manifestaram nos nossos pais. Como essas variações acontecem?

Se você acompanhou o experimento de Mendel sobre as ervilhas, deve ter entendido que os genes ("fatores", para Mendel) são combinados e repassados de uma geração para outra. No caso dos seres humanos, acontece algo semelhante. Nossos 46 cromossomos se dividem em dois conjuntos de 23 cromossomos. Os alelos, descritos anteriormente, encontram-se um em cada conjunto.

Assim, os alelos que determinam o **fenótipo** (cor dos olhos, tipo sanguíneo etc.) encontram-se sempre aos pares, mas, na formação dos gametas (células sexuais), eles se separam. Na fecundação, os gametas (masculino e feminino) se unem para originar um novo indivíduo. Desse modo, cada indivíduo tem parte do seu genótipo vindo da mãe e parte vindo do pai.

> **GLOSSÁRIO**
> **Fenótipo:** corresponde à forma pela qual o genótipo se expressa. É a característica em si, que pode ser visível ou detectável. Depende da interação tanto entre os genes quanto do indivíduo com o ambiente.
> **Genótipo:** corresponde aos genes de um indivíduo para todas as características ou para uma em especial. Por exemplo, ervilhas com sementes verdes têm os dois alelos recessivos e, portanto, genótipo recessivo para essa característica.

CURIOSO É...

Testes em animais

Os humanos e os camundongos têm um número de genes muito próximo. Não é à toa que são tão utilizados em pesquisas relacionadas à saúde humana: cerca de 80% dos genes dos camundongos ligados a doenças são os mesmos que os dos humanos, inclusive temos o gene para a cauda, embora inativado. No entanto, cada vez mais parte da sociedade tem pressionado diferentes governos e instituições a reduzir ou eliminar os testes em animais.

Veja o trecho da matéria a seguir:

↑ Camundongo comumente usado em laboratório.

> Impulsionada pela opinião pública e pelo desenvolvimento científico e tecnológico da toxicologia, que estuda os efeitos de substâncias químicas sobre os organismos, a busca por métodos alternativos aos testes de laboratório em animais já apresenta resultados: simulações de interações moleculares em computador e novas tecnologias para ensaios [...] minimizam o uso de cobaias e apontam para um futuro livre de testes *in vivo*.
> [...]
> A comunidade científica internacional adota uma série de métodos alternativos que têm reduzido e substituído o uso de animais em testes toxicológicos. [...]

Diego Freire. Testes em animais são reduzidos com novos ensaios *in vitro* e simulações. *Agência Fapesp*. 6 abr. 2015. Disponível em: <http://agencia.fapesp.br/testes-em-animais-sao-reduzidos-com-novos-ensaios-in-vitro-e-simulacoes/20928/>. Acesso em: 31 maio 2019.

Determinação de características humanas

Vamos explicar de outro modo o que foi dito até agora, usando os termos **2n** e **n**. Na espécie humana, as **células somáticas** (que não são células sexuais) são diploides (2n).

- Células somáticas são diploides (2n): têm dois conjuntos de 23 cromossomos, totalizando 46 cromossomos.

Se há dois conjuntos, logo há dois cromossomos de cada, um de cada conjunto. Os alelos localizam-se, cada um, em um cromossomo. As células somáticas (2n) é que determinam o fenótipo.

Mas, durante a formação das **células sexuais** (os **gametas**), os cromossomos se separam. Os gametas são haploides (n).

- Células sexuais são haploides (n): têm apenas 23 cromossomos.

POSSO PERGUNTAR?

Cada gene determina uma característica do nosso corpo?

Nesse caso, o gameta tem apenas um dos alelos do par. Na fecundação, os gametas se unem, formando o zigoto, que dará origem ao novo indivíduo. O zigoto é diploide (2n), pois os alelos oriundos do pai e da mãe se unem, formando um novo par.

Você se lembra da narrativa que abre este capítulo, a respeito da questão anatômica da orelha? Esse assunto pode ser usado para exemplificar com seres humanos as descobertas de Mendel. O caráter ou a característica do lóbulo da orelha, nos seres humanos, pode ser o de ser solto ou de ser preso. O lóbulo solto é dominante e vamos chamá-lo **P**, já o lóbulo preso é recessivo e vamos chamá-lo de **p**.

Como o alelo P é dominante, tanto indivíduos homozigotos PP como heterozigotos Pp vão apresentar o lóbulo solto. Somente os indivíduos homozigotos recessivos, que tiverem os alelos pp, apresentarão o lóbulo preso.

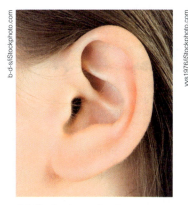

↑ Lóbulo de orelha humana do tipo solto.

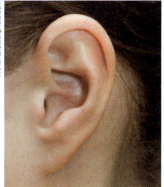

↑ Lóbulo da orelha humana do tipo preso.

Heredograma

Heredograma é um diagrama com símbolos padronizados que representam relações de parentesco e ocorrência de determinada característica genética nas gerações de uma família. As diferentes gerações são representadas pelos algarismos romanos I, II, III colocados à esquerda. Os indivíduos sem a característica de que trata o heredograma são representados pelas formas geométricas sem preenchimento. Já os indivíduos com a característica em questão são representados pelas formas geométricas preenchidas de preto. Esses indivíduos são também chamados de "afetados".

→ Heredograma que mostra a transmissão de uma característica hereditária ao longo das gerações de uma família.

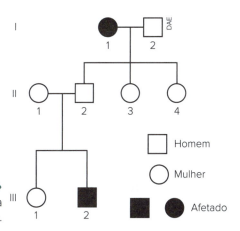

Organismos geneticamente modificados: o caso dos transgênicos

Um organismo geneticamente modificado (OGM) é um ser vivo que foi modificado geneticamente por meio de técnicas de engenharia genética. Tal modificação pode acarretar alterações na estrutura ou na função do material genético do próprio organismo, por exemplo, inativar um gene.

Um transgênico, por sua vez, é um OGM que recebeu uma parte do material genético de outra espécie. Desse modo, também sofreu modificação genética, mas foi submetido à introdução de um fragmento de DNA de outra espécie – por vezes espécies pouco próximas, como ocorre na inserção de DNA de uma bactéria em um vegetal. Assim, o transgênico é um tipo de OGM, mas nem todo OGM é um transgênico.

Os transgênicos estão sendo largamente pesquisados, sobretudo para seu emprego na agroindústria. Veja no esquema o processo simplificado de transgenia do milho Bt, no qual é inserida parte do material genético de uma bactéria.

1. O *Bacillus thuringiensis* (Bt) é uma bactéria capaz de formar certos tipos de cristal tóxicos para alguns organismos.
2. Em laboratório, foi retirado, do DNA da bactéria, o gene responsável pela produção desses cristais tóxicos.
3. A sequência de gene do Bt é manipulada em laboratório, e esse material genético é introduzido no DNA do milho, de modo que ele passa a produzir, em suas células, os mesmos cristais.
4. Quando o milho é atacado, por exemplo, pela lagarta-do-cartucho, as toxinas são liberadas formando os cristais. Ao ingeri-los, a lagarta morre. Os cristais do Bt são inofensivos para mamíferos.

↑ Esquema de produção e ação do milho Bt.

Apesar de amplamente cultivados em diversos países do mundo, inclusive no Brasil, os transgênicos estão envoltos em inúmeras polêmicas. Entre elas, podemos destacar as incertezas acerca dos efeitos desses organismos, em longo prazo, no meio ambiente e naqueles que os consomem. No caso do milho Bt, os defensores de seu cultivo afirmam que a safra é maior e se usa bem menos veneno contra a lagarta, o que é ecologicamente desejável.

1. A fim de entender melhor as vantagens e desvantagens dos organismos transgênicos, vamos simular um julgamento jurídico dessa prática. A turma deve ser organizada em três grupos. Um pesquisará as vantagens dos transgênicos (defesa); outro, possíveis desvantagens (acusação). O terceiro, composto de cinco pessoas, será o dos juízes. Em data marcada pelo professor, o julgamento será realizado.

A clonagem

A clonagem é um processo que gera indivíduos geneticamente idênticos por meio da técnica de transferência nuclear. Ela consiste na fusão do núcleo de uma célula diploide (embrionária, fetal ou adulta) com um ovócito sem o núcleo. Essa técnica possibilitou a clonagem em número ilimitado. Apesar de ainda haver muita polêmica em torno dessa prática, ela já vem sendo utilizada na reprodução de muitos animais, por exemplo, de bovinos.

A proporção entre as dimensões dos elementos representados, bem como as cores usadas, não são as reais.

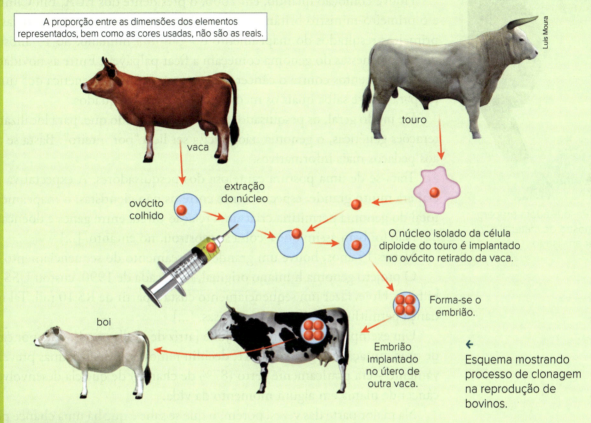

Esquema mostrando processo de clonagem na reprodução de bovinos.

Dolly

Em 1996, Ian Wilmut, do Instituto Roslin (Edimburgo, Escócia), e seus colaboradores substituíram o núcleo de um ovócito pelo de uma célula mamária proveniente de uma ovelha adulta. O resultado foi o nascimento da ovelha Dolly, primeiro mamífero obtido por meio da técnica da clonagem e o primeiro mamífero clonado de uma célula adulta.

Ian Wilmut e a ovelha Dolly.

1. Qual é a vantagem, para os criadores de gado, de utilizar a clonagem como forma de reprodução de alguns animais em vez da reprodução sexuada tradicional?

2. Faça uma pesquisa e, em poucas palavras, descreva a diferença entre clonagem reprodutiva e clonagem terapêutica.

CIÊNCIA, TECNOLOGIA E SOCIEDADE

Após 15 anos, promessas do genoma humano se tornam palpáveis

Houve comoção quando, em 2000, o presidente dos EUA, Bill Clinton, e o primeiro-ministro britânico, Tony Blair, anunciaram, com cientistas, os primeiros resultados do mapeamento do **genoma** humano. Só 15 anos depois as promessas do genoma começam a ficar palpáveis. Entre as novidades, estão tratamentos contra o câncer que partem da análise genética dos tumores para que se saiba quais os medicamentos mais adequados.

De modo geral, os pesquisadores estão descobrindo que, para localizar alterações genéticas, o genoma não precisa ser lido "por inteiro". Basta se ater aos pedaços mais informativos.

Trata-se de uma postura cautelosa dos pesquisadores. A expectativa inicial era muito grande, especialmente entre os não cientistas: o mapeamento total do genoma permitiria criar uma relação direta entre genes e doenças.

Não foi bem assim que a coisa se mostrou, no entanto. [...]

Nesses 15 anos, houve um grande barateamento do sequenciamento.

O projeto genoma humano original, na década de 1990, custou US$ 2,7 bilhões. Hoje, fazer um sequenciamento custa a partir de R$ 10 mil. Tal mudança permitiu diversificar as pesquisas. [...]

Um exemplo foi o de Angelina Jolie [atriz de Hollywood], que, por causa de uma mutação no gene BRCA1, decidiu remover as duas mamas preventivamente – era praticamente certo (87% de chance) de que ela desenvolveria câncer de mama em algum momento da vida.

Na maior parte das vezes, porém, o que se sabe é que há uma chance poucos pontos percentuais maior do que a média de se ter determinado problema de saúde. [...]

[...]

Há ainda várias outras áreas com resultados interessantes além da genômica. Uma delas é a proteômica, ou seja, o estudo das proteínas, que são produto da expressão gênica. Há ainda a transcriptômica, que estuda o RNA, e a conectômica, que tenta decifrar como neurônios se comunicam. Se tudo der certo, em algumas décadas teremos a chance de ter um arsenal de recursos farmacológicos eficazes e baratos contra boa parte das doenças crônicas, como Alzheimer e hipertensão.

Mas, como se vê, expectativas às vezes são frustradas.

Gabriel Alves. Após 15 anos, promessas do genoma humano se tornam palpáveis. *Folha de S.Paulo*, 20 set. 2015. Disponível em: <https://www1.folha.uol.com.br/ciencia/2015/09/1684064-apos-15-anos-promessas-do-genoma-humano-se-tornam-palpaveis.shtml>. Acesso em: 31 maio 2019.

↑ Pesquisadora prepara amostra de material para ser analisado.

GLOSSÁRIO

Genoma: é o termo que se refere ao DNA total de um indivíduo ou espécie. Contém todos os genes de uma espécie, além das partes do DNA que não correspondem aos genes.

1. De acordo com o texto, por que "expectativas às vezes são frustradas"?
2. Qual é a importância do sequenciamento do genoma para a saúde?

188

ATIVIDADES

SISTEMATIZAR

1. Como se chama o indivíduo que tem alelos do mesmo tipo para determinado gene? E o indivíduo que tem alelos diferentes?

2. Entre as características genéticas conhecidas da ervilha, além da cor da semente, podem ser destacadas: a forma da semente, que pode ser lisa (VV ou Vv) ou rugosa (vv); a cor da flor, que pode ser púrpura (WW ou Ww) ou branca (ww); e a cor da vagem, que pode ser verde (ZZ ou Zz) ou amarela (zz).

   Mencione os genótipos relacionados a ervilhas com os seguintes fenótipos:

   a) semente rugosa, flor branca e vagem verde;

   b) semente lisa, flor púrpura e vagem amarela.

3. Que genótipos devem resultar do cruzamento de duas plantas, ambas com sementes amarelas e genótipo AA? E de uma planta amarela AA com uma planta verde aa?

REFLETIR

1. Os camundongos são os animais mais usados nas pesquisas da área médica para estudar doenças e medicamentos, antes de serem testados em humanos. Explique por que eles são mais usados do que parentes evolutivos mais próximos do ser humano, como os chimpanzés.

→ Camundongos são largamente utilizados em laboratório.

DESAFIO

1. Em aconselhamentos genéticos, um dos recursos utilizados é a elaboração de heredogramas como este, ao lado:

   Identifique a alternativa que não está correta em relação à função desse tipo de representação, e transcreva-a no caderno, modificando-a para que fique correta.

   a) Determina o provável padrão de herança de uma doença.

   b) Ilustra as relações entre os membros de uma família.

   c) Prevê a frequência de uma doença genética em uma população.

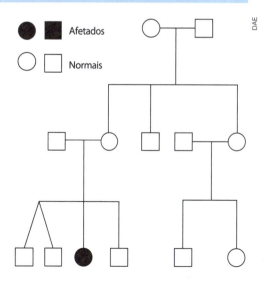

189

CAPÍTULO 3

Seres humanos e a evolução da espécie

No capítulo anterior, você conheceu os processos que atuam na hereditariedade. Neste capítulo, você vai saber mais informações sobre nossa espécie, com destaque para alguns eventos da evolução.

EXPLORANDO OS SERES HUMANOS

Cid e os colegas do 9º ano acordaram muito empolgados naquele dia. Eles visitariam o zoológico de uma cidade vizinha.

Fizeram a maior festa no ônibus, cantaram e contaram piadas. E comentaram muito sobre os animais que encontrariam no local. Chegando lá – um lugar grande e arborizado –, Cid e os colegas passaram a seguir os monitores, que explicavam vários fatos sobre os animais que iam observando. Um mais interessante que o outro.

No entanto, ficaram realmente empolgados quando chegaram à ala dos primatas, pois, afinal, eram os animais preferidos de muitos deles.

Cid chamou a atenção de todos para um orangotango fêmea que cuidava de seu filhote:

– Olha, a mãe está catando piolho do filho!

Depois, os alunos chegaram ao recinto dos chimpanzés, e Cid se divertiu com um filhote que brincava com eles a distância, indo de um lado para outro, parecendo sorrir.

– Parece até que ele sorri e manda beijos. Chimpanzés são muito parecidos conosco, não? – comentou Cid.

– São mesmo! – respondeu a professora.

Agora é sua vez.

1. Em sua opinião, quais são as semelhanças entre os orangotangos, os chimpanzés e nós, seres humanos?

2. Por que os chimpanzés e os seres humanos são parecidos?

A origem dos seres humanos

Desde o aparecimento dos primeiros seres vivos unicelulares, uma longa história evolutiva ocorreu na Terra até o surgimento dos primatas – ordem de mamíferos à qual pertencem, entre outros, humanos, gorilas e chimpanzés. Essa história pode ser desvendada atualmente pela análise dos próprios seres vivos e de muitos fósseis.

A ciência encontrou evidências acerca da linhagem evolutiva dos primatas relacionando o surgimento dos primeiros ancestrais há aproximadamente 70 milhões de anos. Um dos primeiros ancestrais dos primatas, o *Plesiadapis*, viveu nas montanhas da América do Norte há aproximadamente 50 milhões de anos. Ele media cerca de 30 centímetros de comprimento, pesava 1 quilo e era semelhante aos atuais musaranhos. Seus hábitos eram noturnos, tinha garras e os olhos eram localizados nas laterais da cabeça. Ele vivia em árvores e se alimentava principalmente de insetos e das larvas deles.

↑ Reconstituição da aparência do *Plesiadapis*, o ancestral dos primatas.

Desse ancestral evoluíram os **prossímios**, ou primatas inferiores, e os **antropoides** (do grego *anthropos*, "homem", e *oide*, "parecido"), ou primatas superiores. As principais características desse último grupo são o encéfalo desenvolvido e os membros longos.

O esquema abaixo é chamado de **cladograma**. Ele relaciona a provável evolução dos primatas representados com base em estudos desse assunto.

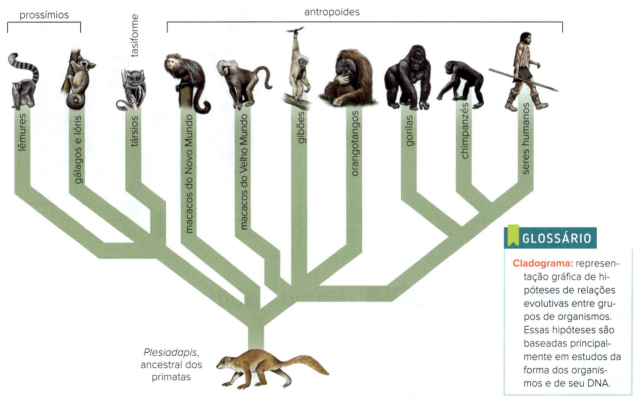

↑ Cladograma (também conhecido como árvore filogenética) dos primatas.

Fonte: Primate family tree. Disponível em: <http://humanorigins.si.edu/evidence/genetics>. Acesso em: 31 maio 2019.

> **GLOSSÁRIO**
>
> **Cladograma:** representação gráfica de hipóteses de relações evolutivas entre grupos de organismos. Essas hipóteses são baseadas principalmente em estudos da forma dos organismos e de seu DNA.

Embora a ciência tenha avançado no estudo da história evolutiva de todas as espécies, incluindo a dos seres humanos, ela está em constante construção. Isso acontece em razão de divergências quanto à datação dos fósseis, da descoberta de novos fósseis e do aprofundamento do conhecimento sobre as espécies.

Conhecendo alguns hominídeos

Há evidências fósseis de que seres semelhantes a nós, humanos, viveram em épocas e regiões distintas da Terra. Alguns deles coexistiram durante certo período. Veremos a seguir algumas características desses seres.

Australopithecus

Hominídeo que surgiu entre 3 e 4 milhões de anos atrás. O volume de seu cérebro correspondia a menos da metade do volume cerebral do ser humano atual. Com postura bípede, podia usar as mãos para colher alimentos, atirar pedras e pedaços de madeira para abater pequenos animais. Formava grupos familiares.

CURIOSO É...

Lucy, um esqueleto fóssil de *Australopithecus* de 3,2 milhões de anos, foi encontrada na Etiópia em 1974 e contribuiu muito para o conhecimento de nossos ancestrais. Lucy é um fóssil de uma fêmea adulta, que recebeu esse nome porque seus descobridores eram fãs da música *Lucy in the sky with diamonds*, da banda britânica The Beatles.

A análise de seus ossos tornou possível a reconstituição de sua aparência e até de alguns de seus hábitos. Os pesquisadores descobriram, por exemplo, que Lucy e os demais indivíduos de sua espécie eram bípedes analisando o formato dos ossos dos pés, das pernas e do quadril.

Provável aparência de Lucy, reconstituída com base em seu esqueleto fossilizado.

Homo habilis

Surgiu provavelmente há 2 milhões de anos. Seu cérebro era um pouco maior que o do *Australopithecus* e desenvolveu a habilidade de fabricar ferramentas com lascas de pedra. Junto a seus fósseis, foram encontrados vestígios de cabanas que construía.

Reconstrução da provável aparência de um *Homo habilis*.

192

Homo erectus

Surgiu provavelmente há 1,6 milhão de anos. Seu cérebro era maior que o do *Australopithecus* e vivia em grupos de até 30 indivíduos. Coletava raízes e frutos, aprendeu a fazer fogo e fabricava elaboradas ferramentas para caça e pesca. Migrou do continente que hoje chamamos de África para as atuais Europa e Ásia.

→ Provável aparência de um *Homo erectus*.

Homo sapiens neanderthalensis

Também largamente conhecido como "homem de Neandertal", esse hominídeo surgiu provavelmente cerca de 200 mil anos atrás. Enfrentou um período de frio intenso na Terra. Seu cérebro era aproximadamente igual ao nosso e tinha linguagem própria. Vivia em grupos familiares e alimentava-se principalmente de carne. Usava instrumentos bem elaborados e enterrava os mortos. Conviveu com os primeiros humanos modernos.

← Reconstrução da aparência de um homem de Neandertal.

Homo sapiens

Corresponde à nossa espécie. O mais antigo fóssil é o do **Homem de Cro-Magnon** (nome que faz referência à região da França em que foi encontrado). Surgiu provavelmente há cerca de 35 mil anos e seu cérebro era bem desenvolvido.

Com habilidades artísticas, deixou em cavernas pinturas com cenas de seu cotidiano, principalmente de caça – as **pinturas rupestres**. Os cientistas supõem que o *Homo sapiens* surgiu no continente atualmente chamado de África e migrou para outras regiões do planeta em grupos de caçadores e coletores.

Espécie humana e seleção natural

Graças à capacidade de produzir utensílios, roupas, medicamentos, vacinas etc., a espécie humana vem driblando a seleção natural e sobrevivendo em condições adversas e em ambientes muito distintos na Terra.

Beduíno à frente da Grande Pirâmide de Gizé, nos arredores do Cairo, Egito.

Criança inuíte, pertencente à nação indígena esquimó, sentada próximo a iglu, no norte do Canadá. O ser humano é capaz de produzir utensílios e, assim, adaptar-se às mais diversas condições em nosso planeta.

Assim, mesmo os indivíduos com características genéticas que, na natureza, seriam consideradas desvantajosas e comprometeriam sua sobrevivência têm conseguido chegar à idade adulta e deixar descendentes, perpetuando nas populações humanas tanto genes vantajosos quanto desvantajosos.

ATIVIDADES

SISTEMATIZAR

1. Que animal a ciência considera, até o momento, o ancestral comum na evolução dos primatas, incluindo nossa espécie? Quais eram os hábitos desse animal?

2. Considerando-se que:
   - diferentes seres semelhantes a nós, humanos, podem ter coexistido ao longo da evolução em regiões distintas da Terra durante certo período, não havendo uma sucessão linear de espécies (como uma sequência);
   - o ser humano não descende do macaco, assim como os outros primatas – ambos evoluíram, de forma independente, de um ancestral comum.

Observe a imagem acima e responda: O que ela representa? Qual é sua importância para a ciência? Indique os erros dela do ponto de vista científico.

REFLETIR

1. A imagem ao lado é do personagem Piteco, um simpático "homem das cavernas" dos quadrinhos de Mauricio de Sousa. Explique por que a cena seria impossível na realidade.

2. Todos os seres humanos fazem parte da mesma espécie, o *Homo sapiens*. Embora, no passado, cientistas tenham procurado dividir nossa espécie em raças, hoje se sabe que as aparentes diferenças físicas entre as pessoas não são suficientes para subdividir os seres humanos em novos grupos. Com base nesses fatos, em grupo, discuta com os colegas e responda: O que é racismo?

FIQUE POR DENTRO

Adaptações anatômicas do SER HUMANO

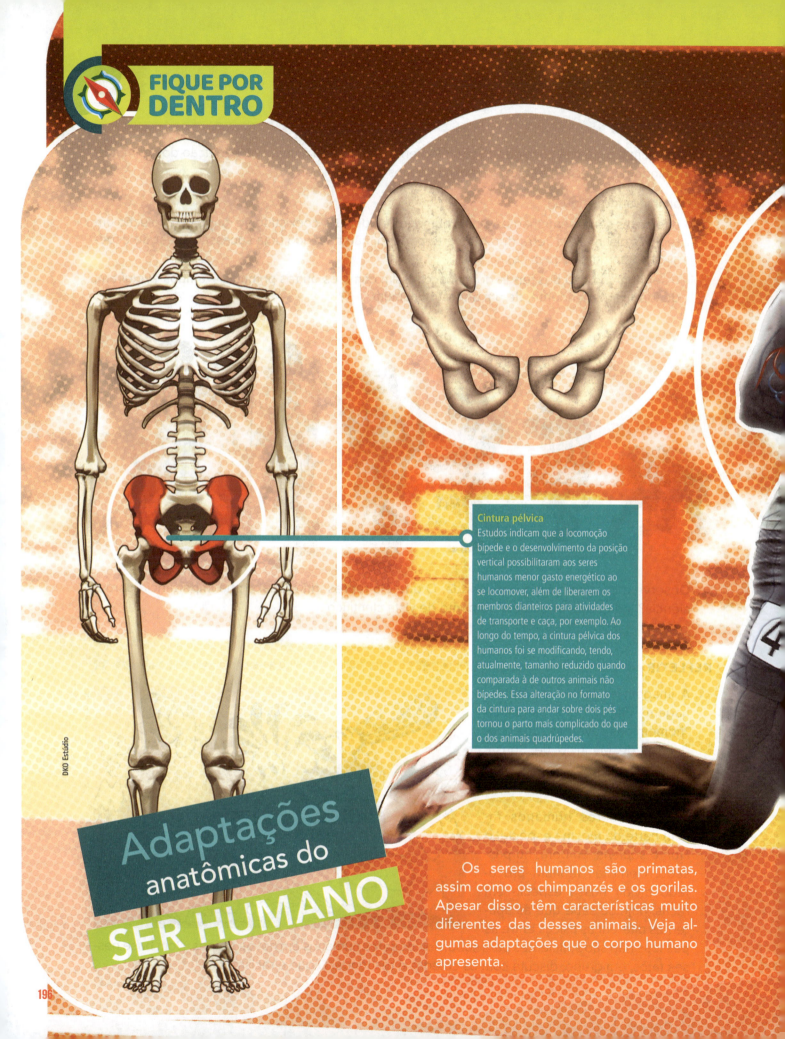

Cintura pélvica
Estudos indicam que a locomoção bípede e o desenvolvimento da posição vertical possibilitaram aos seres humanos menor gasto energético ao se locomover, além de liberarem os membros dianteiros para atividades de transporte e caça, por exemplo. Ao longo do tempo, a cintura pélvica dos humanos foi se modificando, tendo, atualmente, tamanho reduzido quando comparada à de outros animais não bípedes. Essa alteração no formato da cintura para andar sobre dois pés tornou o parto mais complicado do que o dos animais quadrúpedes.

Os seres humanos são primatas, assim como os chimpanzés e os gorilas. Apesar disso, têm características muito diferentes das desses animais. Veja algumas adaptações que o corpo humano apresenta.

DKO Estúdio

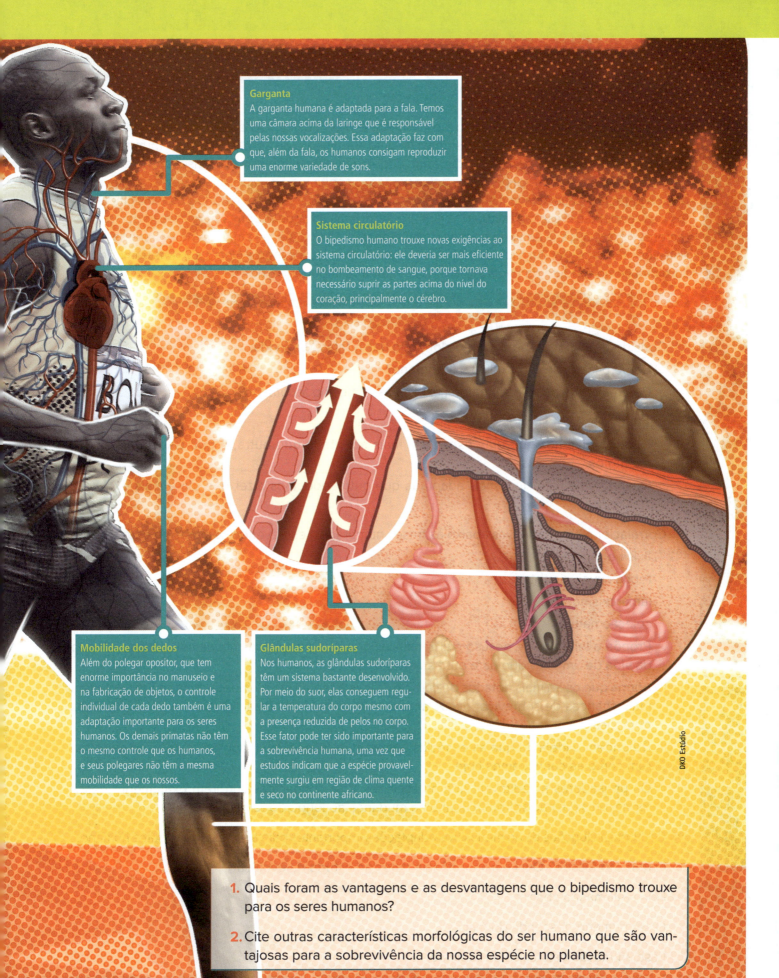

Garganta
A garganta humana é adaptada para a fala. Temos uma câmara acima da laringe que é responsável pelas nossas vocalizações. Essa adaptação faz com que, além da fala, os humanos consigam reproduzir uma enorme variedade de sons.

Sistema circulatório
O bipedismo humano trouxe novas exigências ao sistema circulatório: ele deveria ser mais eficiente no bombeamento de sangue, porque tornava necessário suprir as partes acima do nível do coração, principalmente o cérebro.

Mobilidade dos dedos
Além do polegar opositor, que tem enorme importância no manuseio e na fabricação de objetos, o controle individual de cada dedo também é uma adaptação importante para os seres humanos. Os demais primatas não têm o mesmo controle que os humanos, e seus polegares não têm a mesma mobilidade que os nossos.

Glândulas sudoríparas
Nos humanos, as glândulas sudoríparas têm um sistema bastante desenvolvido. Por meio do suor, elas conseguem regular a temperatura do corpo mesmo com a presença reduzida de pelos no corpo. Esse fator pode ter sido importante para a sobrevivência humana, uma vez que estudos indicam que a espécie provavelmente surgiu em região de clima quente e seco no continente africano.

1. Quais foram as vantagens e as desvantagens que o bipedismo trouxe para os seres humanos?

2. Cite outras características morfológicas do ser humano que são vantajosas para a sobrevivência da nossa espécie no planeta.

PANORAMA

FAÇA AS ATIVIDADES A SEGUIR E REVEJA O QUE VOCÊ APRENDEU.

Neste tema, você viu que a evolução biológica é o processo pelo qual o aparecimento de novas características nos seres já existentes leva ao surgimento de seres com novas formas. Lamarck acreditava que as características eram adquiridas pela lei do uso e desuso, e que essas características pudessem ser herdadas pelas gerações seguintes. Darwin, por sua vez, acreditava que as características estavam sujeitas à seleção natural. Você também estudou os experimentos de Mendel e os resultados que o levaram a decifrar as leis que regem a transmissão dos caracteres hereditários, e adquiriu noções do funcionamento dos mecanismos de hereditariedade entre os humanos. Por fim, viu que os seres humanos atuais, da espécie *Homo sapiens*, também surgiram como produto da evolução, além de estudar a importância dos fósseis.

1. Considerando o caso do pescoço alongado das girafas, responda:
   a) Como o lamarckismo explica o fenômeno?
   b) Como a teoria da seleção natural explica esse mesmo fenômeno?

2. Sobre evolução, responda:
   a) Quando dizemos que uma espécie é mais adaptada que outra, o que isso significa? Dê exemplos.
   b) Quando uma espécie é mais adaptada que outra, podemos dizer que ela é mais evoluída? Justifique.

3. Correlacione as alternativas abaixo às frases numeradas, escrevendo os pares no caderno.
   a) fixismo
   b) teorias evolucionistas
   c) lamarckismo
   d) seleção natural

   I. Propõe a lei do uso e desuso e a transmissão das características novas adquiridas ao longo da vida de um indivíduo para outras gerações.

   II. Afirma que os animais dotados de características adaptativas para determinado ambiente têm mais chances de sobreviver nesse ambiente e passar suas características para as próximas gerações.

   III. Defendem a ideia de que as espécies sofreram mudanças ao longo do tempo, até se tornarem como as conhecemos hoje.

   IV. Os pensadores acreditavam que as espécies hoje conhecidas surgiram exatamente dessa forma, ou seja, não sofreram nenhuma mudança ao longo do tempo.

4. Comente as funções de ao menos três adaptações importantes para a evolução dos seres humanos.

5. O que são fósseis? Qual é a importância deles no estudo da evolução?

6. Leia a afirmação abaixo:

   O ser humano descende do macaco.

   Essa afirmação está correta? Explique.

7. Os heredogramas abaixo mostram famílias em que há indivíduos afetados por determinada síndrome (quadrados e círculos pretos) e indivíduos não afetados (quadrados e círculos sem cor). Observe-os e responda às questões a seguir.

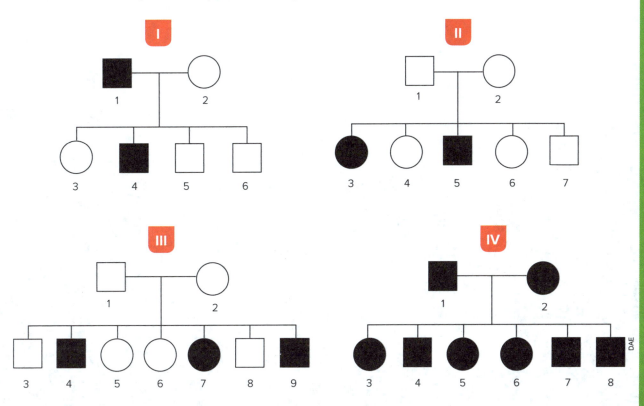

a) A doença é determinada por gene recessivo ou dominante?

b) Quais são os genótipos dos membros do heredograma II? Represente o alelo dominante com **A** e o recessivo com **a**.

c) O descendente do sexo masculino e sadio do heredograma II (indivíduo 7) casou com uma mulher afetada e gerou um filho afetado e uma filha sadia. Com essas informações, é possível saber o genótipo desse homem?

DICAS

▶ ASSISTA

A guerra do fogo. França e Canadá, 1981. Direção: Jean-Jacques Annaud, 100 min. O filme mostra dois grupos de hominídeos pré-históricos antes do surgimento da fala: um que cultuava o fogo como algo sobrenatural e outro que dominava a tecnologia de produzir fogo.

📖 LEIA

Você: o peixe que evoluiu. A incrível história sobre a Teoria da Evolução de Charles Darwin e o futuro do homem, de Keith Harrison (Cultrix). Esse livro procura responder a perguntas sobre o corpo humano traçando a evolução do ser humano desde seus ancestrais mais distantes: os peixes.

A revolução da evolução: de Darwin ao DNA, de Robert Winston (Caramelo). Com boas ilustrações e fotos, a obra apresenta de forma descontraída vários dos assuntos estudados neste tema, como evolução e hereditariedade.

O que maravilhou o sr. Darwin, de Mick Manning e Brita Granström (Biruta). Narrativa ficcional das aventuras de Charles Darwin durante sua viagem pelo mundo, em que passou pelas Ilhas Galápagos e pelos Andes, e explorou a floresta tropical brasileira.

📍 VISITE

Fundação Museu do Homem Americano. Rua Abdias Neves, 551 - Centro - São Raimundo Nonato, Serra da Capivara (PI). A exposição, que mostra a história do homem americano, é baseada nos resultados obtidos em 39 anos de pesquisas realizadas na região do Parque Nacional Serra da Capivara.

Aves em revoada na Ilha de Algodoal, uma Área de Proteção Ambiental. Maracanã (PA), 2017.

TEMA 7
Conservação da biodiversidade

NESTE TEMA
VOCÊ VAI ESTUDAR:

- conceito de biodiversidade;
- estratégias para preservação da biodiversidade;
- unidades de conservação do Brasil;
- conceito de sustentabilidade;
- consumo sustentável.

1. Que elementos você observa no ecossistema representado na imagem?
2. Você conhece esse ecossistema? Que relações podem existir entre sua vida e a dos seres vivos observados na imagem?
3. Você conhece formas de conservar ambientes como esse?

CAPÍTULO

Biodiversidade

Neste capítulo você vai estudar o que é a biodiversidade e como ela pode ser afetada pelas ações humanas.

 EXPLORANDO O SIGNIFICADO DE BIODIVERSIDADE

O professor de Ciências do 9º ano está iniciando a discussão de um novo tema: "Biodiversidade". Antes, porém, ele propõe aos alunos que conversem em dupla sobre o que sabem a esse respeito.

Laura e Pedro formam uma dupla.

— Parece que essa palavra tem alguma relação com "diversidade" — diz Laura.

Pedro confirma o que a colega disse e continua a desafiá-la:

— Correto! Mas essa foi fácil, pois "diversidade" faz parte da palavra. Mas e "bio", o que significa?

— "Bio" significa "vida". Então biodiversidade deve ser diversidade de vida! — exclama Laura, orgulhosa de si mesma.

— Agora é minha vez de perguntar — ela diz. — Você sabe qual é a importância da biodiversidade?

Pedro fica pensativo, sem saber como responder. Então fala:

— Acho que agora precisamos pesquisar um pouco mais para entender o que é cada um desses termos e como eles se relacionam.

Agora é sua vez.

1. Considerando o diálogo entre Laura e Pedro, como você define a palavra "biodiversidade"?

2. Você sabe qual é a importância da biodiversidade?

Biodiversidade

A biosfera é constituída de uma grande diversidade de formas de vida, e o tempo todo ouvimos falar em conservação da biodiversidade. Mas você sabe por que é tão importante sua conservação? E o que significa conservar a biodiversidade?

Muito se fala em biodiversidade ou diversidade biológica e, de modo geral, ela é associada à diversidade ou riqueza de espécies. No entanto, de acordo com a Convenção sobre Diversidade Biológica (CDB), o significado vai além disso. No artigo 2º da CDB ela é definida como:

> [...] a variabilidade de organismos vivos de todas as origens, compreendendo, dentre outros, os ecossistemas terrestres, marinhos e outros ecossistemas aquáticos e os complexos ecológicos de que fazem parte; compreendendo ainda a diversidade dentro de espécies, entre espécies e de ecossistemas. [...]
>
> Ministério do Meio Ambiente. Convenção sobre diversidade biológica. Disponível em: <www.ufrgs.br/patrimoniogenetico/arquivos-e-formularios/convencao-sobre-diversidade-biologica>. Acesso em: 30 maio 2019.

↑ Peixe curimbatá e plantas aquáticas na nascente do Rio Baía Bonita. Bonito (MS), 2018.

Assim, podemos dizer que a biodiversidade engloba a diversidade de espécies (microrganismos, invertebrados, plantas e vertebrados), a diversidade genética associada a cada espécie viva e a diversidade de ecossistemas.

Qual é a importância da biodiversidade?

Dizemos que os ecossistemas são sistemas em equilíbrio dinâmico porque todas as relações que neles ocorrem contribuem para sua manutenção, porém não de forma estática. Um exemplo é o controle populacional: o aumento de uma espécie vegetal pode causar um aumento, até certo ponto, de herbívoros que dela se alimentam, devido à grande disponibilidade de alimento. Em consequência, pode haver o aumento populacional de espécies que se alimentam dos herbívoros, controlando sua população. Diminuindo a população de herbívoros, diminui-se também a de carnívoros predadores.

O equilíbrio dos ecossistemas é extremamente dependente da biodiversidade, pois todos os seres vivos de um ecossistema são importantes para sua manutenção.

A biodiversidade é responsável por serviços ecossistêmicos, como regulação do ciclo hidrológico e da temperatura, e melhoria da qualidade do ar e do solo, além de proporcionar recreação e turismo ao ser humano. As diversas atividades humanas, como agricultura, pesca, produção de medicamentos, cosméticos etc., também dependem da biodiversidade, que é fonte de recursos naturais. Assim, ela é importante tanto para nosso bem-estar como para a economia.

Um dos motivos para conhecer melhor os organismos do planeta é justamente o de manter, por meio de sua conservação, todas as atividades citadas. Se não forem conhecidos e preservados, muitos organismos poderão ser extintos, causando desequilíbrio ambiental.

↑ Quando as abelhas pousam nas flores para se alimentar de néctar, o pólen adere a seu corpo e, assim, elas participam do processo de polinização das plantas.

Ameaças à biodiversidade

Diversas ações humanas causam desequilíbrio nos ecossistemas, muitas vezes tão acentuado e em um período tão curto que não há tempo de as populações se reequilibrarem, o que resulta na perda de biodiversidade.

Dentre as ações humanas que levam à redução da biodiversidade podemos citar: poluição da água, do ar e do solo; diminuição das florestas por causa da expansão agrícola, urbana e industrial; uso excessivo dos recursos naturais, como solo e minerais; introdução de espécies exóticas.

↑ A produção do papel branco envolve o uso de vastas áreas para a produção da matéria-prima (madeira), além de grande quantidade de água, energia e produtos químicos tóxicos.

CIÊNCIA, TECNOLOGIA E SOCIEDADE

Plástico é o maior desafio ambiental do século XXI, segundo ONU Meio Ambiente

Um material que foi criado para salvar vidas animais, hoje, é o responsável pela morte de 100 mil animais marinhos a cada ano: o plástico. Segundo a reportagem especial da *National Geographic* deste mês, o material foi desenvolvido no fim do século XIX para substituir produtos feitos a partir do marfim dos elefantes. Naquela época, o substituto foi um plástico feito com celulose. No entanto, esse material foi posteriormente desenvolvido a partir do petróleo, para barateá-lo e garantir mais qualidade e durabilidade.

Desde então, impulsionado pela indústria de embalagens, o uso do plástico cresceu de forma exponencial. Estima-se que a produção em 2050 chegue a 33 bilhões de toneladas. Neste mesmo ano, cientistas calculam que haverá mais plástico do que peixes nos oceanos. Para Fernanda Dalto, Gerente de Campanhas da ONU Meio Ambiente, o problema não é o plástico, mas sim como o usamos.

↑ Poluição em praia da Baía de Guanabara. São Gonçalo (RJ), 2016.

Estadão, 8 jun. 2018. Disponível em: <https://economia.estadao.com.br/blogs/ecoando/plastico-e-o-maior-desafio-ambiental-do-seculo-xxi-segundo-onu-meio-ambiente>. Acesso em: 16 maio 2019.

1. Em grupos, pesquisem outros problemas decorrentes do uso excessivo de plástico e listem ações para minimizar esses impactos negativos. Compartilhe com os demais alunos.

ATIVIDADES

SISTEMATIZAR

1. O que é biodiversidade?

2. Qual é a importância da biodiversidade?

3. Quais são as principais ameaças à biodiversidade? Como nossas atitudes podem afetá-la?

REFLETIR

1. Com base em seus conhecimentos e considerando o que foi estudado no capítulo, forme dupla com um colega e façam uma lista de atitudes que vocês podem tomar para colaborar com a conservação da biodiversidade.

DESAFIO

1. O resultado de uma pesquisa nacional de opinião a respeito do que os brasileiros pensam sobre a biodiversidade, realizada em março de 2006, foi de que 56% dos entrevistados não tinham ouvido falar de biodiversidade. Aos que "já ouviram falar", perguntou-se que elementos a compõem; os mais citados foram as plantas, os animais e a floresta.

    Em grupo, façam uma pesquisa em sua escola e comunidade para identificar se a população local conhece o conceito de biodiversidade e seus componentes. Depois, tabulem os dados e comparem com o resultado da pesquisa nacional de 2006. Divulguem o resultado nas redes sociais ou no *blog* da turma, se houver.

2. Leia o texto abaixo, depois faça o que se pede.

A importância da biodiversidade

[...]

As perdas de diversidade têm aumentado de forma alarmante. Especialistas estimam que a taxa de extinção de espécies na atualidade está em 0,1% ao ano; em outras palavras, anualmente são perdidas 8 700 espécies. Estas extinções têm implicações no desenvolvimento econômico e social, além de serem uma tragédia ambiental. A espécie humana depende da diversidade biológica para a sua própria sobrevivência, uma vez que não só a economia mundial, mas também as necessidades básicas dos povos, dependem de recursos biológicos.

Quanto mais rica é a diversidade biológica, maior é a oportunidade para descobertas no âmbito da medicina, da alimentação, do desenvolvimento econômico, e de respostas adaptativas às alterações ambientais. A variedade da vida e a utilização sustentável dos seus recursos são uma medida de segurança.

O que é a Convenção sobre a Biodiversidade Biológica. ((o))eco, 22 maio 2014. Disponível em: <www.oeco.org.br/dicionario-ambiental/28347-o-que-e-a-convencao-sobre-a-diversidade-biologica>. Acesso em: 16 maio 2019.

Navegue pelo Sistema de Informação sobre a Biodiversidade Brasileira (www.sibbr.gov.br) e pesquise a estimativa de espécies existentes no Brasil, qual é o grupo de seres vivos (fauna, flora, algas e fungos) com maior número de espécies descritas e quais são os grupos de animais com maior número de espécies em risco de extinção.

CAPÍTULO

2 Conservação da biodiversidade

No capítulo anterior você aprendeu o conceito de biodiversidade e estudou sua importância para a vida no planeta. Neste capítulo você vai conhecer algumas estratégias de conservação da biodiversidade.

EXPLORANDO A CONSERVAÇÃO DA BIODIVERSIDADE

Uma vez ao mês, a turma do 9º ano costumava discutir notícias divulgadas em jornais ou internet. Cada aluno escolhia uma notícia e trazia uma cópia do texto para a sala de aula. Com base no título da notícia, a turma fazia uma votação e escolhia a notícia a ser lida e debatida.

Naquele dia, a notícia escolhida dizia respeito a uma tribo da Amazônia: o povo matsé, que havia criado uma enciclopédia sobre sua medicina tradicional. De acordo com o texto, nela os matsés descreviam o uso de plantas e animais para o tratamento de várias doenças.

Os alunos acharam curioso o fato de a enciclopédia ter sido escrita na língua nativa deles para evitar a apropriação de todo esse conhecimento por empresas ou pesquisadores. Esse fato gerou debate e defesa de vários pontos de vista:

– Eu não acho justo esconder um conhecimento que pode salvar vidas – disse Valéria.

– É, essa sua justificativa não cola porque só seria justo os indígenas liberarem seu conhecimento sem nada em troca se as empresas distribuíssem os medicamentos de graça para todo mundo, e a gente sabe que não é assim que acontece – retrucou Fabiano.

– É, eles estão certos sim, porque as empresas e os pesquisadores chegam, se apropriam do conhecimento, produzem e vendem medicamentos e os indígenas não ganham nada com isso. Eles escreveram a enciclopédia para a formação dos mais jovens; ela é importante para eles e, se alguém quiser esse conhecimento, precisa entrar em acordo com eles para que todos se beneficiem.

Agora é sua vez.

1. Qual é sua opinião sobre o assunto do texto?

2. Como você acha que deve ser tratado o conhecimento a respeito das plantas e dos animais do território nacional? E o que você pensa sobre o uso desses recursos?

3. Os matsés estão conservando o conhecimento medicinal deles em uma enciclopédia. Em sua opinião, como a biodiversidade pode ser conservada para que possamos conhecê-la melhor?

4. Como a biodiversidade deve ser usada garantindo-se sua conservação?

Como conservar a biodiversidade?

Devido à grande importância da conservação da biodiversidade, durante a Conferência das Nações Unidas sobre Meio Ambiente e Desenvolvimento (CNUMAD) que aconteceu no Rio de Janeiro, em 1992, foi estabelecido um tratado internacional denominado Convenção sobre Diversidade Biológica (CDB).

Esse tratado traça três objetivos principais. São eles:

- a conservação da biodiversidade;
- o uso sustentável;
- a repartição dos benefícios derivados do uso dos recursos genéticos.

> **GLOSSÁRIO**
>
> **Enriquecimento ambiental:** cuidados para melhorar o bem-estar físico e psicológico dos animais em cativeiro, como lhes oferecer brinquedos ou esconder alimentos para ser farejados, a fim de estimular o comportamento natural da espécie.

Conservação da biodiversidade

A conservação da biodiversidade é feita por meio de duas estratégias distintas, mas que se complementam. São elas:

Conservação *in situ*: quando a diversidade de uma espécie (animal, vegetal e/ou microrganismo) é protegida no próprio local de ocorrência, garantindo sua perpetuação de forma natural. Nessa estratégia, basta manter o espaço e as condições ambientais naturais. Um exemplo de conservação *in situ* é a criação de Áreas Protegidas: a sociedade cria ou define um espaço para a proteção de alguma espécie e/ou grupo de espécies, que se manterão de modo natural.

A Reserva Biológica de Poço das Antas, primeira UC dessa categoria no Brasil, foi criada em 1974, motivada pela carência de hábitats para o mico-leão-dourado (*Leontopithecus rosalia*). Além desta, outras espécies ameaçadas de extinção protegidas nesta unidade são o gavião-pomba (*Leucopternis lacernulatus*) e a borboleta-da-praia (*Parides ascanius*).

Conservação *ex situ*: quando a diversidade de uma espécie (animal, vegetal e/ou microrganismo) é protegida fora de sua origem. Nesse caso, é necessário providenciar e assegurar condições ambientais adequadas, como alimento, abrigo, condições para procriação etc. Essa estratégia só é escolhida em casos especiais, nos quais não é mais possível garantir a sobrevivência *in situ* da espécie. Exemplo dessa estratégia são os criadouros conservacionistas, zoológicos ou jardins botânicos e outros centros de pesquisa.

Caso o espécime não tenha condições de retornar ao ambiente original, ele permanecerá em um espaço protegido, com condições ambientais similares às originais, alimentação, parceiros sexuais para procriação e recursos de **enriquecimento ambiental**.

A ararinha azul ou arara-azul-de-lear (*Anodorhynchus leari*) é um exemplo de uma espécie extinta na natureza mas que se mantém viva graças a projetos de conservação em cativeiro. Há estudos diversos para reintrodução da espécie na natureza.

Uso sustentável da biodiversidade

O uso sustentável da biodiversidade prevê a exploração dos ecossistemas sem levar ao esgotamento dos recursos, assegurando, assim, sua existência para as gerações futuras.

Repartição de benefícios derivados do uso dos recursos genéticos

> **GLOSSÁRIO**
>
> **Patente:** é o registro de uma invenção para que não seja comercializada por outras pessoas.
> **Royalties:** é o plural da palavra *royalty*, que, em inglês, significa "direito de posse". Trata-se do pagamento pelo direito de explorar ou comercializar um produto, processo ou conhecimento.

Esse objetivo refere-se à garantia de que os beneficiários do uso dos recursos genéticos não sejam apenas os centros de pesquisa e a indústria, mas também os fornecedores dos recursos, que podem ser o país, um grupo indígena ou uma comunidade tradicional, por exemplo. Os benefícios podem ser pagos em forma de participação nos lucros, *royalties*, intercâmbio de pesquisa, fornecimento de equipamentos ou melhoria de infraestrutura, entre outros.

→ O caranguejo-uçá é capturado por comunidades tradicionais do Pará por meio do método de laço. Há regras com condições e limites para a captura, o que garante que não haja impacto ambiental negativo.

AQUI TEM MAIS

Protocolo de Nagoia

O Protocolo de Nagoia [...] é um acordo internacional suplementar à Convenção sobre Diversidade Biológica. [...] Estabelece condições mais previsíveis ao acesso de recursos genéticos e garante a repartição dos seus benefícios com quem os forneceu.

Essas regras criam incentivos para a conservação e uso sustentável de recursos genéticos e, logo, da biodiversidade. [...]

[...] Ele também garante que as legislações nacionais sobre biodiversidade sejam respeitadas, ao reforçar a soberania dos países para regulamentar o acesso a seus recursos genéticos. Isso evita, por exemplo, que uma empresa estrangeira registre como seus recursos originários do Brasil, como foi o caso do açaí, que, de 2003 a 2007, chegou a ser **patenteado** pela companhia japonesa K.K. Eyela Corporation.

[...]

O que é o Protocolo de Nagoia. ((o))eco, 30 out. 2014. Disponível em: <www.oeco.org.br/dicionario-ambiental/28740-o-que-e-o-protocolo-de-nagoia>. Acesso em: 16 maio 2019.

1. Qual é a importância do Protocolo de Nagoia para a conservação da biodiversidade?

2. Atualmente, o caso do açaí seria chamado de biopirataria, ou seja, a exploração internacional de um recurso da biodiversidade que contraria as normas da Convenção sobre Diversidade Biológica. Pesquise na internet exemplos de recursos brasileiros vítimas da biopirataria hoje.

ATIVIDADES

SISTEMATIZAR

1. O Centro de Reabilitação de Animais Silvestres da Associação Mata Ciliar, localizado na cidade de Jundiaí (SP), recebe frequentemente animais vítimas de atropelamento nas rodovias da região. Eles são tratados e devolvidos ao ambiente natural. Com base nessa informação, que tipo de conservação é feito pela instituição? O que acontece com os animais caso não se recuperem totalmente? Explique.

2. Cite outra forma de conservação da biodiversidade e explique-a.

3. Identifique a área protegida e/ou unidade de conservação mais próxima de seu município, descubra por que foi criada e pesquise outras informações sobre ela.

REFLETIR

1. Leia o texto abaixo e depois responda às questões.

> **GLOSSÁRIO**
>
> **Propriedade intelectual:** direito de autoria sobre uma invenção, conhecimento ou criação intelectual.

Nascido e criado em Roraima até os 17 anos, o bioquímico britânico Conrad Gorinski viveu de perto a realidade da floresta e dos indígenas. Aprendeu muito sobre o uso e a ação de plantas da Amazônia. Com os wapixanas, conheceu a árvore coração-verde, cuja semente é usada como anticoncepcional, e o arbusto cunani, cujo veneno é usado pelos índios para pescar. Na década de [19]80, Gorinski obteve do Escritório de Patentes Europeu o direito de **propriedade intelectual** sobre os princípios ativos daquelas plantas amazônicas e se associou a uma empresa canadense para produzir e comercializar medicamentos. O Brasil e os wapixanas não recebem nenhum benefício por essas patentes.
[...]

Brasil. Ministério do Meio Ambiente. Disponível em: <www.mma.gov.br/informma/item/2558-biopirataria-e-agressao-economica-e-ambiental.html>. Acesso em: 16 maio 2019.

a) Como seria chamada atualmente a atitude do bioquímico?
b) O que poderia ser feito hoje para impedir essa atitude?

DESAFIO

1. Leia o texto abaixo, depois faça o que se pede.

Você sabe qual a importância das sementes crioulas?

Por denominação, as sementes crioulas são variedades desenvolvidas, adaptadas ou produzidas por agricultores familiares, assentados da reforma agrária, quilombolas ou indígenas, com características bem determinadas e reconhecidas pelas respectivas comunidades. [...] essas sementes, passadas de geração em geração, são preservadas nos muitos bancos de sementes que existem no Brasil. [...]

Victor Michel. Secretaria Especial de Agricultura Familiar e do Desenvolvimento Agrário. Disponível em: <www.mda.gov.br/sitemda/noticias/voc%C3%AA-sabe-qual-import%C3%A2ncia-das-sementes-crioulas>. Acesso em: 16 maio 2019.

Por causa da "revolução verde" – processo que mudou a forma de produção agrícola estimulando a ampla mecanização e o uso de insumos químicos (fertilizantes e agrotóxicos), bem como de sementes híbridas e transgênicas produzidas por empresas do agronegócio –, o uso de sementes crioulas diminuiu. Pesquise o assunto e depois discuta com os colegas os benefícios das sementes crioulas em comparação aos das sementes híbridas e transgênicas.

CAPÍTULO 3
Conservação em áreas protegidas

> Neste capítulo você vai estudar mais detalhadamente o que são as áreas protegidas e suas respectivas categorias.

EXPLORANDO UMA ÁREA PROTEGIDA

Itamara e Otoniel estavam participando de uma viagem em família e visitavam o Parque Estadual de Terra Ronca, em Goiás. Estavam encantados com toda a beleza do cerrado e das cavernas que haviam acabado de visitar.

— Otoniel, achei tudo aqui muito lindo: o cerrado com essas árvores retorcidas... E as cavernas, então! Ah, como são lindas! Nunca pensei que seria tão gostoso entrar numa caverna — disse Itamara.

— Eu também gostei, Itamara. Você entendeu o que o guia explicou sobre estes ecossistemas? — perguntou Otoniel.

— Claro que entendi. Ele falou da importância da conservação do cerrado e das cavernas. Eu até já sei identificar o barbatimão.

— Eu também sei! — Disse Otoniel. — Olha ele ali! — respondeu apontando para uma árvore.

E completou:

— Eu queria era ter visto algum dos animais que ele citou.

— Eu também. Sabe, Itamara, quero conhecer outras unidades de conservação. Será que tem alguma na nossa cidade?

Agora é sua vez.

1. O guia explicou para Otoniel e Itamara a importância da conservação do cerrado e da caverna. O que você imagina que ele disse?

2. Otoniel quer conhecer outras unidades de conservação. E você, conhece alguma? Explique como a conheceu e o que fez lá.

3. Existe alguma unidade de conservação em seu município ou estado? Qual?

Áreas protegidas

Nosso território é riquíssimo em biodiversidade, mas, como vimos, as ameaças a ela são grandes. Uma forma encontrada para conservá-la é o estabelecimento de áreas protegidas. Você sabe o que isso significa?

No Brasil, áreas protegidas são áreas definidas geograficamente destinadas a alcançar objetivos específicos de conservação (de acordo com CDB, 2000, Decreto Legislativo nº 2, de 5 de junho de 1992). Elas são regulamentadas e administradas para esse fim.

São exemplos as Áreas de Preservação Permanente (APP), as Reservas Legais e as Unidades de Conservação (UC).

APP

De acordo com nosso código florestal, Lei nº 12.651/12, as APP são áreas em que não é permitida exploração econômica direta. O objetivo é a preservação ambiental, que abrange a preservação do solo, dos recursos hídricos e da biodiversidade. As matas ciliares são APP com a função de proteger cursos-d'água, nascentes e reservatórios (lagos, piscinas naturais) de **assoreamentos**, garantindo, assim, a preservação da qualidade da água e dos seres vivos que nelas vivem. Todo curso-d'água ou reservatório deve ter uma faixa de mata ciliar margeando-o; quanto maior o corpo-d'água, maior sua dimensão.

São também APP as encostas com declividade superior a 45°, as restingas, os manguezais, as bordas dos tabuleiros ou chapadas, os topos de morros, montes, montanhas e serras com altura mínima de 100 metros e inclinação média maior que 25°.

↑ As matas ciliares protegem os corpos-d'água do assoreamento e de resíduos que possam ser carreados pela água das chuvas, como resíduos de agrotóxicos e resíduos sólidos. A vegetação de encosta protege contra os deslizamentos de solo provocados pela infiltração da água da chuva. A vegetação de restinga protege as praias da erosão e do movimento da areia. APP Litoral Norte da Bahia, Conde (BA), 2018.

Reservas legais

Reserva legal é uma área com vegetação nativa que deve ser mantida em todas as propriedades rurais com mais de 400 hectares. Pode ser explorada de forma sustentável a fim de manter a conservação da biodiversidade e dos processos ecológicos.

O tamanho das reservas legais é calculado de acordo com o tamanho das propriedades e a região em que se encontram. Com exceção da Amazônia legal, cujo tamanho da reserva legal varia de acordo com o ecossistema em que estiver inserida a propriedade, nas demais regiões do Brasil deve corresponder a 20% da área total da propriedade.

Para delimitação das reservas legais, as APP não são somadas à porcentagem total, visto que têm outra finalidade.

> **GLOSSÁRIO**
>
> **Assoreamento:** acúmulo de sedimentos (areia, argila) no curso-d'água.

Unidades de Conservação

De acordo com a Lei nº 9.985, de 18 de julho de 2000, Unidades de Conservação (UC) são espaços territoriais e respectivos recursos ambientais, como flora, fauna, água e ecossistemas. Elas são protegidas por lei porque contêm características naturais relevantes.

As unidades de conservação se organizam em dois grandes grupos: Unidades de Proteção Integral e Unidades de Uso Sustentável. No total, são 12 categorias distintas, cujas estratégias de conservação e usos possíveis mudam de acordo com o objetivo.

As Unidades de Proteção Integral são as mais restritivas: permitem pouca interferência humana e proíbem o uso direto. Seus principais objetivos são a preservação ambiental, a educação ambiental e a pesquisa. São elas: estação ecológica, reserva biológica, parque nacional, monumento natural e refúgio da vida silvestre.

↑ Os Parques Nacionais são destinados à preservação dos ecossistemas naturais e sítios de beleza cênica. No Parque Nacional da Serra do Cipó há um vasto cardápio de atividades recreativas para os visitantes, de banhos de cachoeira a trilhas a pé e de bicicleta por percursos de diferentes extensões. Disponibiliza ainda travessias: circuitos de longas distâncias que atravessam o parque de uma portaria a outra e necessitam de pernoite. Parque Nacional Serra do Cipó, região de Lapinha da Serra, Santana do Riacho (MG), 2016.

Dentre as unidades de proteção integral, o parque nacional é a categoria que possibilita maior interação humana, pois, além de atividades educativas e de pesquisa científica, nele é permitida a visitação recreativa. É também a unidade de proteção integral com maior representatividade seja em quantidade, seja em cobertura de área. Essa categoria engloba os parques estaduais, criados e conservados pelos estados, e os parques naturais municipais.

As unidades de uso sustentável visam conciliar a conservação com o **uso sustentável** de parte de seus recursos naturais. Nesse tipo de unidade, a coleta e o uso dos recursos naturais de forma regulamentada são permitidos. São elas: área de proteção ambiental, área de relevante interesse ecológico, floresta nacional, reserva extrativista, reserva de fauna, reserva de desenvolvimento sustentável e reserva particular do patrimônio natural.

As unidades de uso sustentável de maior representatividade em 2018, segundo o *site* do Ministério do Meio Ambiente, eram as Áreas de Proteção Ambiental (APA), cujas 390 unidades cobriam 459 498 km² em área territorial e 833 937 km² em área marinha. O domínio das APA pode ser público, privado ou ambos, sem que seja necessário desapropriar as áreas. O objetivo é a orientação e a adequação das atividades humanas a fim de garantir a conservação da área. Elas podem ser criadas em nível nacional, estadual ou municipal e abranger mais de um município, como é o caso da APA Piracicaba/Juqueri-Mirim Área-II, que engloba áreas de 19 municípios do interior do estado de São Paulo.

As Reservas Particulares do Patrimônio Natural (RPPN), embora em maior número (891 unidades), cobrem apenas 5 658 km² de área. As RPPN são áreas privadas criadas por iniciativa do proprietário rural que assume responsabilidades pela sua conservação. Nelas são permitidas pesquisa científica e visitação, seja com finalidade educacional, seja recreativa.

> **GLOSSÁRIO**
>
> **Uso sustentável:** uso de recursos ambientais de forma a garantir tanto a manutenção de seus processos ecológicos como a dos próprios recursos.

AQUI TEM MAIS

Sistema Nacional de Unidades de Conservação – SNUC

O governo brasileiro protege as áreas naturais por meio de Unidades de Conservação (UC) – estratégia extremamente eficaz para a manutenção dos recursos naturais em longo prazo.

Para atingir esse objetivo de forma efetiva e eficiente, foi instituído o Sistema Nacional de Conservação da Natureza (SNUC), com a promulgação da Lei nº 9.985, de 18 de julho de 2000. A Lei do SNUC representou grandes avanços à criação e gestão das UC nas três esferas de governo (federal, estadual e municipal), pois ele possibilita uma visão de conjunto das áreas naturais a serem preservadas. Além disso, estabeleceu mecanismos que regulamentam a participação da sociedade na gestão das UC, potencializando a relação entre o Estado, os cidadãos e o meio ambiente.

BRASIL. MMA. *Unidades de Conservação*. Disponível em: <www.mma.gov.br/areas-protegidas/unidades-de-conservacao.html>. Acesso em: 16 maio 2019.

1. Pesquise na internet a Lei nº 9.985, de 18 de julho de 2000, que institui o SNUC, e identifique cada Unidade de Conservação. Com esses dados, elabore um quadro comparativo das unidades destacando objetivos, categoria, tipo de unidade, atividades permitidas, permissão de moradores e posse de terras.

A gestão das Unidades de Conservação

Todas as Unidades de Conservação devem ter um plano de manejo: documento elaborado com base em diagnósticos e estudos sobre a área que orienta as atividades que poderão ser realizadas e a forma de manejo dos recursos naturais.

As Unidades de Conservação têm também um Conselho Gestor, que pode ser **consultivo** ou **deliberativo**, dependendo da categoria em que se enquadra. Os conselhos são compostos pelo órgão responsável pela sua administração, por representantes de órgãos públicos, centros de pesquisa, de organizações da sociedade civil e comunidade tradicional, quando houver. Se em seu município houver uma Unidade de Conservação, sua escola pode participar do conselho consultivo dela.

Esses conselhos cumprem a função de participação social na conservação da biodiversidade, opinando sobre planejamento, ações e parcerias a serem realizadas na área.

> **GLOSSÁRIO**
> **Consultivo:** sua função é fiscalizar, avaliar e cobrar com a intenção de aconselhamento.
> **Deliberativo:** tem as mesmas funções do órgão consultivo, mas também toma parte das decisões.

O Parque Estadual do Pantanal do Rio Negro, criado em 2000, tem como objetivo a preservação de ecossistemas do Pantanal e contribui com a manutenção do regime hidrológico. Rio Abobral, Corumbá (MS), 2018.

PENSAMENTO EM AÇÃO — SIMULAÇÃO

Predação de animais de criação por animais ameaçados de extinção

Nesta atividade, vocês farão a simulação de uma reunião de conselho gestor de UC para resolver o problema local descrito a seguir.

Em determinada Unidade de Conservação, o lobo-guará tem sido visto como um grande vilão por atacar animais de criação, especialmente as galinhas. Os proprietários estão reclamando aos gestores do parque, bem como à Prefeitura, e pedem que o problema seja resolvido. A gestão do parque também considera importante solucionar o conflito, já que os lobos estão sendo mortos pelos proprietários, que desejam afastá-los de suas criações. É interessante também manter uma boa relação do parque com a comunidade local, para que as pessoas reconheçam a importância da conservação da biodiversidade e especialmente do lobo-guará. Assim, foi agendada uma reunião com o conselho gestor para ouvir os diferentes setores da sociedade e encontrar uma solução para o problema.

↑ Lobo-guará: a espécie está ameaçada principalmente por causa da destruição do cerrado para ampliação da agricultura e fabricação de carvão para a indústria. Outros motivos são atropelamentos, caça, conflitos com a população local e doenças advindas dos cães domésticos.

Material:

- computador conectado à internet;
- lápis ou caneta;
- caderno para anotações.

Procedimentos

1. Organizem-se em grupos e decidam quais personagens cada grupo representará (pequenos proprietários criadores de animais, grandes proprietários criadores de animais, pesquisadores da área, representantes da Secretaria de Meio Ambiente do município, representantes de ONG, guias turísticos ou representantes das escolas municipais).
2. Pesquisem casos semelhantes e coletem informações sobre o assunto: argumentos dos envolvidos, propostas elaboradas e estratégias que deram certo.
3. Com base na pesquisa, elaborem argumentos considerando o que seus personagens pensam a respeito do problema, quais podem ser suas reivindicações ou soluções esperadas e quem pode resolver o problema.
4. O professor vai fazer a mediação da reunião e representará o gestor da unidade.

Reflita e registre

1. Como você se sentiu representando o papel de outra pessoa, colocando-se no lugar dela, com o objetivo de resolver um conflito ambiental?
2. Quais foram as soluções mais viáveis apresentadas na reunião? Explique.

ATIVIDADES

SISTEMATIZAR

1. Explique a diferença entre Unidade de Proteção Integral e Unidade de Uso Sustentável. Dê exemplos.

2. Explique a importância de cada grupo de Unidades de Conservação citado na questão anterior.

3. De acordo com o Sistema Nacional de Unidades de Conservação (SNUC), algumas categorias podem ser constituídas de propriedades particulares. Cite dois exemplos.

REFLETIR

1. Analise o gráfico abaixo e responda às questões a seguir.

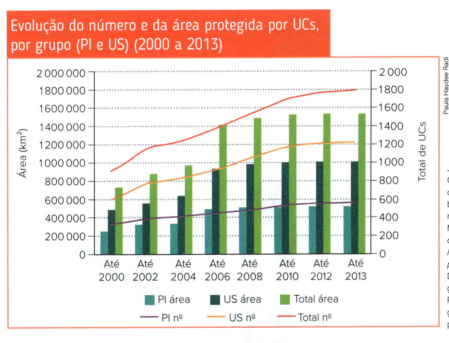

Júlio César Roma e Lidio Coradin. A governança da convenção sobre diversidade biológica e sua implementação no Brasil. In: Adriana M. Magalhães (Org.). *Governança ambiental no Brasil: instituições, atores e políticas públicas*. Brasília: Ipea, 2016. Disponível em: <www.ipea.gov.br/agencia/images/stories/PDFs/livros/livros/160719_governanca_ambiental_cap10.pdf>. Acesso em: 17 maio 2019.

a) Que tipo de Unidade de Conservação tem maior cobertura de área?

b) Em que período foi registrado maior aumento de área protegida?

c) Pesquise se existem unidades de conservação em seu estado e município. Identifique o tipo (proteção integral ou uso sustentável) e o período em que foram criadas.

DESAFIO

1. Em grupo, façam uma pesquisa sobre Unidades de Conservação por biomas brasileiros. Depois, respondam às questões a seguir.

a) Identifiquem o bioma com maior porcentagem de área coberta por Unidade de Conservação e o bioma com menor porcentagem.

b) Pesquisem o bioma com menos Unidades de Conservação e elaborem um plano de Unidades de Conservação para ele. Insiram: nome do bioma; tipo ou tipos de Unidades de Conservação que considerem viável; justificativa para cada uma delas.

CAPÍTULO 4
Nós e a conservação

No capítulo anterior você viu como as unidades de conservação são organizadas para conservar a biodiversidade. Neste capítulo vamos nos ater às ações humanas que impactam direta ou indiretamente a biodiversidade e às possibilidades de mudá-las.

EXPLORANDO NOSSAS ATITUDES

Os alunos estavam voltando de um trabalho de campo. Eles haviam visitado o Parque Nacional da Serra das Confusões, no município de Caracol (PI). Estavam no ônibus, retornando para a escola, quando Marta começou a falar com Bruno, sentado a seu lado:

— Sabe, Bruno, eu estava pensando: na natureza, tudo acontece de forma tão organizada, não é? Aqui, no ecossistema da Caatinga, um organismo serve de alimento para outro. Até o que poderia ser considerado resíduo ou sobra, como as folhas e os galhos que caem, os ossos que restam, as fezes dos animais, tudo é transformado em energia para outro organismo e em nutrientes para o solo, que novamente vai ser utilizado pelas plantas. Com a gente é tão diferente, né?

— Você tem razão. Será que existe uma maneira de viver como acontece lá no parque? Será que a gente conseguiria reaproveitar todo o nosso resíduo? – perguntou Bruno.

— Eu acho que deve dar sim, mas a pergunta é: Será que a gente quer? – finalizou a amiga.

Claudia Marianno

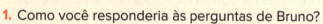

Agora é sua vez.

1. Como você responderia às perguntas de Bruno?

2. E à pergunta final de Marta?

3. Você conhece formas de viver que causam pouco impacto negativo ao ambiente? Cite algumas.

Hábitos sustentáveis e os impactos na biodiversidade

Nos capítulos anteriores vimos estratégias de conservação da natureza em grande escala e que dependem das políticas públicas, mas e quanto a nós? Como nossas ações individuais afetam negativamente a biodiversidade? E como podemos evitá-las?

Devemos lembrar sempre que cada um de nós tem sua parcela de responsabilidade na perda da biodiversidade. As grandes empresas poluidoras só existem porque há pessoas que continuam comprando seus produtos em vez de escolherem produtos de empresas que se preocupam com o meio ambiente. A agricultura se expande cada vez mais porque, junto com o crescimento populacional, o desperdício de alimentos continua elevado. E é assim em toda a cadeia produtiva.

↑ Na hora das compras, as sacolas reutilizáveis são sempre uma ótima opção para gerar menos lixo.

É necessário rever nossos hábitos e torná-los mais sustentáveis. Essa atitude reduz os impactos ambientais negativos e ajuda na conservação da biodiversidade. Como resultado, teremos uma qualidade de vida melhor tanto hoje como para as próximas gerações.

DIÁLOGO

Sustentabilidade

A sustentabilidade tem como pilares as dimensões econômicas, sociais e ambientais. Assim, uma pessoa, uma organização, empresa ou qualquer ação humana, para que seja considerada sustentável, deve dar conta dessas três dimensões. Junte-se a isso o conceito consagrado de sustentabilidade do relatório Bruntdland, de 1987, da Comissão Mundial sobre o Meio Ambiente e Desenvolvimento instituída pela ONU, que agrega a variável tempo a essas dimensões, dizendo que temos que satisfazer nossas necessidades atuais – econômicas, sociais e ambientais – sem comprometer a capacidade das gerações futuras de atingir as suas.

Muito bem. Parece que já conseguimos pensar em sustentabilidade de uma forma que é possível conectar com a nossa realidade. Temos objetivos econômicos para atingir, que resultem também em benefícios sociais para as pessoas a nossa volta, e que isso não comprometa o meio ambiente natural no qual estamos todos inseridos.

Nilo Barcellos. O que é sustentabilidade para você? In: *Sustentabilidade: resultados de pesquisas do PPGA/UFRGS*. Disponível em: <www.ufrgs.br/sustentabilidade/?p=140>. Acesso em: 17 maio 2019.

1. Discuta com os colegas quais devem ser as estratégias de uma empresa – por exemplo, uma fábrica de papel – para obter lucro (objetivo econômico) sem causar danos sociais e ambientais.

2. Considerando a coletividade da sala de aula, suas ações cotidianas contribuem para a sustentabilidade?

↑ Somos frequentemente bombardeados pela mídia com novos produtos e as propagandas nos levam a desejar aquilo de que não necessitamos. Ao mesmo tempo, gera carência, pois passamos a ser valorizados por aquilo que temos, e não pelo que somos.

Consumo sustentável

Grande parte da população tem um estilo de vida que pode ser classificado como consumista, ou seja, consumimos em excesso e, muitas vezes, produtos desnecessários, o que afeta diretamente a conservação da biodiversidade, já que a matéria-prima desses produtos é extraída da natureza, como o minério de ferro, o petróleo, a madeira e as fibras naturais. Além disso, a agricultura e a pecuária causam a degradação de áreas naturais. Mas o consumo excessivo provoca outro problema: a geração de resíduos.

Não se trata de impedir que as pessoas consumam. Mas é preciso rever o padrão de consumo excessivo e desnecessário e estabelecer novas formas, que garantam a sustentabilidade ambiental, social e econômica, ou seja, formas de consumo sustentável.

Como tornar-se um consumidor sustentável?

Para ser um consumidor sustentável, é preciso atentar para a real necessidade daquele produto e comprar apenas o necessário. Sempre que possível, opte pelo conserto ou reforma do objeto para prolongar a vida útil dele.

E não é somente isso. Quando precisar adquirir um produto, considere toda a cadeia produtiva dele e pergunte a si mesmo (ou pesquise):

- Esse produto utiliza muitos recursos naturais em sua produção (seja em sua constituição, seja durante o processo de fabricação, como água e energia elétrica)? Existe um substituto que cause menos impactos ambientais?
- O fabricante cumpre suas responsabilidades ambientais e legais? Há escândalos envolvendo-o? Existem similares de outras marcas?
- A produção dele garantiu emprego e salários justos aos trabalhadores?
- Gera algum resíduo? Estes podem ser reaproveitados ou reciclados?
- Foi produzido na região? Seu transporte gerou emissão de gases prejudiciais?

No caso de alimentos, pergunte-se:

- São produtos da estação?
- São orgânicos ou produzidos por pequenos produtores locais?
- É possível comprar a granel e evitar a embalagem?

Para se decidir por uma compra, não basta apenas avaliar o custo financeiro; deve-se avaliar o custo ambiental. É importante também ficar atento às propagandas e ofertas para não ser levado a comprar um produto apenas pelo preço, considerando que não precise dele.

Você pode pensar que, sozinho, não poderá mudar muita coisa, mas, se cada um fizer sua parte, com certeza os resultados serão expressivos. Fazendo escolhas conscientes, nós, consumidores, obrigamos as empresas a se adequarem e produzirem com menos impactos negativos ao ambiente.

Dar preferência a produtos locais, por exemplo, reduz a poluição e o gasto de combustível, pois eles não necessitam de grande deslocamento para chegar ao consumidor. No caso dos alimentos, esses produtos são mais frescos e, se forem da estação, custam mais barato. Assim, você ainda economiza. Em muitos casos, gera-se menos lixo, pois produtos locais precisam de menos embalagens para o transporte. Além disso, o consumo deles incrementa a economia local e gera empregos.

Cidades sustentáveis

O papel do poder público (nacional, estadual e municipal) é fundamental na conservação da biodiversidade, desenvolvendo políticas públicas para reduzir a poluição e melhorar a qualidade de vida das pessoas, criando leis ambientais que garantam o descarte adequado de resíduos pelas indústrias e oferecendo incentivos à pesquisa em tecnologia limpa ou tecnologia verde (aquela que procura criar produtos com baixo impacto ambiental, diminuindo, por exemplo, a produção e o descarte de resíduos e investindo na reutilização e reciclagem).

Estimativas da Organização das Nações Unidas indicam que os habitantes das cidades são responsáveis pelo consumo de 70% dos recursos extraídos da natureza. Os impactos das cidades no ambiente são muitos, daí a importância de essas cidades investirem em ações para a preservação dos recursos naturais, o desenvolvimento econômico e a melhoria da qualidade de vida das pessoas. São as chamadas cidades sustentáveis.

Curitiba é considerada uma das cidades mais sustentáveis do Brasil. A capital paranaense investe muito em sustentabilidade, com projetos de mobilidade urbana e preservação ambiental, e tem a melhor qualidade do ar entre as capitais brasileiras.

← Frankfurt, Alemanha, maio de 2017. É considerada uma das dez cidades mais sustentáveis do mundo. Para ser uma cidade sustentável é necessário equilibrar as necessidades da população, visando proteger o ambiente e promover o desenvolvimento urbano e econômico.

 **AQUI TEM MAIS**

Ordenamento urbano

Buscar um melhor ordenamento do ambiente urbano primando pela qualidade de vida da população é trabalhar por uma cidade sustentável. Melhorar a mobilidade urbana, a poluição sonora e atmosférica, o descarte de resíduos sólidos, a eficiência energética, a economia de água, entre outros aspectos, contribui para tornar uma cidade sustentável.

Brasil. Ministério do Meio Ambiente. *Cidades sustentáveis*. Disponível em: <www.mma.gov.br/cidades-sustentaveis.html>. Acesso em: 17 maio 2019.

1. Pesquise o assunto e analise como as cidades estão enfrentando os problemas ambientais, sociais e econômicos. Elabore uma proposta de ação para sua cidade relacionada aos aspectos apontados no texto.

PENSAMENTO EM AÇÃO — PESQUISA DE OPINIÃO

O que as pessoas pensam sobre as condições ambientais do bairro?

Nesta atividade você fará uma pesquisa de opinião, uma técnica de pesquisa cujo objetivo é descobrir o que as pessoas pensam sobre determinado assunto ou como agem em relação a ele.

As pesquisas de opinião são importantes para entender melhor o público-alvo e direcionar as ações para resolver os problemas da sociedade.

Material:

- lápis ou caneta;
- caderno para anotações;
- computador com acesso à internet.

Procedimentos

1. Com a ajuda do professor, você e os colegas devem começar o planejamento da pesquisa. Organizem-se em grupos e definam qual será o público-alvo de cada um (os alunos da escola, os pais, os moradores vizinhos da escola, idosos etc.).
2. Elaborem um questionário com perguntas relacionadas ao assunto escolhido, como:
Em sua opinião, quais são os principais problemas ambientais de nosso bairro? As pessoas utilizam transporte público? E bicicletas? As vias são seguras? Há acesso para cadeirantes? Há indústrias no bairro? Elas eliminam algum tipo de poluente? Existem áreas verdes? Ocorrem queimadas com frequência? Há postos de saúde? As pessoas do bairro têm acesso aos serviços de saúde? Há escolas suficientes? Existem áreas de lazer? As pessoas têm acesso a atividades culturais? Há resíduos em locais inadequados? Em sua opinião, quais são as maiores necessidades do bairro? Para ficar mais fácil de fazer a análise, é interessante criar alternativas para respostas, como: sim, não, talvez.
3. Apliquem o questionário.
4. Organizem e analisem os dados da pesquisa. Para isso, vocês poderão criar tabelas e elaborar gráficos, que são excelentes ferramentas para visualizar o resultado das informações coletadas.
5. Apresentem os resultados da pesquisa do grupo ao restante da turma.

Reflita e registre

1. Os resultados foram iguais com todos os públicos pesquisados? Por que você acredita que isso ocorreu?
2. Que problemas ambientais são percebidos pelos jovens? E pelos mais velhos?
3. Com base nas respostas dos entrevistados e nas discussões com seus colegas de grupo e com a turma, elaborem uma proposta de ação para resolver os principais problemas ambientais citados pelo público-alvo da pesquisa.

ATIVIDADES

SISTEMATIZAR

1. Em uma atividade da escola, Lucas listou algumas ações que contribuem para a conservação da biodiversidade, como a diminuição do tempo no banho e o uso de sacolas reutilizáveis. Explique de que forma essas atitudes contribuem para isso.

2. Em sua opinião, qual é o principal problema ambiental do município onde mora? Qual é sua responsabilidade em relação a ele? O que você e sua comunidade podem fazer para solucioná-lo? Se necessário, pesquise propostas bem-sucedidas que possam ser usadas como referência.

3. Qual é a relação entre o uso de recursos naturais renováveis e o de não renováveis e o consumo sustentável?

REFLETIR

1. Assista ao vídeo *A história das coisas* (disponível em: <http://vimeo.com/8068130>; acesso em: 17 maio 2019). Depois, selecione um produto de que você gosta muito (objeto, alimento, roupa, por exemplo), pesquise-o e faça o que se pede a seguir.

    a) Você conhece a história do produto? Do que ele é feito? Onde e por quem foi feito?

    b) Quais são os impactos de sua produção? Qual foi ou será seu destino final?

    c) Cite um produto que você consome ou consumiu do qual conheça toda a história, da produção até o destino final.

DESAFIO

1. Leia o texto a seguir. Depois, faça o que se pede.

O Instituto Chico Mendes de Conservação da Biodiversidade (ICMBio) elaborou um calendário com ações simples que ajudam as pessoas a criar hábitos saudáveis e sustentáveis. A ideia é que, com o passar do tempo, as pessoas criem hábitos saudáveis e sustentáveis que contribuam para a redução de impactos na natureza. Observe, a seguir, o calendário resumido.

SEGUNDA-FEIRA	TERÇA-FEIRA	QUARTA-FEIRA	QUINTA-FEIRA	SEXTA-FEIRA	SÁBADO E DOMINGO
Reutilize e recicle	Tome banhos rápidos	Economize energia	Vá de *bike*	Consuma menos	Curta a natureza

Em grupo, você e os colegas vão elaborar um quadro de registro para que, ao longo de um mês, cada um dos integrantes anote suas ações em uma tabela individual. Procurem realizá-las independentemente do dia da semana (por exemplo, economizar energia todos os dias), mas, se não for possível, pelo menos sigam a tabela. Ao final de um mês, reúnam-se novamente, analisem e comparem os resultados individuais e depois respondam:

a) Considerando a média do grupo, quais foram as ações mais fáceis de serem realizadas? E as mais difíceis?

b) A que vocês atribuem esse resultado?

c) O grupo conseguiu desenvolver hábitos mais sustentáveis? Se sim, quais?

FIQUE POR DENTRO

Casa ecológica

A industrialização e a crescente urbanização têm provocado mudanças no meio ambiente. A variação climática e a poluição, por exemplo, passaram a ser preocupações globais.

Na arquitetura, a construção de casas ecológicas procura aproveitar de forma eficiente e sustentável os recursos do ambiente, sem deixar de proporcionar conforto aos moradores.

Veja medidas que podem ser adotadas durante o planejamento de uma nova casa ou aplicadas em residências já construídas.

Redução dos resíduos
Com a montagem e o uso de uma composteira, você diminui a quantidade de resíduos no aterro sanitário. Além disso, produz um composto que, por ser muito rico em nutrientes, pode ser utilizado como adubo, melhorando o desenvolvimento das plantas.

Composteira em corte que mostra os resíduos orgânicos em diferentes estágios de decomposição.

Aproveitamento energético
O uso de painéis solares, que captam a energia recebida do Sol e a transformam em elétrica, além de gerar economia e reduzir a conta de luz, tem baixo impacto ambiental. As vantagens desse tipo de captação ficam ainda mais evidentes quando ela é comparada com fontes de energia não renováveis.

Ainda no projeto
As construções devem ser projetadas de forma a apresentar eficiência energética, por exemplo, absorvendo calor dos moradores, dos aparelhos elétricos e da luz solar durante o inverno e possibilitando o resfriamento por meio da ventilação e proteção contra a luz solar durante o verão.

Eficiência energética
O Centro Brasileiro de Informação de Eficiência Energética (Procel) criou um selo para indicar ao consumidor os eletrodomésticos que têm os melhores níveis de eficiência energética. Trata-se de um bom guia na hora das compras. Os equipamentos recebem um carimbo com letras que variam de A a G, em que a letra A representa o produto de maior eficiência energética e a G, o de menor.

Armazenamento de água
A construção de cisternas para coleta e armazenamento de água da chuva pode fornecer água de ótima qualidade. Além disso, economiza água, reduzindo as despesas de consumo e preservando os recursos hídricos.

Fonte: Rosana B. Picoral Solano. A importância da arquitetura sustentável na redução do impacto ambiental. *Núcleo de Pesquisa em Tecnologia da Arquitetura e Urbanismo da Universidade de São Paulo*. Disponível em: <www.usp.br/nutau/CD/28.pdf>. Acesso em: 17 maio 2019.

Coleta seletiva
A coleta seletiva de lixo é de extrema importância para a sociedade. A reciclagem economiza material, diminuindo as despesas das indústrias, e beneficia o meio ambiente, já que reduz a quantidade de lixo descartado.

A cor das lixeiras indica o tipo de material que deve ser descartado em cada uma: amarelo para metais, vermelho para plásticos, verde para vidros e azul para papéis e papelões.

Diminuição do consumo de energia
A substituição das lâmpadas incandescentes por lâmpadas econômicas reduz o consumo de energia. Lâmpadas de LED (sigla do inglês *Light Emitting Diode*), por exemplo, consomem menos energia, se comparadas às lâmpadas incandescentes, considerando-se a mesma iluminação. Além disso, têm alta durabilidade, alcançando até dez anos de vida útil.

Cobertura vegetal
Em muitas residências há a possibilidade de aproveitar as áreas das coberturas da casa para a construção de coberturas vegetais ou "telhados verdes", como são popularmente chamados. Eles têm a propriedade de diminuir a temperatura da casa nos dias quentes e, em dias frios, mantêm o ambiente aquecido, economizando energia. Ainda ajudam a evitar alagamentos, uma vez que absorvem parte da água da chuva.

Redução do consumo
Uma das formas de reduzir o consumo de água sem alterar as características da torneira ou a forma de uso é instalar arejadores nas torneiras de casa. Trata-se de um mecanismo de baixo custo que mistura ar à água que sai da torneira.

Origem dos móveis
A compra de móveis produzidos com madeira certificada pode garantir que a matéria-prima não foi obtida por meio de desmatamento, além de beneficiar os trabalhadores florestais e contribuir para a manutenção das florestas. Para obter a certificação, todos os pontos da cadeia produtiva, desde a extração da madeira até o revendedor final do produto, precisam ser certificados.

Os arejadores são itens relativamente fáceis de adquirir e de instalar.

1. Reúna-se em grupo e discuta: uma casa sustentável não é somente a que foi construída e mobiliada com esse objetivo. Depois da troca de ideias, juntos façam uma tabela com as ações que podem ser adotadas para criar um ambiente doméstico mais sustentável. Relacionem também quais impactos serão evitados ou diminuídos com essas ações.

PANORAMA

FAÇA AS ATIVIDADES A SEGUIR E REVEJA O QUE VOCÊ APRENDEU.

Neste tema você estudou o que é a biodiversidade e como ela é afetada por nossas ações. Aprendeu a importância dela em nossa vida e conheceu algumas estratégias de conservação, como as desenvolvidas em áreas protegidas ou em zoológicos, criadouros conservacionistas e centros de pesquisa.

Conheceu também um pouco mais as áreas protegidas e os diferentes grupos de unidades de conservação e respectivos objetivos, e ainda viu como nossas ações cotidianas podem contribuir para a conservação da biodiversidade.

1. As matas ciliares são APP importantes para a conservação dos cursos-d'água e da biodiversidade a eles relacionada. Faça um levantamento das condições das matas ciliares em seu município, tanto na área rural como na urbana, e depois responda: As matas ciliares do município estão bem conservadas?

2. O que é consumo sustentável e qual é sua importância para a conservação da biodiversidade?

3. Analise o seu dia desde o momento em que acorda até quando vai dormir. Observe suas atitudes e descreva quais delas poderiam ser revistas para contribuir com a diminuição dos impactos ambientais negativos e com a conservação da biodiversidade.

4. Você quer propiciar à sua família um maior contato com a biodiversidade e está programando uma visita a uma Unidade de Conservação. Qual é a categoria de UC mais indicada? Por quê?

5. Considerando uma Unidade de Conservação na categoria de uso sustentável em que vivem pescadores tradicionais, o que é importante para garantir o objetivo principal – o de uso sustentável de parcela dos recursos naturais?

6. Com base em tudo o que estudou no tema, qual é a importância das estações ecológicas? Se necessário, consulte a página do SNUC, disponível em: <www.mma.gov.br/areas-protegidas/unidades-de-conservacao.html>. Acesso em: 17 maio 2019.

7. Em uma pesquisa sobre as principais dificuldades para encaminhar os resíduos para a reciclagem, foram encontradas as seguintes respostas: 1. Falta de um local para entregar o material; 2. Separação do material; 3. Falta de incentivo do governo; 4. Falta de espaço para armazenar o material. Que sugestões você daria para resolver cada uma das dificuldades? Se necessário, pesquise o assunto para responder.

8. O ciclo de vida de um produto industrializado é composto de: extração de matéria-prima, produção, transporte e armazenamento, venda, uso e descarte. Por que é importante analisarmos esse ciclo antes de comprar um produto? Qual é sua relação com a sustentabilidade?

9. Considerando o ciclo de vida do produto apresentado na questão anterior, depois do uso, que ações podemos acrescentar para evitar o descarte ou prorrogar o tempo de vida útil desse produto?

10. Sobre os tipos de conservação da biodiversidade, qual é a diferença entre a conservação *ex situ* e a conservação *in situ*? Que fatores podem ser determinantes na aplicação de um tipo ou de outro?

11. O gráfico a seguir mostra a quantidade de autorizações para pesquisas em Unidades de Conservação brasileiras, separadas por biomas. Analise o gráfico e responda às questões.

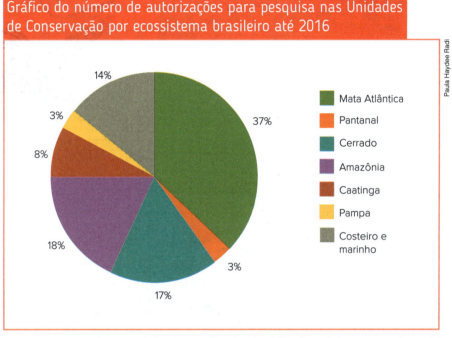

Gráfico do número de autorizações para pesquisa nas Unidades de Conservação por ecossistema brasileiro até 2016

- Mata Atlântica: 37%
- Pantanal: 3%
- Cerrado: 17%
- Amazônia: 18%
- Caatinga: 8%
- Pampa: 3%
- Costeiro e marinho: 14%

ICMBio - Instituto Chico Mendes. SISBio. Disponível em: <www.icmbio.gov.br/sisbio/estatisticas.html>. Acesso em: 17 maio 2019.

a) Qual é a importância das pesquisas para a conservação da biodiversidade?

b) Considerando essa importância, o que podemos dizer sobre a conservação da biodiversidade do Pampa e do Pantanal em relação à porcentagem de autorizações concedidas?

DICAS

ACESSE

Biodiversidade: <www.mma.gov.br/biodiversidade/biodiversidade-brasileira>. *Site* do Ministério do Meio Ambiente com informações sobre biodiversidade, animais em extinção, biomas etc.

Mundo sustentável: <www.mundosustentavel.com.br>. Página em que o jornalista André Trigueiro divulga informações, artigos e vídeos sobre sustentabilidade.

ASSISTA

O valor das unidades de conservação para a sociedade brasileira. Produção: Instituto Chico Mendes de Conservação da Biodiversidade (ICMBio) e Ministério do Meio Ambiente (MMA).

Aborda a importância das unidades de conservação para a manutenção da vida dando alguns exemplos. Disponível em: <www.youtube.com/watch?v=KZkzp4uJKJY&feature=youtu.be>. Acesso em: 30 maio 2019.

LEIA

O mundo sem nós, de Alan Weisman (Planeta do Brasil). Após entrevistar especialistas, o autor revela o impacto que a humanidade causa no planeta.

Biodiversidade: para comer, vestir ou passar no cabelo?, organizado por Nurit Bensusan, Ana Cristina Barros, Beatriz Bulhões e Alessandra Arantes (Peirópolis). Descreve ações de ONG, empresas e da mídia para cumprir os objetivos da Convenção sobre Diversidade Biológica (CDB).

O poema imperfeito: crônicas de Biologia, conservação da natureza e seus heróis, de Fernando Fernandez (Editora Universidade Federal do Paraná). Livro de crônicas sobre ecologia, com interpretação que abrange evolução e biogeografia.

VISITE

Exposição sobre biodiversidade na Fiocruz Petrópolis. Para mais informações: <www.museudavida.fiocruz.br/index.php/noticias/31-visitamos-voce/987-exposicao-sobre-biodiversidade-em-cartaz-na-fiocruz-de-petropolis>.

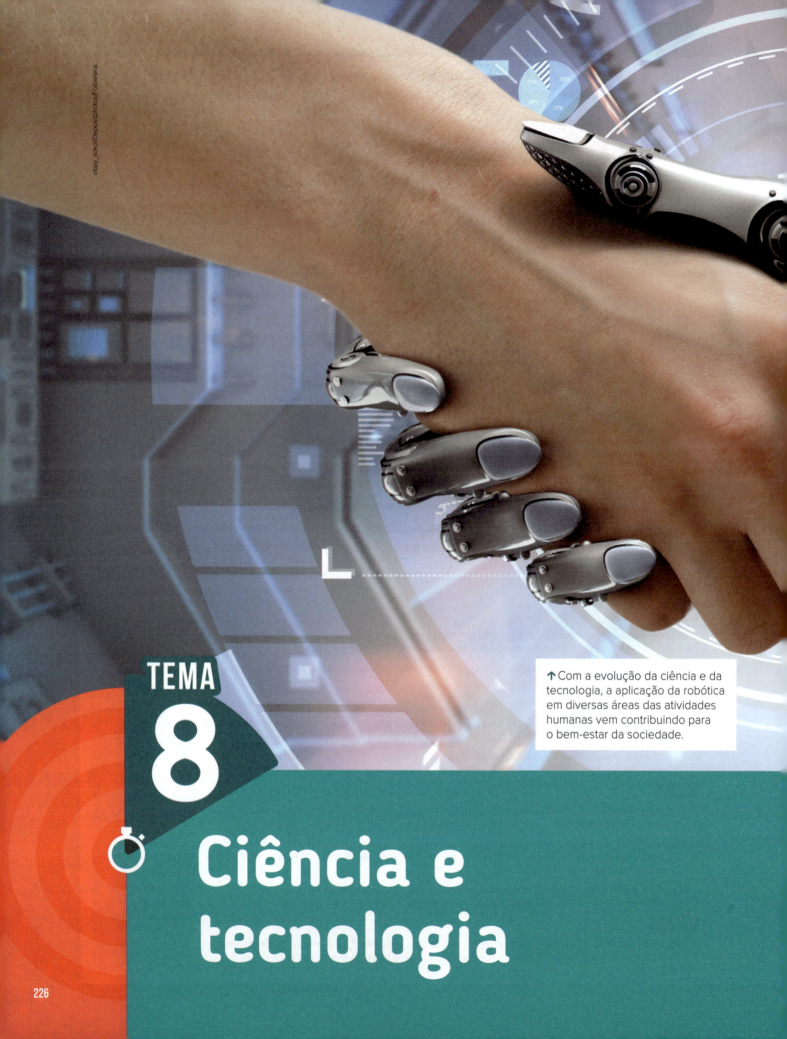

↑ Com a evolução da ciência e da tecnologia, a aplicação da robótica em diversas áreas das atividades humanas vem contribuindo para o bem-estar da sociedade.

TEMA 8

Ciência e tecnologia

NESTE TEMA

VOCÊ VAI ESTUDAR:

- o papel da tecnologia na sociedade atual;
- as origens da tecnologia;
- a relação entre ciência e tecnologia.

1. Você já acompanhou alguma reportagem sobre robôs com capacidade de interagir com seres humanos? O que achou?

2. Que atividade humana você acredita ter sido essencial para o desenvolvimento de robôs como esses?

3. Em sua opinião, o desenvolvimento da tecnologia é algo bom ou ruim?

CAPÍTULO 1

A tecnologia

> Neste capítulo, você vai estudar a relação entre o conhecimento e a sobrevivência; as origens da tecnologia; definições de tecnologia e suas relações com a ciência; a importância das produções científicas e tecnológicas para o desenvolvimento do país; a Internet das Coisas e as máquinas inteligentes.

EXPLORANDO EXPLORANDO UMA ODISSEIA NO ESPAÇO

Maria estava animada com o filme a que ia assistir com os pais – *2001, uma odisseia no espaço* –, que conta a história de uma nave controlada por um computador. A tripulação está hibernando devido à longa viagem que será feita pelo espaço. Tudo parece sob controle, até que coisas estranhas começam a acontecer... No início e no final do filme, um "macaco" aparece portando ossos como se fossem armas.

Foram mais de duas horas de filme e, no final, a mãe de Maria perguntou se ela tinha gostado. Maria disse que, apesar de ter achado o filme um pouco "parado", havia gostado, sim. Ela comentou que adora ficção científica, pois esses filmes sempre mostram visões alternativas do futuro, o que nos faz refletir sobre o presente.

Sua mãe ficou feliz ao ouvir que ela tinha se interessado porque não era um filme fácil. Seu pai perguntou se ela tinha alguma dúvida, afinal ele já havia visto o filme várias vezes e gostava de conversar sobre ele.

Foi aí que Maria disse que não sabia se tinha entendido a cena final, em que aparece o macaco. Ela falou: "O filme se passa no espaço, com alta tecnologia, e aí aparece aquele macaco enorme jogando o osso para o alto". Sua mãe deu risada e deixou que o pai explicasse a relação entre o osso lançado pelo macaco e a alta tecnologia do filme.

Agora é sua vez.

1. Você já assistiu a um filme ou leu algum livro de ficção científica?

2. Algum deles aborda a evolução do ser humano e o desenvolvimento de técnicas para sua sobrevivência?

3. Em sua opinião, como o ser humano antigo foi capaz de sobreviver aos perigos que o cercavam? Como conseguiu povoar toda a Terra em um tempo relativamente pequeno (cerca de 12 mil anos)?

O ser humano e o domínio da natureza

Até pouco tempo atrás, a humanidade vivia totalmente submetida aos eventos naturais. Furacões, secas e epidemias eram "forças da natureza" que estavam fora do controle das pessoas. Do mesmo modo, as atividades necessárias para garantir a vida estavam limitadas, basicamente, ao que as pessoas conseguiam fazer com os próprios braços e pernas.

É interessante notar como esse cenário foi modificado pela capacidade de os humanos transformarem a natureza em seu benefício. Para enfrentar a seca, nossos antepassados aprenderam a desviar o curso dos rios e a estocar água em diques e represas. Para enfrentar os furacões, aprenderam a reconhecer sinais do tempo de modo a se proteger com antecedência. Para enfrentar as epidemias, desenvolveram técnicas de saneamento e a medicina avançou no desenvolvimento de vacinas.

Isso tudo não foi repentino, mas resultado de um longo processo, em que foram combinadas a consciência das experiências anteriores, a criatividade e a persistência.

↑ Seres humanos pré-históricos praticam a caça com o uso de lanças.

Dotado de poucas vantagens físicas em relação aos demais seres vivos, os humanos foram muito hábeis em encontrar soluções para lidar com os desafios da sobrevivência. Engana-se quem pensa que esses desafios acabaram, pois há muitos problemas que continuam a exigir empenho de nossa espécie na busca de soluções. Talvez a grande diferença hoje é que somos capazes de transformar a natureza (a ponto, inclusive, de destruí-la!). Essa é uma constatação muito recente.

Atualmente, há muita discussão entre os especialistas acerca do aquecimento global, suas causas e consequências. Há evidências de que a temperatura média do planeta está aumentando. Embora não haja consenso, as pesquisas científicas indicam que o aumento na temperatura média do planeta é uma consequência do aumento do gás carbônico, do metano e de outros gases, decorrente do uso excessivo de combustíveis fósseis, das queimadas e da criação de animais para consumo.

Em nenhum outro período dos últimos duzentos anos, ou seja, desde a **Revolução Industrial**, as atividades humanas foram capazes de modificar de maneira tão profunda a natureza e gerar impactos irreversíveis sobre a vida das pessoas como agora. Assim, nossa responsabilidade aumenta na mesma medida em que nossas decisões podem pôr toda a vida do planeta em risco.

> **GLOSSÁRIO**
>
> **Revolução Industrial:** processo de transformações que ocorreram na Europa entre os séculos XVIII e XIX, em que máquinas a vapor, movidas a carvão, foram amplamente utilizadas para a produção de bens de consumo. Nesse período também ocorreu a substituição do trabalho artesanal pelo trabalho assalariado nas fábricas.

Origens da tecnologia

Como e quando toda essa mudança começou?

Há um ponto a partir do qual é possível determinar que a humanidade passou a se organizar tecnologicamente?

Bem, essa questão não pode ser respondida de maneira definitiva, mas é possível adiantar algumas ideias. Muitos consideram que a sociedade ganhou o perfil atual no século XVIII, quando máquinas passaram a realizar as tarefas antes feitas por humanos e animais, em um processo complexo que envolveu o uso de conhecimentos científicos especializados para resolver problemas importantes da época.

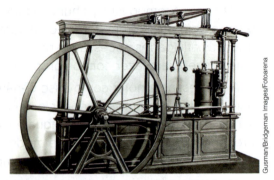

↑ Máquina a vapor de James Watt datada do século XIX e exposta no Conservatório Nacional de Artes e Ofícios de Paris, na França.

A máquina a vapor acabou sendo o símbolo dessa combinação de conhecimento da natureza com a engenhosidade humana de criar instrumentos para auxiliar na sobrevivência. Para alguns autores, o aparecimento da tecnologia nesse formato é resultado da ciência produzida por Galileu e Newton dois séculos antes. Esse é um ponto importante que devemos manter em mente.

A fundição do bronze

Entretanto, engana-se quem imagina que não existia tecnologia antes disso. Vejamos um exemplo bem antigo, a **fundição do bronze**. O bronze é uma liga metálica resultante da mistura do cobre com pequenas quantidades de estanho. A adição do estanho pode representar de 3% a 25% da mistura e produz uma liga mais maleável, resistente à oxidação e com temperatura de fusão mais baixa.

O surgimento e desenvolvimento da fundição do bronze é conhecido como Idade do Bronze (3000 a.C. a 1800 a.C.). Estima-se que os primeiros povos a utilizarem o bronze foram os sumérios, por volta de 3300 a. C. Mas foi na China, na Dinastia Chang (1600 a.C.-1046 a.C.), que esse tipo de fundição alcançou níveis de qualidade e quantidade nunca antes vistos na Antiguidade. Escavações na cidade de Anyang, antiga capital de uma das províncias chinesas, revelaram dois fornos que podiam atingir temperaturas muito altas. Os chineses, na época, já tinham meios de controlar essa temperatura, de modo a trabalhar o bronze de maneira muito precisa.

Os chineses dominavam a confecção de moldes, sabiam determinar e controlar a temperatura dos fornos e como trabalhar o bronze, fazendo das peças verdadeiras obras de arte. Além disso, foram capazes de fabricar em grande quantidade ao planejar cada etapa do processo, fazendo com que cada uma se ajustasse às demais e as tarefas fossem distribuídas por equipes. Isso possibilitou o desenvolvimento de um tipo de conhecimento especializado que se aproxima muito do que chamamos hoje de tecnologia. De certa maneira, a fundição do bronze na Dinastia Chang era muito parecida com uma linha de produção moderna.

Peça de bronze da Dinastia Chang.
↓

Aprendendo a se beneficiar dos sucessos e fracassos, das representações que faziam do mundo natural e dos seres vivos e das formas de organização social, os humanos desenvolveram conhecimentos técnicos e teóricos, num intercâmbio constante entre o fazer e o pensar, de modo a superar todos os desafios criados por nossas necessidades como espécie.

Hoje, o grande desafio parece ser minimizar os riscos criados pelo impacto que os sistemas tecnológicos causam no ambiente, como o aquecimento global, que é tema do momento e exige de nós uma reflexão sobre os limites da sustentabilidade de nosso planeta.

O aço na África Antiga

Ao longo da história da manufatura de ferramentas e armas, o domínio da fundição do ferro foi muito importante. Tanto que esse período ficou conhecido como a Idade do Ferro. Nesse momento, os agrupamentos humanos desenvolveram meios de moldar o ferro fundindo-o em fornos que atingiam aproximadamente 1500 °C.

Na África antiga, por volta de 2000 a.C., já havia produção de ferro. Fornos alimentados pela queima da madeira eram construídos para derreter o minério de ferro.

Por volta de 1200 a.C., os egípcios descobriram que o ferro poderia ser transformado em aço, um tipo de liga metálica. Diferentemente do ferro, o aço não pode ser obtido na natureza.

O aço tem uma série de vantagens sobre o ferro: é mais duro, mais resistente à ferrugem e pode ser moldado em espessuras bem finas. Um aço de boa qualidade tem cerca de 0,5% de carbono em sua composição.

À primeira vista, a tecnologia parece ser algo restrito a algumas partes do mundo, como os Estados Unidos, a Europa e partes da Ásia (principalmente o Japão e a Coreia do Sul). Mas, na verdade, a tecnologia é uma forma de expressão da humanidade e não se restringe nem no espaço nem no tempo. Como exemplo, apresentamos a tecnologia de produção de aço que foi desenvolvida na África Subsaariana, ou seja, na parte do continente africano que se localiza abaixo do Deserto do Saara.

↑ Pessoas do povo haya ao lado de um alto-forno.

Pesquisadores descobriram que, há 2000 anos, os africanos que viviam na margem oeste do Lago Vitória já produziam aço-carbono em **altos-fornos**, utilizando um método tecnologicamente sofisticado.

Eles chegaram a essa conclusão ao reconstruir um alto-forno com base em relatos de anciões do povo haya, na Tanzânia, cujos ancestrais repassaram oralmente durante séculos as técnicas de metalurgia. Eles compararam, então, o aço produzido nessa reconstituição moderna com as evidências em escavações arqueológicas de altos-fornos primitivos, e concluíram que a composição era essencialmente a mesma.

> **GLOSSÁRIO**
>
> **Alto-forno:** forno potente para fundição de minério de ferro.

A hipótese dos pesquisadores é de que havia uma técnica de preaquecimento com a injeção de jatos de ar por meio de ventaneiras (tipo de tubo) de cerâmica inseridas na base do alto-forno. Essa era uma característica importante da antiga fundição de ferro, pois o preaquecimento possibilitava a obtenção de temperaturas bem mais altas em menos tempo.

No alto-forno, oito ventaneiras de cerca de 60 cm de comprimento eram inseridas, em profundidades variadas, na base do alto-forno, e oito foles em tambor, cobertos com peles de cabra, eram usados para injetar ar dentro delas. O junco de áreas pantanosas era queimado na tigela que fica na base do alto-forno, o que produzia uma base de carvão que era penetrada pelo ferro fundido, formando o aço.

Essas descobertas evidenciam que há mais de 1500 anos já havia na África uma cultura de tecnologia avançada. Essa constatação contraria a ideia de que a sofisticação tecnológica desenvolveu-se apenas na Europa e não na África.

O que é a tecnologia?

Podemos dizer que a capacidade de suplantar desafios é tão antiga quanto o próprio ser humano. Desde a mais remota era, os seres humanos fazem artefatos e criam estratégias para sobreviver: lanças, ferramentas, armadilhas e emboscadas foram desenvolvidas para garantir comida e proteção.

A pergunta a ser feita é: Como definir essa capacidade de enfrentar desafios que possibilitou aos seres humanos não apenas sobreviver mas também povoar todo o globo? Hoje, somos mais de 7 bilhões de pessoas habitando praticamente todas as regiões do planeta. Nossa espécie desenvolveu um tipo de conhecimento que ajuda a superar as limitações e a enfrentar os desafios impostos pela natureza. Por exemplo, a iluminação artificial possibilitou que as atividades nas cidades não se encerrem ao pôr do sol; as vacinas têm impedido que epidemias dizimem populações inteiras; carros, trens, aviões e navios possibilitam que nos desloquemos e transportemos milhares de toneladas de produtos de um continente para outro.

↑ Ponta de flecha com 8 cm encontrada no Paraná. Calcula-se que tenha entre 7 e 9 mil anos.

Das primeiras lanças aos foguetes que colocam satélites em órbita, o conhecimento e a maneira de produzi-lo foram a chave para o desenvolvimento dos seres humanos. Mas podemos diferenciar o conhecimento que possibilitou aos nossos antepassados da Idade da Pedra fazer pontas de lança daquele que gerou a evolução de motores capazes de pôr um foguete em órbita? Este último tipo de conhecimento é bem mais recente. Apareceu há cerca de 150 anos, integrando o conhecimento científico a esse processo de solução de problemas.

A partir do século XVIII, mas principalmente na segunda metade do século XX, a combinação de princípios científicos com as experiências acumuladas na solução de problemas práticos produziu um conhecimento extremamente poderoso – o **conhecimento tecnológico**.

Por exemplo, a comunicação ganhou um grande impulso quando as bases da eletricidade foram usadas para enviar mensagens cifradas por cabos elétricos – nascia, assim, o telégrafo. O aprimoramento de máquinas a vapor (como a locomotiva e o tear) deu novos contornos a atividades ligadas ao transporte e ao trabalho.

Como dissemos, o desenvolvimento do conhecimento técnico não é algo recente, mas a tecnologia está relacionada ao nascimento da ciência moderna, ou seja, é própria do século XVIII. Os estudiosos ainda debatem qual é a melhor definição de tecnologia. Alguns dão mais ênfase aos produtos, àquilo que é feito por meio da tecnologia; outros preferem destacar as habilidades desenvolvidas para fazê-los. Vejamos algumas definições de tecnologia:

1. Tecnologia é prática; é a maneira pela qual se constrói, cria ou se desenvolve algo.
2. Tecnologia inclui ferramentas, máquinas, armas, instrumentos, abrigos, roupas, meios de comunicação, equipamentos de transporte e as habilidades pelas quais eles são produzidos e utilizados.
3. Tecnologia é o meio usado para realizar os propósitos humanos.

Quando analisamos as manifestações das técnicas ou "artes úteis", fica claro que elas se modificaram ao longo do tempo. Pouco a pouco, os humanos inventaram e produziram, de modo planejado, objetos para suas necessidades, usando conscientemente os conhecimentos científicos. Assim, hoje é muito difícil distinguir a tecnologia das ciências. Por exemplo, a tela Oled, usada em celulares, *tablets* e computadores, é tecnologia ou ciência? E o *laser*?

Da ciência para a tecnologia; da tecnologia para a ciência

Dissemos que uma característica importante da tecnologia nos dias de hoje é sua associação com a ciência. No entanto, o contrário também é verdadeiro, ou seja, a ciência também se beneficia da associação com a tecnologia. Um dos casos em que isso fica bem claro é o uso da luneta para o desenvolvimento da Astronomia.

Em 1543, Nicolau Copérnico propôs em seu livro que a Terra não estava no centro do Universo, mas sim o Sol, e que todos os demais planetas giravam em torno dele. Contudo, o sistema de Copérnico não oferecia uma descrição completa dos céus, nem era muito mais elaborado que o de seus concorrentes. Foram as observações de Galileu Galilei com a luneta e as evidências obtidas por meio delas que confirmaram o sistema copernicano.

Para entender a diferença que o uso da luneta fez na investigação do céu, é importante saber que, antes dela, eram usados instrumentos bem simples, que não aumentavam a imagem dos objetos. No fundo, as observações eram essencialmente feitas a olho nu. As melhores tinham sido feitas por um astrônomo dinamarquês chamado Tycho Brahe (1546-1601), que utilizava instrumentos que ele próprio desenvolveu.

A luneta possibilitava observar a chegada de navios no mar e avistar o avanço de tropas inimigas a longas distâncias. Na época, ser capaz de antecipar a chegada de um inimigo em algumas horas era determinante para a sobrevivência. Assim, podemos concluir que a luneta era um instrumento muito útil. Não há um consenso sobre quem inventou a luneta, no entanto, Galileu aperfeiçoou esse equipamento e suas observações revolucionaram o entendimento sobre o Universo.

Galileu conseguiu uma dessas lunetas e, após estudar seu funcionamento, fez adaptações para usá-la na Astronomia, o que permitiu a observação da superfície da Lua e dos planetas.

↑ Instrumentos de observação desenvolvidos por Tycho Brahe.

→ Réplica da luneta desenvolvida por Galileu.

De posse da luneta, Galileu deparou-se com observações inusitadas, que contradiziam crenças da época. Ele observou manchas escuras na superfície da Lua, que atribuiu à existência de montanhas; com informações sobre a posição do Sol, chegou inclusive a estimar a altitude das supostas montanhas. Isso contrariava um dos princípios do universo aristotélico, segundo o qual a Lua era perfeita e tinha uma superfície completamente lisa.

O uso da luneta revelou também a existência de satélites em Júpiter. Essas evidências indicavam que poderia haver outros centros no Universo que não a Terra. Ele também observou o planeta Vênus e mostrou que ele tinha "fases" como a Lua. Isso só poderia ser admitido caso a Terra estivesse também em movimento.

Desenho de crateras na superfície da Lua, observadas por Galileu.

↑ Desenho das fases da Lua feitos por Galileu ao observá-la com o auxílio da luneta.

É muito importante você saber que na época não se sabia por que as lentes combinadas podiam aumentar a imagem dos objetos. As leis da óptica geométrica que explicam isso foram propostas décadas depois, ou seja, a luneta não é fruto de conhecimento científico. Muito pelo contrário: o conhecimento foi produzido pelo uso da luneta.

Casos como esse são muito comuns nos dias de hoje. Por isso, é cada vez mais difícil separar a ciência da tecnologia, de modo que a ciência apoia a tecnologia e a tecnologia apoia a ciência, num ciclo de benefício mútuo.

Atualmente, temos telescópios ultramodernos capazes de mapear outras galáxias. Eles são produto dessa união entre ciência e tecnologia.

↑ Telescópio Hubble em órbita da Terra. Ele capta imagens sem interferência da atmosfera e das luzes da superfície terrestre.

234

DIÁLOGO

A tecnologia na literatura internacional

O escritor Edgar Allan Poe, em alguns de seus textos, descreve as conquistas dos seres humanos obtidas por meio das ciências e da tecnologia. Em um trecho do conto "O homem que fora consumido", de 1839, ele escreve na voz de um personagem, o general A. B. C. Smith:

> Não há nada que se assemelhe, somos uma gente maravilhosa e vivemos numa época maravilhosa. Paraquedas e estradas de ferro – armadilhas para homens e espingardas de chumbinho! Os nossos barcos a vapor circulam por todos os mares e o dirigível de Nassau está pronto para fazer viagens regulares (só vinte libras esterlinas por bilhete de ida) entre Londres e Tombuctu. E quem será capaz de calcular a imensa influência em toda a vida social – nas artes – no comércio – na literatura – que irá resultar dos grandiosos princípios magnéticos? E isso não é tudo, garanto-lhe! Não há realmente um fim na marcha das invenções. As mais maravilhosas – as mais engenhosas [...] as mais verdadeiramente úteis maquinetas multiplicam-se dia a dia como cogumelos, se assim posso exprimir, ou, duma maneira mais figurada, como – ah – gafanhotos, Sr. Thompson – sobre nós e ah – ah – ah – à volta de nós!

Poe, E. A. The Man That Was Used Up (unauthorized abridgment from Prose Romances), *New Mirror*, v. 1, n. 23, p. 362, 9 set. 1843 (tradução livre).

1. Forme grupo com alguns colegas e, juntos, façam uma pesquisa identificando onde fica Tombuctu. Levante hipóteses sobre o motivo de o escritor ter escolhido essa cidade como destino.

2. Por que ele associa a multiplicação de máquinas com gafanhotos?

Produção científica e tecnológica

Sem dúvida, ao longo do século XX tivemos a população mais numerosa em toda a história da humanidade. A população do planeta aumenta em proporção geométrica, o número de máquinas cresce sem parar e elas são capazes de fazer coisas que nem os antigos escritores sonharam. Não é por acaso que esse século coincide com um salto qualitativo na produção científica mundial.

O gráfico ao lado mostra a produção científica divulgada em uma revista alemã entre 1890 e 2010.

Variação do número de artigos científicos publicados ao longo dos anos na revista científica alemã *Angewandte-Chemie*

1. Primeira Guerra Mundial (1914-1918)
2. Começo do Terceiro Reich (1933)
3. Segunda Guerra Mundial (1939-1945)
4. Lançamento da versão em inglês da revista (1962)
5. Peter Golitz torna-se editor da revista (1982)
6. Artigos enviados têm de passar pela avaliação de outros cientistas para que a publicação seja aprovada (anos 1980)

Fonte: MÜLLER, Mario. *Angewandte Chemie Online*. Wiley Online Library.

PENSAMENTO EM AÇÃO — PESQUISA

O desenvolvimento tecnológico no Brasil

O texto abaixo é parte de uma reportagem sobre o desenvolvimento de um novo tratamento para o câncer de pele. A pesquisa foi desenvolvida no Brasil em uma parceria entre universidades e empresas.

Material:

- computador conectado à internet;
- caderno;
- caneta.

Procedimento

1. Forme um grupo com três colegas e, juntos, leiam o trecho abaixo.

[...]
Nos últimos anos, um grupo de pesquisadores do local desenvolveu um dispositivo para o diagnóstico e tratamento óptico do câncer de pele não melanoma com resultados promissores, principalmente na eliminação de tumores iniciais. [...]

O equipamento [...] é composto por um dispositivo capaz de reconhecer e verificar a extensão de lesões tumorais por **fluorescência óptica** em minutos.

[...] a região é irradiada por 20 minutos com um dispositivo contendo uma fonte de luz LED vermelha a 630 nanômetros integrada ao equipamento. A luz ativa a protoporfirina e desencadeia uma série de reações nas células tumorais, gerando espécies reativas de oxigênio capazes de eliminar as lesões. Já os tecidos sadios são preservados.

Em seguida ao procedimento, são geradas imagens de fluorescência, também por meio do equipamento, para assegurar a irradiação total das lesões.

[...]
Os resultados dos ensaios clínicos mostraram que o tratamento foi capaz de eliminar 95% dos tumores, sem efeitos colaterais, causando apenas leve vermelhidão no local e sem a formação de cicatriz.

> Fapesp apoia pesquisa inovadora sobre tratamento de câncer de pele. *Portal do Governo*, 9 abr. 2019. Disponível em: <www.saopaulo.sp.gov.br/spnoticias/ultimas-noticias/fapesp-apoia-pesquisa-inovadora-sobre-tratamento-de-cancer-de-pele/>. Acesso em: 20 maio 2019.

> **GLOSSÁRIO**
>
> **Fluorescência óptica:** técnica que utiliza a emissão de uma fonte de luz LED, possibilitando a observação de estruturas do corpo que não são possíveis de se observar a olho nu.

Reflita e registre

NO CADERNO

1. Em grupo, consultem a notícia original para responder as questões abaixo e, se necessário, busquem informações complementares em *sites* confiáveis.

   a) Listem as pessoas, universidades e empresas que participam dessa pesquisa.

   b) Qual é a novidade desse novo tratamento em relação aos tratamentos anteriores.

   c) Como foi possível desenvolver essa tecnologia no Brasil?

   d) Escrevam no computador ou *tablet* um pequeno texto, de não mais de 140 toques, que explique o desenvolvimento da tecnologia abordada no texto.

   e) Indiquem qual das três definições do termo tecnologia propostas na página 232 melhor se aplica a esse caso.

AQUI TEM MAIS

Oxímetro

Você já deve ter visto um aparelho como o da imagem abaixo. Ele se chama oxímetro e serve basicamente para medir o batimento cardíaco e a taxa de oxigenação do sangue. Esse aparelho se popularizou e hoje é utilizado por enfermeiros, farmacêuticos, dentistas, fonoaudiólogos, médicos e outros profissionais. As medidas podem ser feitas em tempo real e por longos períodos.

↑ Oxímetro em uso.

Essas duas medidas, que hoje podem ser feitas inclusive com aparelhos portáteis, eram feitas de modo menos preciso e mais complicado há cerca de 50 anos. No caso do batimento cardíaco, era preciso contá-los usando um cronômetro. Para medir a taxa de oxigenação do sangue, dada pela porcentagem de hemoglobina arterial, era ainda mais complicado, sendo necessário colher e analisar o sangue, o que levava minutos preciosos para o paciente.

O funcionamento do oxímetro é simples. Dois **diodos** emissores de luz (LED) estão alinhados com outros diodos fotorreceptores. Ao ser colocado na orelha ou no dedo de uma pessoa, a luz emitida pelo LED atravessa seu tecido translúcido, sendo parcialmente absorvido por ele e captado nos receptores. Essa absorção depende da quantidade de hemoglobina oxigenada e não oxigenada. Assim, temos uma boa medida da taxa de oxigenação do sangue, que numa pessoa saudável varia de 95% a 100%.

> **GLOSSÁRIO**
>
> **Diodo:** componente eletrônico que produz luz por meio da energia elétrica.

1. Reúna-se em grupo com alguns colegas e, juntos, pesquisem as áreas de conhecimento que contribuíram para que esse aparelho fosse concebido. Use o texto acima como referência, mas consulte também outras fontes confiáveis na internet.

O futuro moldado pela tecnologia

Na fronteira atual da tecnologia, as máquinas parecem dotadas de alguma capacidade "inteligente". São as chamadas **máquinas cognitivas**. Mas não pense que as máquinas inteligentes disputarão o planeta conosco, como na trilogia de filmes *Matrix*. Ainda estamos bem longe disso. Máquinas cognitivas são aquelas que conseguem se comunicar entre si, por exemplo, numa linha de produção. Isso já acontece em algumas indústrias, e a tendência é que o uso delas seja ampliado. A Internet das Coisas, por exemplo, é uma tecnologia cujo objetivo é conectar os aparelhos domésticos à internet. Ao chegar em casa, seu *smartphone* se comunica com a televisão – que se conecta à sua série preferida –, o micro-ondas começa a aquecer o jantar e o aspirador se desliga.

Tudo isso passou a ser possível com a redução nos custos dos sensores. Observe o gráfico abaixo.

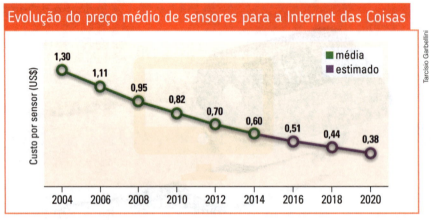

Fonte: Goldman Sachs, BI intelligence estimates, 2014.

A introdução desses sensores trará mudanças radicais no cenário da indústria e no modo de vida das pessoas. Para alguns especialistas, a "servitização" – ou seja, substituir o ato de comprar coisas pelo de contratar serviços – será a tendência do consumo nas próximas décadas. O vendedor do serviço poderá acompanhar em tempo real o uso, as condições e eventuais defeitos, além de cobrar e agendar a manutenção sem precisar monitorar os equipamentos presencialmente.

Colabora para isso também a redução no custo dos meios de comunicação (veja o gráfico abaixo).

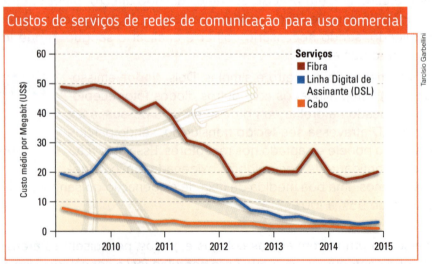

Fonte: Point topic. www.point-topic.com Acesso em: 7 jun. 2019.

Se achou que o compartilhamento de bicicletas e a introdução dos aplicativos de deslocamento são o futuro, você está enganado. O futuro ainda não começou!

ATIVIDADES

SISTEMATIZAR

1. Entreviste uma pessoa com mais de 50 anos, faça as perguntas que constam nos itens **a** e **b**, e anote as respostas no caderno.
   a) Como era o deslocamento das pessoas na cidade quando você era criança?
   b) Quais aparelhos eletrodomésticos não existiam na sua infância?

2. Quais são as três características que fazem a fundição do bronze na China Antiga se assemelhar às tecnologias atuais?

3. Qual é a vantagem na produção do aço em relação à produção do ferro?

4. Qual é a importância da luneta para o desenvolvimento da ciência?

5. Dê exemplos de produtos ou processos para cada uma das três definições de tecnologia apresentadas na página 232.

6. Analise o gráfico da página 238, sobre o custo dos sensores, e determine a redução de preço de um sensor em 2020, caso a mesma tendência se mantiver.

7. Dê exemplo de uma situação atual em que haja máquinas cognitivas se comunicando.

8. Cite três exemplos de situações de "servitização" disponíveis em sua cidade, conforme a definição apresentada na página 238.

REFLETIR

1. Na página 232 apresentamos três definições de tecnologia. Analise cada uma delas e mostre situações nas quais a definição não se aplica.

2. Por que é importante saber que houve tecnologia desenvolvida na África para a produção de aço?

3. Analise o gráfico da página 235, sobre a produção científica, e faça o que se pede.
   a) Determine o período de maior variação na produção científica.
   b) Identifique os dois momentos em que a produção científica se aproximou do zero. Por que a produção científica diminuiu tanto nesses períodos?

4. Comente a frase abaixo, extraída da página 234 do livro.

   Ou seja, a luneta não é fruto de conhecimento científico. Muito pelo contrário: o conhecimento foi produzido pelo uso da luneta.

5. Você acha que hoje há pouco ou muito risco de as máquinas dominarem nosso mundo? Elabore sua resposta apresentando argumentos.

DESAFIO

1. Busque informações sobre outras áreas em que o princípio de medição do oxigênio, presente nos oxímetros, é aplicado.

2. Analise o gráfico da página 238, sobre o custo da comunicação. Qual das três modalidades de conexão teve maior redução?

3. A mulher retratada na fotografia é a estadunidense Amanda Kitts. Em abril de 2006, ela sofreu um acidente de trânsito e perdeu um dos braços. Ela ficou arrasada, com medo de perder o emprego, não poder cozinhar

↑ Amanda Kitts recebeu, em 2011, a aparelhagem para fazer funcionar a prótese de braço.

ou abraçar o filho como gostaria. Pesquisando na internet, Amanda descobriu que um instituto de reabilitação estava desenvolvendo braços protéticos controlados por sinais nervosos do usuário e ofereceu-se para testá-los. Pesquise na internet o caso de Amanda ou outro caso de uso de próteses em pernas ou braços, depois escreva um texto com mais detalhes sobre o que descobriu. Você também pode entrevistar alguém que use prótese.

CAPÍTULO 2
O carro elétrico

Neste capítulo, você vai estudar o funcionamento do carro elétrico, as baterias modernas, a comparação entre motores a combustão e motores elétricos, os tipos de carro elétrico e sua produção no mundo, e as políticas para incentivar a adoção desse modelo de veículo.

EXPLORANDO A HORA E A VEZ DOS CARROS ELÉTRICOS

Mateus usou um aplicativo para chamar um carro e ficou surpreso por não ter escutado o veículo chegar. Ao entrar no carro, perguntou à motorista que modelo era aquele, que não fazia barulho. Ela respondeu que era um carro híbrido.

Mateus ficou pensando se já havia visto algo assim, e não conseguiu se lembrar de nada. A motorista percebeu sua cara de dúvida e explicou: "Carro híbrido é aquele que pode funcionar com gasolina e eletricidade". Em baixa velocidade, quase sempre o carro se move usando eletricidade, por isso ele não faz barulho nem solta fumaça.

Mateus pensou: "Que demais!" Depois, perguntou se para carregar o carro na tomada demorava tanto quanto o celular dele. Ficou mais espantado quando a motorista disse que aquele carro não precisava ser ligado na tomada. Era muita coisa para Mateus, que agradeceu o transporte, ansioso para pesquisar mais informações sobre carros híbridos, elétricos e como eram carregados.

Ilustrações: Claudia Marianno

Agora é sua vez.

1. Por que Mateus ficou surpreso com a chegada do carro?
2. Você já ouviu falar de carro híbrido?
3. Quanto tempo você imagina que as baterias de um carro elétrico demoram para carregar?

PENSAMENTO EM AÇÃO — DEBATE

Motor a combustão × motor elétrico

Vamos pensar sobre as diferenças entre os carros movidos a combustíveis tradicionais – como gasolina, diesel e álcool – e os carros movidos a energia elétrica?

Material:

- computador conectado à internet;
- caderno;
- caneta.

Procedimentos

1. Forme um grupo com alguns colegas. Pensem no que teria de ser modificado ou introduzido em um carro comum, movido a combustíveis como gasolina ou etanol, se quiséssemos fazer com que ele funcionasse a eletricidade.

2. Façam no caderno uma tabela como a do modelo abaixo. Preencham-na com as hipóteses levantadas pelo grupo, colocando na coluna da direita as mudanças, na da esquerda as inclusões e no centro aquilo que não seria mais necessário.

Introduzido	Retirado	Modificado

3. Depois, façam uma pesquisa em *sites* confiáveis, em revistas e livros especializados para encontrar as informações que vocês discutiram antes de preencher a tabela. Comparem suas hipóteses com os dados pesquisados.

Reflita e registre

1. Quais hipóteses do grupo se confirmaram com a pesquisa? E quais não se confirmaram?

2. Façam um cartaz que explique o funcionamento de um carro elétrico e o exponham para a turma em uma apresentação de seminário.

241

Funcionamento do carro elétrico

Se você vive em uma grande cidade, já deve ter visto um veículo elétrico. Os trólebus são mais fáceis de identificar, pois a eletricidade provém de fios armados sobre as ruas – hastes ligam o veículo aos fios e, quando se desconectam, ele para. Já os carros e ônibus que utilizam baterias são mais difíceis de identificar. A principal diferença é que eles não fazem barulho nem produzem fumaça quando movidos a eletricidade.

Os carros elétricos apresentam diferenças em relação aos carros comuns. A primeira delas é que o motor usa eletricidade de uma bateria como fonte de energia. Diferentemente dos carros convencionais, não emite fumaça, pois não há combustão. Esse é um dos aspectos positivos dos carros elétricos: seu funcionamento agride pouco o meio ambiente. Outro aspecto importante é que eles aproveitam a energia desperdiçada nas desacelerações e frenagens. Os freios desses carros são eletromagnéticos, isto é, usam forças semelhantes às dos ímãs para frear o movimento das rodas. Esse tipo de freio pode transformar a energia cinética das rodas em energia química nas baterias.

Os veículos elétricos atuais usam baterias de lítio-íon, que podem ser recarregadas, como algumas pilhas domésticas. Em ambos os casos, baterias e pilhas armazenam certa quantidade de eletricidade, que é usada para o funcionamento do dispositivo elétrico e/ou eletrônico. Quando a eletricidade acaba, as baterias podem ser recarregadas, bastando para isso ligá-las à tomada.

POSSO PERGUNTAR?
Um carro elétrico esquenta?

Num veículo elétrico atual, as baterias precisam fornecer entre 300 volts e 600 volts (a bateria de um telefone celular é de cerca de 4 volts). Todas juntas pesam mais de 250 kg, ocupam cerca de 30% do volume do carro e seu custo pode chegar à metade do valor dele. Atualmente, um dos desafios é desenvolver baterias que possam armazenar mais eletricidade, tenham menos massa, ocupem menos espaço e custem menos. Países com mais tecnologia têm liderado a corrida na fabricação de veículos elétricos, como Japão, Coreia do Sul e EUA.

↑ Corridas de *karts* elétricos já são uma realidade.

Por dentro de um carro elétrico

Sem os ruídos da combustão e do cano de escape, modelos movidos a bateria são conduzidos de forma suave e silenciosa.

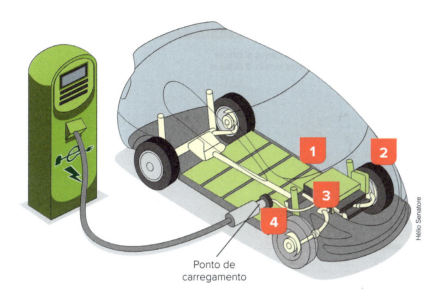

1. Conjunto de baterias: armazena a energia que possibilita o funcionamento do motor do carro. Geralmente é instalado no assoalho do veículo.

2. Inversor: gerencia a energia elétrica que chega ao motor vindo da bateria. Também é conhecido como módulo de controle.

3. Motor elétrico: converte a eletricidade da bateria em movimento, fazendo o eixo das rodas girar e, assim, movimentar o veículo.

4. Freio regenerativo: converte a energia cinética do movimento do carro em energia elétrica, que reabastece a bateria.

Ponto de carregamento

Baterias de lítio

As baterias mais eficientes são feitas de células de lítio-íon ligadas entre si em série. Cada célula tem uma tensão média de 3,6 volts; para pôr um carro em funcionamento, são necessárias centenas e até mesmo milhares delas. Um dos modelos da marca Tesla usa cerca de 7 mil células de lítio-íon acomodadas sobre o assoalho do veículo.

Vejamos a seguir como é o interior de uma bateria de lítio e seu funcionamento.

O segredo das baterias de lítio
Por serem feitas de um material leve, elas conseguem armazenar mais energia com uma massa menor

Carga e descarga
Os íons de lítio se deslocam do ânodo para o cátodo, gerando uma corrente elétrica, que alimenta o motor do carro. Na hora da recarga, os íons de lítio fazem o movimento inverso, acumulando energia na bateria.

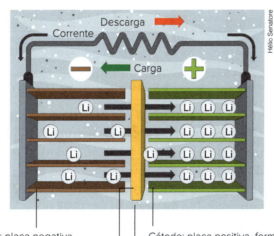

No futuro
Visando aumentar a densidade energética e a capacidade da bateria de gerar energia, cientistas buscam aumentar a quantidade de íons de lítio que se deslocam de uma placa para outra. Outros metais que poderiam substituir o lítio também estão sendo testados.

Ânodo: placa negativa, composta de grafite.

Cátodo: placa positiva, formada por óxidos metálicos de lítio.

Separador: permeável, possibilita a passagem dos íons sem que as duas placas entrem em contato.

Eletrólito: solvente orgânico líquido com sais de lítio, por onde os íons se movem.

Carros elétricos no mundo

O número de veículos total ou parcialmente movidos a eletricidade vem aumentando. Já existem alguns milhões de carros elétricos no mundo, e a previsão é que esse número cresça rapidamente.

Fonte: Global Ev Outlook 2017/AIE.

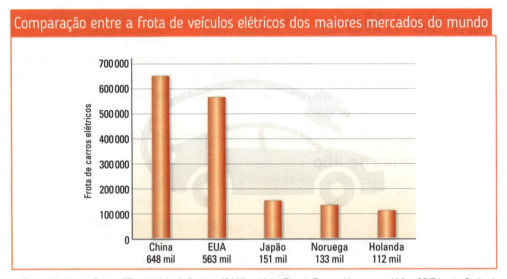

Fonte: Worldwide Sales of Toyota Hybrids Surpass 10 Million Units. *Toyota Europe Newsroom*, 14 fev. 2017 (tradução livre). Disponível em: <https://newsroom.toyota.eu/global-sales-of-toyota-hybrids-reach-10-million/>. Acesso em: 20 maio 2019.

Países como Alemanha, França e Noruega já estabeleceram datas para o fim da circulação de carros equipados com motores a combustão (que usam gasolina, diesel ou mesmo etanol). Atualmente, o carro elétrico mais vendido no mundo é o Toyota Prius. Ele é um carro híbrido que associa um motor a gasolina com um motor elétrico (veja seção na página seguinte). Ele foi lançado em 1997 no Japão e atualmente é considerado o veículo mais "limpo" do mercado americano pela EPA (sigla em inglês da agência de proteção ambiental americana). Em janeiro de 2017, a Toyota vendeu mais de 10 milhões de carros híbridos em todo o mundo.

Protótipo de carro elétrico sendo recarregado.

Tipos de veículos elétricos

Existem três modelos de carros elétricos. Eles são classificados de acordo com a maneira pela qual recebem energia elétrica.

1. Os **veículos puramente elétricos** são aqueles que usam apenas eletricidade. Suas baterias devem ser carregadas em estações ou tomadas elétricas. A grande vantagem é que são 100% não poluentes, mas sua autonomia é limitada a algumas centenas de quilômetros. Deve ser usado preferencialmente para trajetos urbanos curtos.

↑ Representação de um veículo puramente elétrico.

2. Os **veículos elétricos híbridos** dispõem de um motor a combustão e um motor elétrico. O uso deles é otimizado no sistema do carro para a melhor eficiência. A eletricidade acumulada nas baterias é fornecida por carregadores no próprio carro, alimentados pelas desacelerações, pelas frenagens e pelo motor a combustão. Esse tipo de veículo não precisa ser carregado numa estação ou numa tomada elétrica. Sua vantagem é a autonomia, pois combina dois tipos de motores; o ponto negativo é que, uma vez descarregada a bateria, o veículo andará com o motor a combustão até haver condições para que as baterias sejam novamente carregadas.

↑ Representação de um veículo elétrico híbrido.

3. O **veículo elétrico híbrido parcial** é uma combinação dos dois modelos anteriores, pois também pode ser carregado numa estação ou numa tomada elétrica. Da mesma forma que os veículos híbridos, sua grande vantagem é a autonomia; além disso, também pode ser usado no modo totalmente elétrico em trechos urbanos curtos.

→ Representação de um veículo elétrico híbrido parcial.

Custo em baixa, densidade em alta

As baterias tiveram uma evolução enorme nos últimos dez anos. O custo delas caiu na mesma proporção em que a **densidade elétrica** aumentou. Observe no gráfico abaixo a evolução do valor e a **densidade volumétrica de energia** (ou densidade energética) das baterias.

> **GLOSSÁRIO**
>
> **Densidade elétrica:** é a relação entre a corrente elétrica possível de ser fornecida por um intervalo de tempo em função do volume do acumulador. A unidade é o ampere-hora por litro (A-h/L).
>
> **Densidade gravimétrica de uma bateria:** é a grandeza que mede a relação entre a energia elétrica acumulada e a massa da bateria. A unidade dessa grandeza é o Watt-hora por quilograma (Wh/kg).
>
> **Densidade volumétrica de energia:** é a grandeza que mede a relação entre a energia elétrica acumulada em função do volume ocupado pela bateria. A unidade dessa grandeza é o watt-hora por litro (Wh/L).

Evolução do valor e da densidade energética das baterias de carros elétricos ao longo do tempo

Fonte: Global EV Outlook 2017/AIE.

O preço da bateria, em termos de sua capacidade de armazenamento, está próximo de R$ 1.000,00 por kWh. Há sete anos, esse preço era três vezes maior.

Os óxidos de lítio são a matéria-prima das baterias modernas. Combinados com grafite (carbono), produzem eletricidade. Como esses materiais ocupam pouco espaço e têm massa reduzida, as baterias podem ser pequenas e leves, qualidades importantes para esse uso.

Os cientistas pesquisam outros metais capazes de produzir baterias mais eficientes, principalmente que ocupem menos espaço. As pesquisas atuais estão testando combinações de zinco com o ar e de lítio com o ar, as quais, pelas previsões atuais, poderiam armazenar duas vezes mais energia que as baterias de lítio-íon. Entretanto, esse tipo de bateria está ainda em processo de desenvolvimento.

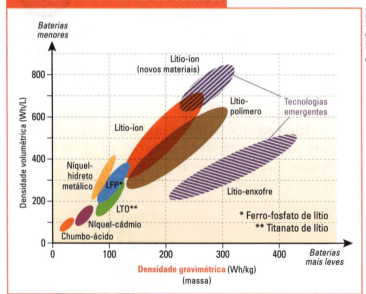

Fonte: CPqD.

As baterias convencionais de chumbo-ácido, usadas em carros comuns, têm as menores densidades de energia gravimétrica (massa) e volumétrica, ou seja, são mais pesadas e maiores em comparação com as demais tecnologias.

CURIOSO É...

Você sabe o que é uma patente?

As patentes foram criadas no século XIV para proteger as criações de artistas venezianos relacionadas aos cristais de Murano. Era um meio de garantir a propriedade de algo imaterial, como uma ideia ou um processo de fabricação. As patentes envolvem a definição de um conhecimento tecnológico que oferece vantagens financeiras, militares, entre outras.

Elas servem como maneira indireta de medir o grau de desenvolvimento tecnológico de uma empresa ou um país. O número de patentes cresceu muito ao longo dos últimos 150 anos. A tabela abaixo mostra o crescimento do número de patentes nos principais países do mundo.

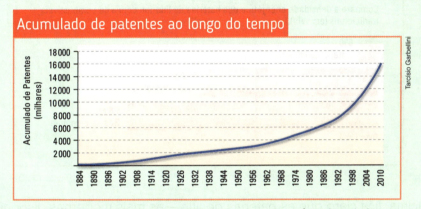

↑ Evolução do acumulado de patentes nos principais países do mundo entre 1884-2010. Escritórios de registro: EUA, China, Coreia do Sul, Japão, União Europeia, Inglaterra, Austrália, Cingapura, México e Rússia.
Fonte: David F. L. Santos. A inovação empresarial no Brasil: a expectativa e a realidade. *Unespciência*, n. 101, 31 out. 2018. Disponível em: <http://unespciencia.com.br/2018/10/31/economia-101>. Acesso em: 20 maio 2019.

As patentes são a garantia de que um produto ou um processo pertence a seu desenvolvedor e não pode ser copiado por outra empresa ou país. Muitas das disputas jurídicas atuais têm por base as patentes.

O desenvolvimento de carros elétricos exige a implementação de uma série de inovações, desde baterias e motores até *softwares* de gerenciamento de consumo e de diagnósticos, passando pelas estações de carregamento. Por isso, uma empresa que produz carros com motores a combustão terá de desenvolver ou comprar patentes para fazer carros elétricos.

Fonte: Karen Hao. Nobody wins patents like IBM, but Amazon and Facebook are picking up their pace. *Quartz*, 3 ago. 2017. Disponível em: <https://qz.com/1043867/nobody-wins-patents-like-ibm-but-amazon-and-facebook-are-picking-up-their-pace>. Acesso em: 20 maio 2019.

Eficiência relativa entre gasolina, etanol e baterias elétricas

O principal desafio no desenvolvimento de carros elétricos é armazenar eletricidade nas baterias. Veja a tabela abaixo.

Fonte: CPqD.

No gráfico acima, fica claro que as baterias de lítio – as mais modernas disponíveis hoje –, usadas tanto em veículos como em celulares e outros dispositivos, acumulam pouca energia por litro ocupado em relação aos combustíveis líquidos. Num carro movido a gasolina ou etanol, um tanque de 50 litros acumula grande quantidade de energia. Para obter a mesma quantidade de energia com as baterias, seriam necessários cerca de 12 vezes mais volume, ou seja, 600 litros – só para termos uma base de comparação, o porta-malas de um carro médio tem cerca de 300 litros!

Por outro lado, o aspecto vantajoso do uso da eletricidade para mover os veículos é a eficiência dos motores elétricos. Enquanto num motor a combustão (a gasolina ou etanol) o aproveitamento de energia é de cerca de 20%, num motor elétrico a eficiência da conversão da energia elétrica em movimento nas rodas chega a 90% – a diferença é brutal!

Vamos fazer alguns cálculos para quantificar as vantagens e desvantagens de carros com motores a combustão e carros com motores elétricos.

Primeiro, sabendo os valores da energia acumulada por litro e o grau de eficiência de cada tipo de motor, vamos encontrar a quilometragem que cada um faz por litro.

Combustível	lítio-íon	etanol	gasolina comum
Eficiência energética do motor	90%	20%	20%
Energia transferida para as rodas por litro ocupado	621 Wh	1 252 Wh	1 778 Wh
Quilômetros rodados por litro	5,2	10,5	15

O quadro acima indica que os motores elétricos são muito eficientes; mas tanto o etanol como a gasolina têm alta densidade energética. O que as indústrias estão tentando fazer é aumentar a capacidade das baterias de acumular energia em volumes menores. Esse é o tipo de problema que só pode ser resolvido usando os conhecimentos práticos acumulados e o conhecimento produzido pela ciência.

PENSAMENTO EM AÇÃO DEBATE

Vamos ler um texto com a opinião de pesquisadores sobre o futuro dos carros diante dos desafios da sustentabilidade e preservação do meio ambiente. Depois, vamos debater algumas ideias.

Material:
- computador conectado à internet;
- caderno;
- caneta.

Procedimento

1. Forme um grupo com três colegas e, juntos, leiam o trecho abaixo.

[...]
O pesquisador da Coppe [engenheiro Roberto Schaeffer] tem realizado estudos em que tenta simular quais seriam as tecnologias energéticas mais baratas e eficientes para que o Brasil consiga cumprir as metas voluntárias de redução na emissão de gases de efeito estufa assumidas durante a 21ª Conferência do Clima (COP-21), realizada na capital francesa em 2015. O objetivo do Acordo de Paris é tentar evitar que, em relação aos níveis pré-industriais, a temperatura média global suba mais de 2 graus Celsius (a meta mais ambiciosa estipula um aumento máximo de 1,5 grau). [...]

Em relação aos níveis de 2005, o Brasil se comprometeu a reduzir suas emissões de carbono em 37% até 2025 e em 45% até 2030 e a zerar o desmatamento ilegal da Amazônia até 2030. [...] "Dependendo do cenário futuro escolhido (limitar o aumento de temperatura em 2 graus ou apenas 1,5 grau), o etanol poderá deixar de ser um combustível competitivo para mover carros", ponderou Schaeffer. "Talvez seu uso se limite a certos nichos de mercado, como a aviação."

A visão do pesquisador da Coppe sobre o futuro do etanol não é compartilhada por todos. [...] Segundo o pesquisador, do ponto de vista ambiental, faz toda a diferença saber de que forma é produzida a energia elétrica que será possivelmente usada nos veículos. Mesmo que os carros elétricos funcionem sem emitir diretamente carbono, nem sempre sua energia foi gerada de maneira limpa. Países que queimam grandes quantidades de carvão ou combustíveis fósseis para gerar eletricidade apresentam uma matriz energética suja. "Nesse caso, o uso do carro em si quase não polui, mas a energia usada para abastecê-lo não é produzida de forma renovável e ecologicamente responsável", conclui Buckeridge.

Marcos Pivetta. Energia para mudar. *Pesquisa Fapesp*, n. 269, jul. 2018. Disponível em: <http://revistapesquisa.fapesp.br/2018/07/11/energia-para-mudar>. Acesso em: 3 abr. 2019.

Reflita e registre

1. Em grupo, façam os itens abaixo e, se necessário, busquem informações complementares em *sites* confiáveis.

   a) Listem os meios que possibilitariam aos países o cumprimento das metas relacionadas à redução da emissão de gases de efeito estufa.

   b) Por que o etanol pode deixar de ser um combustível competitivo para mover carros?

   c) Explique a frase: "Nesse caso, o uso do carro em si quase não polui, mas a energia usada para abastecê-lo não é produzida de forma renovável e ecologicamente responsável".

   d) Finalmente, façam uma comparação entre os modelos de veículos elétricos e aqueles movidos a etanol. Proponham também um veredicto sobre a melhor opção para sua cidade/estado.

DIÁLOGO

Tecnologia nacional

O Brasil poderia participar da corrida tecnológica para o desenvolvimento de veículos elétricos. Vejamos abaixo dois exemplos.

Caso 1 – Bateria elétrica nacional

[...] Em Foz do Iguaçu (PR), a equipe do Programa Veiculo Elétrico de Itaipu conseguiu criar uma bateria de sódio, níquel e cloro, 100% reciclável. "Nosso modelo tem características equivalentes à de lítio em termos de capacidade de armazenamento e potência", explica Celso Novais. "No entanto, ela tem o formato de um monobloco, que não pode ser dividido em módulos menores. Por isso, é mais adequada a veículos elétricos maiores, como ônibus, trens e caminhões."

O projeto de nacionalização da bateria de sódio de Itaipu teve início em 2012. "Agora, estamos trabalhando com empresas suíças e alemãs em uma versão avançada do modelo. Caracterizada por células planas e compactas, poderá ser dividida em módulos menores. Nossa expectativa é de que seja mais competitiva do que as baterias à base de lítio e que comece a ser produzida em 2019", declara Novais.

Yuri Vasconcelos. Baterias mais eficientes. *Pesquisa Fapesp*, n. 258, ago. 2017. Disponível em: <http://revistapesquisa.fapesp.br/2017/08/15/baterias-mais-eficientes>. Acesso em: 20 maio 2019.

Caso 2 – Carro elétrico nacional

[...] "Desenvolvemos o carro do zero. Criamos todos os sistemas, algoritmos de controle e *softwares* embarcados, e já temos um modelo em escala reduzida. Nossa intenção é que nosso superesportivo sirva de laboratório para gerar carros elétricos mais simples, ônibus e caminhões", declara o engenheiro aeronáutico Fábio Zilse Guillaumon, ex-funcionário da Embraer [...].

O projeto tem recursos do programa Pesquisa Inovativa em Pequenas Empresas (Pipe) da Fapesp e do Fundo Tecnológico (Funtec) do Banco Nacional de Desenvolvimento Econômico e Social (BNDES). O CPqD colaborou no desenvolvimento da bateria. "O sistema de armazenamento de energia é o coração e um dos grandes desafios técnicos do carro", avalia Guillaumon. "A solução proposta foi uma bateria com dois tipos de células de lítio, que fornece energia para os motores e proporciona autonomia de 400 km, similar à dos carros a combustão", conta. A previsão é de que um protótipo seja finalizado no próximo ano. [...]

↑ Bateria elétrica para carros desenvolvida no Brasil. O projeto da bateria é desenvolvido em parceria com o Parque Tecnológico Itaipu (PTI).

Yuri Vasconcelos. Os desafios no Brasil. *Pesquisa Fapesp*, n. 258, ago. 2017. Disponível em: <http://revistapesquisa.fapesp.br/2017/08/15/os-desafios-no-brasil>. Acesso em: 20 maio 2019.

1. Tomando como base os dois exemplos acima, reúna-se em grupo com alguns colegas e, juntos, discutam as possibilidades de o Brasil participar do desenvolvimento dos carros elétricos e da infraestrutura necessária para que eles possam rodar no país. Organizem seus argumentos em pelo menos três categorias:

a) demandas econômicas;　　b) demandas de conhecimento;　　c) demandas políticas.

ATIVIDADES

SISTEMATIZAR

1. Quando se compara um motor elétrico com um motor a combustão, qual é a grande vantagem energética?

2. Considerando que as baterias de lítio-íon de veículos elétricos atuais ocupam aproximadamente 100 litros e que a capacidade dos tanques de veículos movidos a combustível líquido é de 50 litros, estime a autonomia de um carro movido a etanol, de um veículo que utiliza gasolina e de um terceiro puramente elétrico. Para realizar os cálculos da atividade utilize as informações da tabela da página 248.

3. Pela leitura do gráfico Densidade volumétrica de baterias da página 246, quais elementos seriam mais adequados para produzir uma bateria que pesasse menos? E se fossem priorizadas baterias que ocupassem menos espaço?

4. Faça uma pesquisa e descubra quais países já têm legislação para banir das ruas os carros com motores a combustão. Indique as condições impostas pela legislação e o calendário com a limitação de uso.

5. Use fontes de pesquisa confiáveis e avalie a afirmação: o carro elétrico sem fios é uma invenção atual.

REFLETIR

1. Faça um balanço entre as vantagens e desvantagens da instituição de uma lei que obrigasse a conversão de toda a frota de veículos automotivos do Brasil para veículos elétricos. Dê especial atenção ao fato de que no Brasil grande parte da frota de veículos pode ser movida a etanol ou outro biocombustível.

2. Qual é a vantagem ambiental da adoção de carros elétricos em países onde a eletricidade é produzida por usinas termoelétricas?

3. Por que no gráfico de patentes obtidas por empresas da página 247 não aparece nenhuma empresa brasileira nem latino-americana?

DESAFIO

1. Considere que um veículo movido a combustível líquido tem um reservatório com capacidade de 50 litros. Se o tanque de combustível estiver cheio de gasolina, faça o que se pede:
   a) Calcule a quantidade de energia que poderá ser fornecida às rodas do carro por seu motor a combustão.
   b) Qual será o volume ocupado pelas baterias de lítio-íon para oferecer a mesma quantidade de energia às rodas?
   c) Se o tanque de combustível estiver cheio de etanol em vez de gasolina, o volume ocupado pelas baterias de lítio-íon seria o mesmo encontrado no item **b**? Justifique sua resposta.
   Utilize as informações da tabela da página 248 para responder à questão.

Tecnologias disruptivas

As mudanças na tecnologia seguem em um ritmo acelerado, ditado pelas conquistas em vários campos do conhecimento. Todo país que deseja acompanhar a onda de mudanças, que tornou várias áreas de produção obsoletas, precisa investir em conhecimento e na geração de inovações disruptivas. Este infográfico baseia-se no relatório Indústria 2027, um diagnóstico encomendado pela CNI para especialistas de várias áreas que mapearam o impacto das mudanças tecnológicas no Brasil para o ano de 2027. Para eles, "o futuro nunca esteve tão presente! Será que o Brasil está pronto?".

TECNOLOGIAS COM IMPLICAÇÕES NA INDÚSTRIA

Internet das Coisas
Objetos que usam sensores capazes de se comunicar.

Produção inteligente
Produção em ambientes virtuais.

Inteligência artificial
Sistemas capazes de tomar decisão.

Tecnologias de rede
Transporte e processamento de informações que possibilitam melhor aproveitamento de outras tecnologias.

Biotecnologia e bioprocessos
Manipulação de seres vivos para aprimorar remédios, vacinas etc.

Nanotecnologia
Manipulação da matéria em escala nanométrica para produzir novos materiais.

Materiais avançados
Novos materiais feitos para terem características específicas.

Armazenamento de energia
Tecnologias para uso mais eficiente e sustentável da energia.

SISTEMAS PRODUTIVOS

Internet das Coisas
Uma cidade em que as máquinas conversam entre si e com as pessoas está no horizonte.
Casas equipadas com aparelhos que antecipam tarefas e se ajustam às necessidades de iluminação, calor ou frio já podem ser construídas usando sensores que garantem a comunicação entre os equipamentos.

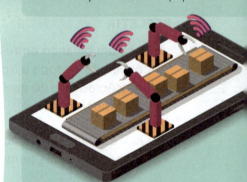

Produção inteligente e conectada
Já conhecemos as fábricas robotizadas, que garantem rapidez e qualidade aos produtos fabricados enquanto os seres humanos ficam apenas no comando. Mas pense em fábricas com máquinas que se conectam umas às outras, ajustam o fluxo de produção, o controle de qualidade etc. Os trabalhadores podem acompanhar o processo de produção remotamente e sem os riscos de quando estão presentes fisicamente. Esse é o caminho da produção inteligente com máquinas conectadas.

Inteligência artificial

Aprender a tomar decisão é uma das habilidades humanas mais importantes. A tecnologia de inteligência artificial busca transferir essa habilidade para sistemas artificiais que possam ser instalados em máquinas. Já existe o carro autônomo, dotado de sistemas inteligentes que tomam decisões para auxiliar os motoristas. No futuro, carros e outras máquinas poderão fazer isso de maneira independente.

Tecnologias de rede

Muitos avanços proporcionados pelas tecnologias digitais já fazem parte do cotidiano. O aumento no fluxo de transporte das informações possibilitará novas aplicações, como a Internet das Coisas, a inteligência artificial e a produção inteligente e conectada.

Biotecnologia e bioprocessos

A manipulação de seres vivos tornou-se possível com a combinação de engenharia genética, biologia molecular e computação. Novas vacinas, novas plantas e novos medicamentos estão sendo produzidos com características definidas pela necessidade de segurança, eficiência e resistência, associada à saúde, ao clima e às pragas.

Nanotecnologia

A tecnologia tem melhorado diversos produtos e processos do dia a dia. A nanotecnologia elevará o patamar dos produtos ao nível da ficção científica, com a possibilidade de manipulação de moléculas e partículas em escala nanométrica para aplicações específicas. Medicamentos são o campo de aplicação preferencial: remédios inteligentes regularão a liberação de doses específicas para cada paciente.

Materiais avançados

Muito em breve, as tecnologias que hoje são usadas em máquinas serão empregadas em materiais de uso cotidiano e em muitos outros produtos que ainda não são fabricados em grande escala. A indústria têxtil, por exemplo, poderá ser invadida por tecidos de fibras naturais que não amassam ou que impedem a proliferação de bactérias.

Armazenamento de energia

Continuam a ser desenvolvidas tecnologias capazes de armazenar e converter energia de modo mais eficiente. Os carros elétricos são um exemplo de artefato que integra várias tecnologias para uso de energia eficiente e sustentável. Essas tecnologias reorganizarão as cidades em um futuro não muito distante, preservando o meio ambiente ao empregar energia sustentável.

---

1. Quantas dessas tecnologias e sistemas produtivos têm chance de estar em nosso cotidiano nos próximos dez anos?

2. Como você imagina o futuro com essas inovações disruptivas em curso?

PANORAMA

FAÇA AS ATIVIDADES A SEGUIR E REVEJA O QUE VOCÊ APRENDEU.

Neste tema, você aprendeu que a tecnologia foi fundamental para que os seres humanos chegassem ao patamar de organização social atual. A falta de superioridade física acabou exigindo que os humanos desenvolvessem conhecimentos sobre como empregar a natureza em seu favor, fabricando utensílios, armas e desenvolvendo processos para coletar alimentos e para caçar e domesticar animais.

Você aprendeu que as técnicas e tecnologias são produzidas desde muito cedo na evolução do ser humano e que elas foram potencializadas pelos conhecimentos desenvolvidos em outras áreas, com o auge da combinação da ciência com a técnica a partir do século XVIII.

A ciência e a tecnologia passaram não apenas a auxiliar os humanos na sobrevivência mas também a moldar nosso modo de vida. A ciência e a tecnologia, por exemplo, invadiram as artes em diversas obras de ficção científica.

Você viu que o desenvolvimento tecnológico e o científico andaram juntos, com um crescimento expressivo da produção de trabalhos científicos a partir de meados do século XX. A tecnologia foi incorporada aos modos de produção, e houve redução no preço de produtos e serviços.

Você conheceu também uma revolução em curso com a fabricação dos carros elétricos. Estudou como funcionam os diversos tipos desses veículos, entendeu quais são os pontos importantes no funcionamento deles e o que ainda precisa ser feito para que possam substituir os carros tradicionais. Identificou as vantagens para o meio ambiente e os desafios do uso dos carros elétricos, que exigem ainda muita pesquisa e desenvolvimento. Avaliou as possibilidades que o Brasil tem de participar desse processo de desenvolvimento tecnológico e soube que as invenções fundamentadas na tecnologia podem ser protegidas por patentes. Finalmente, conheceu estudos em algumas áreas de fronteira que desenvolverão inovações que ainda estão por vir.

1. Como você definiria tecnologia?

2. Por que a fundição do bronze na China Antiga é um exemplo de combinação de técnica e ciência?

3. Explique por que a domesticação de animais pode ser considerada um tipo de tecnologia rudimentar.

4. Por que a Revolução Industrial é considerada um marco no desenvolvimento tecnológico?

5. Dê um exemplo de um produto ou serviço cujo preço diminui muito por conta das inovações tecnológicas.

6. O que é "servitização"?

7. Mencione três vantagens dos carros com motor a combustão e três vantagens dos carros com motor elétrico.

8. O que é um carro híbrido?

9. Por que as baterias de lítio são as mais utilizadas nos dias de hoje?

10. Explique com suas palavras o que é uma patente.

11. Qual empresa depositou mais patentes nos últimos dez anos?

12. Se você tivesse de comprar um carro hoje, qual seria sua opção de fonte de energia? Justifique sua resposta.

13. Leia o texto abaixo e, depois, faça o que se pede.

Trem japonês Maglev bate recorde mundial de velocidade ao atingir 590 km/h

Um trem Maglev (Magnetic levitation) de fabricação japonesa bateu o recorde mundial de velocidade para esse tipo de veículo ao atingir 590 km/h em um percurso experimental nesta quinta-feira (16), informou a companhia ferroviária japonesa JR Central.
[...]
Os trens Maglev funcionam através de um sistema de levitação magnética que usa motores lineares instalados perto dos trilhos. O campo magnético permite que o trem se eleve até 10 centímetros acima dos trilhos, o que elimina o contato e deixa o ar como o único elemento de rolamento, favorecendo assim a velocidade.
[...]

Trem japonês Maglev bate recorde mundial de velocidade ao atingir 590 km/h. *Mundo-nipo*. Disponível em: <https://mundo-nipo.com/tecnologia-e-ciencia/16/04/2015/trem-japones-maglev-bate-recorde-mundial-de-velocidade-ao-atingir-590-kmh>. Acesso em: 15 abr. 2019.

- Segundo o texto, o que possibilita ao trem Maglev desenvolver tamanha velocidade?

DICAS

ACESSE

Associação Brasileira das Empresas de Softwares (Abes): <www.abessoftware.com.br/>. No *site* você encontra dados sobre o investimento brasileiro em tecnologia de informação (*hardwares*, *softwares* e serviços) por ano, além de outras notícias.

ASSISTA

O Futuro em 2111 - Mundo Inteligente, Discovery Channel, 2011. Documentário que aborda como seria o mundo daqui a 100 anos, com comentários de especialistas em tecnologia.

Referências

ALVAREZ, Albino Rodrigues; MOTA, José Aroudo (Org.). *Sustentabilidade ambiental no Brasil:* biodiversidade, economia e bem-estar humano. Brasília: IPEA, v. 7, 2010. (Série Eixos Estratégicos do Desenvolvimento Brasileiro).

BRAGA, M.; GUERRA, A.; REIS, J. C. *Breve história da Ciência moderna.* Rio de Janeiro: Jorge Zahar, 2003/2004/2005. v. 1, 2 e 3.

BOLONHINI JR., Roberto. *Portadores de necessidades especiais*: as principais prerrogativas dos portadores de necessidades especiais e a legislação brasileira. São Paulo: Arx, 2004.

BRASIL. Câmara dos Deputados. *Estatuto da criança e do adolescente.* 15. ed. Brasília: Edições Câmara, 2015.

_____. Ministério da Educação. *Base Nacional Comum Curricular.* 3. versão. Brasília: MEC, 2017.

_____. Ministério da Educação. Secretaria de Educação Básica. Diretoria de Currículos e Educação Integral. *Diretrizes Curriculares Nacionais da Educação Básica.* Brasília: MEC, 2013.

_____. Ministério do Meio Ambiente. A Convenção sobre Diversidade Biológica – CDB. Brasília: MMA, 2000. Disponível em: <www.mma.gov.br/estruturas/sbf_dpg/_arquivos/cdbport.pdf>. Acesso em: 20 maio 2019.

_____. Lei nº 9.985, de 18 de julho de 2000. Regulamenta o art. 225, § 1º, incisos I, II, III e VII da Constituição Federal, institui o Sistema Nacional de Unidades de Conservação da Natureza e dá outras providências. Brasília, DF, 2000.

_____. Lei nº 12.651, de 25 de maio de 2012. Dispõe sobre a proteção da vegetação nativa; altera as Leis nº 6.938, de 31 de agosto de 1981, nº 9.393, de 19 de dezembro de 1996, e nº 11.428, de 22 de dezembro de 2006; revoga as Leis nº 4.771, de 15 de setembro de 1965, e nº 7.754, de 14 de abril de 1989, e a Medida Provisória nº 2.166-67, de 24 de agosto de 2001; e dá outras providências. Brasília, DF, 2012.

BRUSCA, Gary J.; BRUSCA, Richard C. *Invertebrados.* Rio de Janeiro: Guanabara-Koogan, 2007.

CACHAPUZ, Antonio et al. (Org.). *A necessária renovação do ensino das ciências.* São Paulo: Cortez, 2011.

CYPRIANO, E. F.; DAMINELI A. *Paisagens Cósmicas*: da Terra ao Big Bang. São Paulo: Instituto de Astronomia, Geofísica e Ciências Atmosféricas, 2018.

DAMINELI, A.; STEINER, J. *O fascínio do universo.* São Paulo: Odysseus, 2010.

DE BONI, Luis Alcides Brandini; GOLDANI, Eduardo. *Introdução clássica à Química Geral.* Porto Alegre: Tchê Química Cons. Educ., 2007.

FARIA, Romildo P. *Fundamentos de Astronomia.* Campinas: Papirus, 2001.

HEWITT, Paul G. *Física Conceitual.* São Paulo: Bookman, 2015.

MATTOS, N. S. de; GRANATO, S. F. *A fascinante aventura da vida*: a evolução dos seres vivos. São Paulo: Saraiva, 2006. (Coleção Projeto Ciência).

MOREIRA, Marco A. *A teoria da aprendizagem significativa e sua implementação em sala de aula.* Brasília: UnB, 2006.

NÚCLEO DE PESQUISA EM ASTROBIOLOGIA. *Astrobiologia*: uma ciência emergente [livro eletrônico]. São Paulo: Tikinet, Edição: IAG/USP, 2016.

OKUNO, E.; YOSHIMURA, E. M. *Física das radiações.* São Paulo: Oficina de textos, 2010.

POUGH, F. Harvey; JANIS, Christine M.; HEISER, John B. *A vida dos vertebrados.* São Paulo: Atheneu, 2008.

RAVEN, Peter H. *Biologia vegetal.* Rio de Janeiro: Guanabara Koogan, 2007.

RONAN, C. A. *História ilustrada da Ciência.* Rio de Janeiro: Jorge Zahar, 1987/1988/1990. v. I, II e III.

SANTOS, P. M. *Uma retrospectiva de 50 anos da Astronomia Observacional no Brasil* (1952– 2002). São Paulo: Instituto de Astronomia, Geofísica e Ciências Atmosféricas, 2018.

SILVA, C. C. *A teoria das cores de Newton: um estudo crítico do livro 1 do Opticks.* Campinas, 1996. Dissertação (Mestrado) – Universidade Estadual de Campinas, 1996.

SILVA, M. E.; BALBINO, D. P.; GÓMEZ, C. P. Consumo sustentável na base da pirâmide: definindo papéis e obrigações para a efetivação do desenvolvimento sustentável. *Revista de Gestão Social e Ambiental*, v. 5, p. 18-33, 2011.

WILLIAMSON, S. J.; CUMMINS, H. Z. *Light and color in nature and art.* New York: John Wilwy and Sons, 1983.